高等教育理论举要

MAJOR THEORIES IN HIGHER EDUCATION

主　编　吴洪富
副主编　徐来群　柳芸芸

社会科学文献出版社
SOCIAL SCIENCES ACADEMIC PRESS (CHINA)

目 录

前　言

　　任何一门学科，准确地说把自己界定为研究某门学问的学者，都把建构理论作为一项重要甚至至高的追求之一。这是因为理论不仅是非常有用的工具，也是判断一门学问的成熟度甚至"高级"与否的标准。高等教育学科及高等教育研究者也同样有自己的理论追求，把高等教育的理论建构视为重要使命。

　　作为高等教育的研究人员，我们同样期盼高等教育学科有自己的"理论"。大概从2016年开始，在给研究生授课过程中，本书主编总会安排一次关于"高等教育理论"的讨论。高等教育学专业的研究生（研究生一年级）被问及知道哪些高等教育理论时，很少有人能说出两个以上。在参加高等教育学专业的博士研究生入学考试面试时，本书主编先后几次提出同样的问题，很少有人能说出三个以上——即使是那些研究生阶段就学习高等教育学专业的同学。当然，这并不能怪学生，一些本专业的青年教师，似乎也说不清楚到底有哪些高等教育理论。

　　这种状况出现的原因，有两种可能：一是人们对于什么是"高等教育理论"没有统一的认识；二是高等教育学存在严重的理论匮乏现象，没有形成、积累一定的理论。

　　先说说第一种可能。不得不说，人类虽然是理性的动物，却存在很多怪诞的行为。比如，对于熟悉的事物未必熟知，对于始终追求的目标未必清晰。黑格尔就指出，人们经常挂在嘴边的名词往往是我们最无知的东西。学科和学者追求建构理论，"但对于什么是理论却总有雾里看花之感"①，这与"理

---

　　① 〔美〕杰弗里·A.迈尔斯：《管理与组织研究必读的40个理论》，徐世勇、李超平等译，北京大学出版社，2017，译者序。

论"本身具有的多样性、复杂性有关。按照雷蒙·威廉斯（Raymond H. Williams）的分析，"理论"的内涵在西方有一个演变的过程。① 在中国，"理论"的意义同样是有历史变化的。而且，"理论"不仅是一个历史的概念，不同地域、不同学科背景下的"理论"之意蕴也并不相同。此外，理论也有不同形态和不同侧面。② 可以说，关于理论的唯一且普适的定义，人们还没有达成一致的意见，也不太可能形成统一的意见。

"理论"如此，"高等教育理论"亦是如此。对于哪些是高等教育理论，高等教育研究者也没有形成清晰一致的认识。面对这种状况，王建华教授对什么是"高等教育理论"做了梳理，他指出作为独立学科标志的"高等教育理论"，不包括"与高等教育相关的理论"，不同于"高等教育基本理论"，也不限于"高等教育的教育理论"，同时他对这些概念进行了区分。③ 可是，在现实语境中，学界并没有此种自觉。在《高等教育理论的定义与类型》一文中，沈文钦指出，学界对于什么是高等教育理论还没有形成广泛共识。对于高等教育理论的界定，自 20 世纪 70 年代以后就是多元论的。他还借鉴阿本德等学者对理论的定义和分类，指出高等教育理论在语义维度上存在六种类型，即作为命题的高等教育理论、作为特殊现象解释的高等教育理论、对某一高等教育现象的命名和理论概括、对高等教育理论经典著述的研究、规范性或意识形态性的价值主张和作为类型学的高等教育理论。④

再说第二种可能。其实，这种可能得到了普遍的认同。王建华教授指出，高等教育研究具有起源上的多学科理论和外部驱动，这使得高等教育研

---

① "理论"最早的英文形式是 theorique（14 世纪），后来是 theory（16 世纪）。在 17 世纪，理论（theory）的意涵至少有四种：（1）景象（spectacle）；（2）冥想中所浮现的景象（contemplation sight）；（3）（思想的）体系；（4）用以解释的体系（explanatory scheme）。其中，"景象"是理论最古老的用法，指"看到的事物"；"冥想中所浮现的景象"指理论是一种观念活动。后两者与现代意义上的"理论"概念比较接近。理论既是一种观念体系，又是用来认识世界的解释体系。理论还包含着推测、思索的意味。——〔英〕雷蒙·威廉斯：《关键词：文化与社会的词汇》，刘建基译，生活·读书·新知三联书店，2005，第 487 页。
② 邢建昌：《理论是什么？——反思视野中的文学理论》，《燕赵学术》2012 年第 1 期。
③ 王建华：《论"高等教育理论"的建构》，《清华大学教育研究》2022 年第 1 期。
④ 沈文钦：《高等教育理论的定义与类型》，《高等教育研究》2022 年第 7 期。

究虽然很快形成了一个相对独立的研究领域，但极其缺乏独特的理论。当前依然如此，高等教育研究中仍然充斥着大量来自其他学科的相关理论，独特的"高等教育理论"依然匮乏。① 王世岳基于对德国高等教育研究状况的分析，印证了这一观点。他指出，回顾高等教育研究在德国 60 年的发展历程，可以发现，德国高等教育研究采用了"借鸡下蛋"的范式，借鉴其他学科的理论工具研究高等教育现象，获得了丰富的研究成果，却也导致了如今陷入"成果丰富，理论匮乏"的尴尬境地。②

现在，我们可以得出结论，作为一个研究领域，高等教育研究存在理论匮乏现象。这种状况是整个研究领域面临的重大危机，也是这一领域学界群体的伤痛。而这种危机和伤痛，对于中国学界而言，肯定更为明显。

在西方，高等教育研究是作为一个领域存在的。与之不同，在中国，高等教育研究是以学科的形态存在的。1983 年，国务院学位委员会把高等教育学纳入学科目录，成为教育学的二级学科，这标志着高等教育学获得了官方组织建制的合法性。作为一门学科，就要符合"学科"的标准，如有自己独立的研究领域，有自身独特的研究方法，有专门的研究组织和研究人员，以及有独特的理论，等等。其中，独特的理论对于学科而言至关重要，甚至可以说是"黄金标准"。可是，截至 2023 年，理论匮乏依然是高等教育学的基本状态和"致命缺陷"。

学科建设需要做好很多工作，如积累学科知识、培养学科后备人才、发展学科组织等，建构与完善理论也是其应有之义。理论匮乏的中国高等教育学更需要努力发展"高等教育理论"。

开展下一步工作之前，最好梳理一下目前的基础。"做出理论贡献的前提是要熟悉现有的理论，要近距离地去触碰、思考和批判这些理论。"③ 要

---

① 王建华：《论"高等教育理论"的建构》，《清华大学教育研究》2022 年第 1 期。
② 王世岳：《"成果丰富"与"理论匮乏"：德国高等教育研究的发展悖论》，《高等教育研究》2022 年第 8 期。
③ 〔美〕杰弗里·A. 迈尔斯：《管理与组织研究必读的 40 个理论》，徐世勇、李超平等译，北京大学出版社，2017，译者序。

发展"高等教育理论",应该首先梳理总结已有的理论,这也正是我们编写此书的缘由。

与前文所述的两种可能有关,在梳理已有"高等教育理论"的过程中,我们面临很大的困难,遇到不少问题。例如,达到什么标准才算是"理论"?梳理哪些类型的理论?总结什么层次的理论?作为高等教育学科的研究人员,面对这些问题,我们是困惑的。

在研究社会学理论时,沃斯特提出一组命题要符合六个标准才能被称为理论,分别是:必须是抽象的;必须是主题化的;必须保持逻辑上一致的;必须是说明性的;必须是一般性的;必须在实质上是有效的。[①] 可是,如果按照这些标准梳理"高等教育理论",我们很难找到足够的理论工具。最终,编写组决定,要站在实用主义的立场,梳理那些常被提及和引用的理论,而不去分析它们本身的特质——类型、层次、结构化程度,甚至,我们都没有严格区分它们是否属于高等教育研究的"独特"理论。

基于此,编写组挑选了 10 种理论进行梳理和总结,并最终形成了本书。这 10 种理论分别是:高等教育发展阶段理论、高深知识系统论、学术中心论、三角协调理论、大学-产业-政府三螺旋理论、大学遗传环境论、多元巨型大学理论、创业型大学理论、高等教育矩阵理论和大学生学习性投入理论。当然,还有一些理论没有纳入进来。不过,本书并不寻求逻辑上的周延和事实上的完全,而是旨在"举要"。

从这些相对容易列举的理论来看,有两点尤其值得我们注意。第一,高等教育研究确实需要强化自身独特理论的建构。上述 10 种理论,不少是从其他学科借鉴理论工具而生成的。要成为显学,至少要远离被取代的风险,高等教育研究必须强化自身理论体系建设,积累学科标志性的理论。第二,中国学者的贡献不大。虽然理论是不分国界的,是"一般性的",不过,我们不难发现,中国高等教育学界对于这些理论的贡献很小。中国有世界第一的高

---

① 〔澳〕马尔科姆·沃斯特:《现代社会学理论》(第 2 版),杨善华等译,华夏出版社,2000,第 3~4 页。

等教育规模，高等教育也正在由大变强，所遇到的问题、所走的道路都具有中国特色。可以说，高等教育的中国式现代化为"高等教育理论"的产生提供了丰富的沃土。我们相信，在不久的将来，中国高等教育学界必然会形成自主的知识体系，也定会供给更多的"高等教育理论"。

当然，我们也意识到，其实中国学者已经提出了一些"高等教育理论"，如潘懋元先生的"教育内外部关系规律理论"。还有更多的理论已经或正在形成，只是我们未深入挖掘和整理。我们期盼，在中国高等教育学科成立 50 周年的时候，"高等教育理论"工具箱中会有更多的"中国造"。

最后，需要介绍一下本书的编写组。编写组主要由河南大学高等教育学专业的师生组成，同时，还邀请了许昌学院徐来群教授。各章节的分工如下：前言、第九章，吴洪富；第一章，李思蒙；第二章、第三章，徐来群；第四章，朱聪慧；第五章，李玉华；第六章、第八章，闫亚歌；第七章，孙铭；第十章，柳芸芸。由于我们的能力和时间有限，肯定有不当之处，恳请学界同仁批评指正。

第一章
高等教育发展阶段理论

在为数不多的高等教育理论中，美国著名的教育社会学家马丁·特罗（Martin Trow）提出的高等教育发展阶段理论，比较客观地呈现了当代高等教育所面临的机遇和挑战，真实地反映了二战后几十年西方高等教育扩充与变革的发展趋势。这一理论为宏观研究高等教育发展提供了一种新的范式，在多个国家和地区的高等教育研究、高等教育政策制定以及高等教育发展趋势预测等方面提供了一种全新的理论指导。

第一节　提出背景

特罗在 20 世纪 70 年代提出了高等教育发展阶段理论，该理论是以美国本土高校的高等教育发展为蓝本，以欧洲（特别是英国）高校为参照，在特定历史背景下形成的。

一　高等教育成为国家优先发展的战略重点

第二次世界大战结束后，世界各国政府领导人和教育界人士对教育的重视程度日趋加深，将其视为推动社会经济发展的重要动力之一，同时把高等教育放在了突出的战略地位。他们坚信，高等教育是社会运行与发展的重要环节之一，更重要的是，它的蓬勃发展能够为国家的经济带来巨大效益。英国高等教育专家阿什比（E. Ashby）也表示："如今的大学已成为经济发展和国家生存绝对不可缺少的事物。"① 因此，高等教育被认定在维护国家安全、促进经济繁荣和提升国家的国际地位方面扮演着至关重要的角色。

20世纪六七十年代，美国正处于多事之秋，政府把解决问题的关键寄托于高等教育上。经济上，当时的美国因为第一次石油危机和布雷顿森林体系的崩溃这两个事件而陷入了严重的经济危机，进入了滞胀阶段，经济停滞、失业加剧与通胀攀升并存。政治上，国际方面，1957年苏联人造卫星上天，这加剧了美国的危机感；国内方面，反叛思潮应声而起，种族歧视严重，阶级矛盾尖锐。军事上，当时美国政府陷入越南战争泥潭，美军节节败退，这激起了美国广大民众的严重不满和普遍的反战情绪。后来的尼克松政府上演的"水门事件"，更是激起了民众的严重抗议和不满情绪，导致了人们严重的政治信仰危机。② 由于经济、政治和军事上的重重困扰，政府对教育，特别是高等教育的重视更加凸显。

早在1947年美国总统高等教育委员会的报告中就指出："原子时代的到来强化了未来的不稳定，这使高等教育具有了更大的责任，也更突出了……发展教育和科研的必要性。"同期在罗斯福总统的要求下，布什（V. Bush）博士向政府提交了名为《科学：无尽的前沿》的咨询报告，其中着重指出了美国长期以来忽视基础研究的危险性，强调今后必须大力发展基础研究，"对于我们最重要的问题是，基础研究最适宜的地方是学院、大学和某些有成就的研究机构"③。这两份报告深刻反映了美国朝野对战后世界形势、高等教育地位与作用的认识，成为战后美国联邦政府大力支持发展高等教育事业、加强大学基础研究的重要指导思想。

1958年美国颁布的《国防教育法》更是直接将教育与国防联系在一起，同时人力资本理论的盛行也进一步促进了教育，特别是高等教育在随后的十

---

① 〔英〕阿什比：《科技发达时代的大学教育》，滕大春、滕大生译，人民教育出版社，1983，第12页。

② 〔美〕小约瑟夫·S. 奈、菲利普·D. 泽利科、戴维·C. 金：《人们为什么不信任政府》，朱芳芳译，商务印书馆，2015，第18~20页。

③ 参见陈学飞《当代美国高等教育思想研究》，辽宁师范大学出版社，1996，第6~7页。

余年成为国家优先发展战略的重点。此外，推动高等教育改革与发展的重要法案还包括《退役军人重新适应法》（1944 年）、《高等教育设施法》（1963 年）、《高等教育法》（1965 年）及其修正案（1968 年）等。联邦政府通过立法，大大增加了对高等教育的拨款。哈佛大学前校长内森·普西（Nathan M. Pusey）认为："美国高等教育在 1945～1970 年所获得的最大成就是，高等学校获取了一笔经费以支付不断增长的日常开支。"[①] 据统计，1940～1960 年，联邦政府为高等院校科研提供的资金增长了 100 倍。1957 年，联邦政府对高校科研的经费资助达到了 2.17 亿美元，到 1968 年上升至 15.09 亿美元，增长了近 6 倍。[②]

一系列倍加重视高等教育的法案和报告的出台，使得美国高等教育的规模大幅扩张，高等教育哲学理念逐步从贵族哲学与英才哲学向平等主义哲学转变，促进了教育民主化进程，为高等教育发展阶段理论的产生奠定了基础。

二 民权运动的高涨促使高等教育规模扩张

第二次世界大战以来，世界的政治、经济和文化都进入了一个崭新的历史时期。各国民权运动的日益高涨，使得民众获得更高层次的教育机会不再以身份、地位和财富为准绳，民众认为高等教育不应为少数人独占，应对全社会广泛开放。

美国是一个移民国家，直至 20 世纪 30 年代，还延续着歧视黑人的种族隔离制度。进入 20 世纪 60 年代，这一问题已经成为极为敏感的话题，解决矛盾的措施呼之欲出。1964 年美国国会通过了具有历史意义的《民权法案》。该法案第 6 条以及附属条款规定：任何人不得因为其种族、肤色或国籍而在任何时候在联邦财政资助的教育计划中受到歧视。[③] 这一法案的出台意味着白人、黑人以及其他有色人种都有机会跨入美国公立学校的大门。同

---

① 参见王英杰《美国高等教育的发展与改革》，人民教育出版社，1993，第 39 页。
② 王廷芳主编《美国高等教育史》，福建教育出版社，1995，第 188 页。
③ 刘绪贻主编《美国通史》（第 6 卷），人民出版社，2002，第 239 页。

时，美国许多高等院校，尤其是两年制学院对入学新生采取了不加挑选的开放式录取政策。这使得贫穷家庭的学生、女性学生和少数民族的学生有更多的机会接受高等教育。在教育民主化和大众化运动中，美国高等教育经历了较大规模的发展。从 1970 年到 1994 年，美国高校学生总数增长了 81%。其中，少数民族大学生和女性大学生人数增长迅速。少数民族大学生人数从 1972 年的 74 万人增长到 1994 年的 295 万人，增长了 300%。少数民族大学生在大学生总数中所占的比例也在逐步上升，从 1972 年的 12% 上升到 1978 年的 16%，再上升到 1994 年的 21.2%。由此而观，20 世纪下半叶，美国高等教育逐步实现了不同种族享有同等受教育权和机会的目标。[1]

在同一时期，作为高等教育发展阶段理论重要参考的英国高等教育也采取了重要举措。在 20 世纪 60 年代初，随着工业革命的推进和人力资本理论的盛行，中下阶层的人们对于获取高等教育权利的意愿日益强烈。"无论是从经济、社会、人口，还是教育本身发展的状况来看，迅速制订新的高等教育政策，采取新的措施发展高等教育成为历史的必然。"[2] 在该情况下，1963 年英国政府以《罗宾斯报告》为标志，吹响了向大众高等教育进军的号角。报告建议应为所有在能力和成绩方面合格并愿意接受高等教育的人提供高等教育课程，此建议后被称为"罗宾斯原则"，成为 60 年代高等教育大发展的政策依据。[3] 随着该报告的成功发表，英国国内掀起了一股向大众高等教育迈进的浪潮。据统计，1963～1972 年，英国全日制大学生数从 11.9 万人增长至 23.5 万人，高等教育总学生数从 16.7 万人增至 61.6 万人，同期高等教育毛入学率也几乎翻了一番。[4] 一些高校还进行了新的改革尝试，以适应现代科学技术进步和社会生产发展对人才的新要求。这些改革涉及专业结构、课程设置和科学研究等方面，摒弃了传统高校一贯实行的由专业主导的办学方针。

---

① 王廷芳主编《美国高等教育史》，福建教育出版社，1995，第 155 页。
② 许明：《英国高等教育发展研究》，辽宁师范大学出版社，1998，第 145 页。
③ 吴式颖主编《外国教育史教程》（第 3 版），人民教育出版社，2018，第 424 页。
④ 谢作栩：《中国高等教育大众化发展道路的研究》，福建教育出版社，2001，第 80 页。

　　20 世纪 60 年代以黑人为主的民权运动，给美国种族主义以沉重打击，使有色人种接受高等教育的权利合法化。这一成就的取得不仅冲击了美国高等教育领域内的种族歧视政策，更重要的是空前提高了美国有色人种追求高等教育平等、民主的自信心和热情，也使整个美国社会对包括有色人种在内的广大民众要求接受高等教育的愿望和热情予以重视。[①]　与此同时，英国高等教育在规模扩张、体系变革、高校布局与类型结构的调整等方面取得了可喜的成就，跨入了高等教育大众化阶段。这些都对高等教育发展阶段理论的形成产生了重要影响。

三　高等教育规模扩张引发"合法性危机"

　　然而，高等教育规模的不断扩张引发了一系列新的问题。二战结束后，美国高等教育得到了迅猛发展，至 20 世纪 60 年代末，18～21 岁的青年中，有超过一半的人正在接受高等教育。学生数量上的变化必然引起高等教育系统内部质的变化，新型的高等教育必然对原先意义上高等教育的理念产生冲击，引发了高等教育在观念、职能、管理、入学和选拔等多个方面的一系列质变。

　　快速的高等教育规模扩张给高等院校内部造成紧张气氛，并带来具有争议的话题，高校的入学资格究竟是什么、有多少人应当被纳入高等教育行列、大学是什么性质的等，都不断地为人所质疑。随着进入高等院校中学生的年龄阶段特点发生了变化，传统的精英型大学在课程设置、入学标准、学术评估以及内部管理等方面都面临着前所未有的挑战。正如克拉克·克尔（Clark Kerr）所说："积累的传统和现代的社会需要之间的对抗，对大学来说，现在正导致八个世纪以来在全球范围内最大的危急时代。"[②]

　　伴随这些问题的出现，整个西方学术界和市民社会都开始出现一种危机意识，从而引起人们对高等教育规模急剧扩张现象进行反思和批判。许多大

[①] 潘懋元主编《中国高等教育大众化的理论与政策》，广东高等教育出版社，2008，第 4 页。
[②] 〔美〕克拉克·克尔：《高等教育不能回避历史——21 世纪的问题》，王承绪译，浙江教育出版社，2001，第 49 页。

学生和大学青年教师开始对高等教育本身的性质和组织结构进行抨击，导致社会各界对高等教育的可靠性产生了怀疑，怀疑其"含金量"。美国高等教育哲学家约翰·布鲁贝克（John S. Brubacher）指出，20世纪六七十年代的美国高等教育便是我们学术界"大为不满"的"冬天"。"已有一些人在失望地谈论高等教育的本体危机，甚至认为是出现了高等教育的合法性的危机。"① 美国高校所面临的"合法性危机"或"象牙塔的衰落"，都表明了美国公众对高校信任度的下降，致使学术道德和大学生信仰出现严重危机，进而引发了校园骚乱和动荡。随着实践的不断推进，高等教育的发展趋势也在不断变化中，因此需要相应的高等教育理论来解释这一态势的发展，高等教育发展阶段理论正是在此背景下应运而生。

与一些高等教育研究者不同，作为美国高等教育界的领军人物，特罗没有仅仅停留在反思和批判层面上。相反，他试图通过历史维度的分析，对高等教育发展过程中出现的种种现象和问题予以客观而合理的解释。例如他认为："不论是在美国，还是在欧洲，这种危机意识的出现标志着高等教育从一个历史阶段转向另外一个历史阶段。在欧洲，从精英化走向大众化，在美国从大众化走向普及化。"② 在这种背景下，特罗以高等教育毛入学率为指标，将高等教育发展历史分为"精英化""大众化""普及化"三个阶段，从而开创了高等教育发展阶段理论。

第二节 基本观点

特罗对于高等教育发展阶段理论的论述最早出现于20世纪60年代末70年代初。1962年特罗在《欧洲社会学杂志》上发表了《美国高等教育民主化》③ 一文，分析了影响美国高等教育发展的有关社会因素，首次提出了

---

① 〔美〕约翰·S. 布鲁贝克：《高等教育哲学》，郑继伟等译，浙江教育出版社，1987，第2页。

② Martin Trow, "The Expansion and Transformation of Higher Education," *International Review of Education*, Vol. 18, No. 1, 1972, pp. 61–84.

③ Martin Trow, "The Democratization of Higher Education in America," *European Journal of Sociology*, Vol. 3, No. 2, 1962, pp. 231–262.

"大众高等教育"的概念。20 世纪 70 年代美国高等教育已迈进了普及化阶段，接受高等教育的人数接近适龄青年人口的 50%。1970 年，特罗发表了《从大众高等教育向普及高等教育转化的思考》① 一文，又进一步提出了"高等教育普及化"的概念，为高等教育发展阶段理论的形成奠定了基础。

特罗经过仔细思考、分析美国高等教育规模扩张及其带来的变化后，于 1973 年写下了《从精英向大众高等教育转变中的问题》② 一文。该文以高等教育毛入学率为指标，提出了高等教育增长和转型过程中的变化阶段，包括"精英化""大众化""普及化"三个依次转变的高等教育发展模式，并对每个阶段的内涵进行了质的划分。至此，经过漫长时间的孕育，以此篇论文为标志，高等教育发展阶段理论的基本框架终于得以确立。

特罗的高等教育发展阶段理论主要是由"阶段论""模式论""质量观""就业观"这四个方面组成的。

一 阶段论

特罗的"阶段论"又称"三段论"，是高等教育发展阶段理论的核心部分之一。他研究了二战后美国和西欧国家的高等教育状况，得出结论：随着越来越多适龄人口接受高等教育，高等教育的内涵已然发生了转变。特罗以二战后美国和西欧国家的高等教育为研究对象，对这些国家高等教育发展过程中量变与质变的关系进行了探讨，把高等教育发展分为三个阶段，从而提出高等教育发展阶段理论。

（一）阶段论的主要内容

特罗以高等教育毛入学率为指标，探讨数量增长与性质变化的关系，将高等教育发展的历史分为"精英化""大众化""普及化"三个阶段。他认为："一些国家的精英高等教育，在其规模扩张到能为 15% 左右的适龄青年

---

① Martin Trow, "Reflections on the Transition from Mass to Universal Higher Education," *Daedalus*, Vol. 3, No. 1, 1970, pp. 1-42.

② Martin Trow, "Problems in the Transition from Elite to Mass Higher Education," Conference on Future Structures of Post-Secondary Education, Paris, June 26-29, 1973, pp. 55-101.

提供学习机会之前，它的性质基本上不会改变。当达到 15% 时，高等教育系统的性质开始改变，转向大众型。如果这个过渡成功，大众高等教育可在不改变其性质的前提下，发展规模直至其容量达到适龄人口的 50%。当超过 50% 时，高等教育开始快速迈向普及化阶段，它必然再创造新的高等教育模式。"①

特罗指出，大众高等教育与精英高等教育的区别不仅表现在数量上，而且表现在质量上。明显的不同不仅表现在入学人数占适龄人口的比例上，而且表现在以下几个方面：教师和学生对待接受高等教育的观念、学生接受高等教育的作用、高等教育的社会职能、课程、典型的学生经历、拥有同类学生的程度、学术标准的特性、高等教育机构的规模、教学形式、学生和老师之间的关系、教育机构之间的界限、管理模式、选拔学生和教师的原则与步骤等。换言之，高等教育各个发展阶段的区别十分明显，并且涉及高等教育的每一个方面②（见表 1-1）。

表 1-1　高等教育发展三阶段的十一维度变化

维度	精英化	大众化	普及化
高等教育规模	15% 以下	15%~50%	50% 以上
高等教育观念	少数精英的特权	一定资格者的权利	义务
高等教育功能	塑造统治阶级的心智和个性，为学生在政府和学术专业中充当精英角色做准备	培养更为专门的技术精英	为发达工业社会大多数人的生活做准备
课程与教学形式	高度结构化、专门化	灵活的模块化	学习和课程的界限被打破，学术形式、结构和学术标准的地位发生动摇

---

① Martin Trow, "Problems in the Transition from Elite to Mass Higher Education," Conference on Future Structures of Post-Secondary Education, Paris, June 26-29, 1973, pp.55-101.

② 参见陈洪捷、施晓光、蒋凯主编《国外高等教育学基本文献讲读》，北京大学出版社，2014，第 107~108 页。

维度	精英化	大众化	普及化
学生经历	中等教育后直接进入高等教育,不间断地学习,住校	入学容易,学生水平不同导致"浪费率"较高,寄宿与走读结合	延迟入学,"时辍时学"现象增多,正规教育与生活经历的界限日渐模糊
多样性、特点和界限	高度统一性,较高的共同标准	允许教育和学生的流动,具有综合性,标准更加多样化	没有共同的标准
领导与决策	由精英群体控制	继续受精英集团的影响,更多由"民主"的政治程序决定	更多地受大众关注
学术标准	高而一致的标准	学术标准多样化	非学术形式成为评价的依据
入学和选拔	考试成绩和中学表现	英才标准以及促进教育平等的补偿计划	对所有希望入学或有资格入学的人开放
学术管理形式	学术人员兼任行政职务	专业管理者	聘请全日制专家,从外部引进管理技术
高等教育的内部管理	学校有相似的特点和一致的价值观	不再拥有共同的观点,甚至产生冲突	激烈的冲突导致学校内部管理的崩溃

资料来源:潘懋元主编《中国高等教育大众化的理论与政策》,广东高等教育出版社,2008,第73页。

(二)阶段论的修正

为了能够更好地适应高度重视创新知识与技术传播的"后工业时代"的需要,欧洲高等教育体系开始朝着美国模式发展。然而,欧洲高校在试图调整其组织、管理等,朝着美国模式发展的进程中,出现了与特罗的预测并不完全相符的发展趋势。因此,特罗开始对之前的一些观点进行修正,以便更准确地反映各国高等教育的发展走向。

1. 第一次修正:发展阶段具有多样性

特罗前期对美国高等教育发展模式过于偏爱,后期则认识到高等教育发展阶段的国别性。20世纪70年代初,他认为,西方发达工业社会里只有美国高等教育大众化的发展模式——"扩张主义改革"模式最为成功，对其他发展模式或质疑或全盘否定，并预言欧洲各国高等教育的发展将遵循美国模式。这一理论假设已被后来的实践推翻。在现实情况面前，特罗对此做出了补充说明。

1978 年，特罗出席了在瑞典达拉罗（Dalaro）举办的以"过程与结构"为主题的高等教育研讨会，并在提交的《精英与大众高等教育：美国的模式与欧洲的现实》一文中，重新审视了 1973 年提出的高等教育发展阶段论与模式论的思想框架。他认为："当初只是致力于构筑一个简单的概念化图式或模式……存在甚多的局限和不完善之处……特别是我关于欧洲高等教育体系的发展也将沿袭美国的大众高等教育发展模式的假设性预示，现在被1973 年以来欧洲高等教育的发展历程证明是个明显的错误。"[①]

特罗在该篇文章中承认 1973 年他所提出的高等教育发展阶段论与模式论存在局限性，第一次打破了原有图谱概念，从多样性角度对阶段论进行了修正。他指出，三阶段论虽然是对现代工业国家高等教育发展趋势的一般概括，但由于各国独特的政治经济文化等因素，高等教育三阶段的发展具有差异性，它们之间的边界实际是比较模糊的。它们可以并存，也就是说，高等教育发展阶段是多元的，可容许两个或三个阶段交叉进行，三个阶段自然过渡且互有重叠。精英化阶段只存在精英模式；大众化阶段也许会兼而有精英教育与大众教育的特征，精英教育作为大众教育的一部分发挥其作用；普及化阶段也许会兼具精英教育、大众教育与普及教育的诸多特点，三者相互交叉。

2. 第二次修正：拓展重要概念边界

前期，特罗在论述不同阶段量变与质变的关系时，更多的是基于主观预测。因此，在提出该理论之后，特罗对英国、欧洲大陆其他部分国家和日本高等教育规模、结构的变化进行了考察，并思索如何根据欧洲高等教育的发

---

① Martin Trow, "Elite and Mass Higher Education: American Models and European Realities," Conference on Research into Higher Education: Processes and Structures, Dalaro, Sweden, June12-16, 1978, pp. 4-5.

展现实，更加精准地定义"高等教育普及化"或"普及高等教育"等概念，以期对该理论进行进一步的充实和完善。

在提交给日本高等教育学会成立大会的一篇论文中，特罗强调，随着越来越多的学生进入高等教育机构学习，大众高等教育和普及高等教育之间的界限与定义愈加模糊。以往对高等教育普及化的定义已经过时，如今衡量高等教育普及化或进入普及化阶段的标准不再是高等教育机构毛入学率，而是以学习者（包括在家里或在工作单位的全体成年人）的参与为主，最终高等教育的发展阶段是迈向"学习社会"。① 该解释与其最初提出的概念存在差异。随着美国高等教育机构中学生的背景和构成日益多元化，衡量高等教育从精英化阶段向大众化阶段再向普及化阶段过渡的重要指标已经发生了根本性的变化。

1998 年特罗参加了在日本广岛大学召开的"日本高等教育学会首届年会"，发表了《从大众高等教育走向普及高等教育：美国的优势》一文，对"普及高等教育"的概念做了重大修订，"普及高等教育"的内涵变为"终身学习"。他认为，"普及高等教育"的概念不再定义为入学人数的多少，而是社会大多数人的参与和分享，包括在家里或在工作单位的全体成年人。特罗认识到，高等教育发展的最后阶段是走向学习社会，而不局限于传统的青年普及教育。② "高等教育不得不向所有的社会成员敞开大门，学习社会成为高等教育大众化的终极目标。"③ 在社会经济发生巨大变化的必然性中，"学习社会"的发展目标就蕴含其中。无论是在发达国家还是发展中国家，"学习社会"这一终极目标都在不断地推进，高等教育的体制结构亦需深刻

---

① 喜多村和之訳《マス型からユニバーサル・アクセス型高等教育への移行》，《高等教育研究》1999 年第 2 集，第 125~132 页。

② Martin Trow, "From Mass Higher Education to Universal Access：The American Advantage," Paper Read at the Plenary Session of the Meeting of the Japanese Society for Higher Education Research Hiroshima, May 31, 1998.

③ Martin Trow, "Some Consequences of the New Information and Communication Technologies for Higher Education," April 1, 2000, https：//cshe. berkeley. edu/publications/some - consequences - new - information-and-communication-technologies-higher-education.

变革。相较于 20 世纪 70 年代的发展阶段论，此视野更具广度，更贴合现代知识经济社会背景下高等教育发展的实际情况。

特罗提出的阶段论是关于现代工业社会中高等教育性质与发展规律的总结归纳，它既揭示出每个国家高等教育发展的基本历程，又能预测高等教育在转变时期所面临的矛盾与冲突，以及高等教育中各问题间的关联性。这一理论最重要的贡献在于，创造性地引入高等教育毛入学率这一概念，从而使得后来对高等教育的国际比较具有了统一口径与评判指标，提高了高等教育研究中的可比性与鲜明性。

二　模式论

特罗提出了"阶段论"来揭示高等教育不同发展阶段的特征变化，并在考察欧美某些国家的高等教育发展道路后，提出了"模式论"以探寻高等教育大众化的典型发展模式。这两个理论皆是他理论的核心内容，已成为许多国家在制订和实施高等教育政策时的重要参考。

（一）模式论的主要内容

20 世纪 60 年代末 70 年代初，美国高等教育正在从大众化阶段向普及化阶段跨越。与此同时，西欧国家的高等教育也经历了重大转变，正在由精英化向大众化转变，但其大众化发展模式尚不明确。在这种背景下，特罗考察了欧美一些国家的高等教育发展情形，发现各国选择的大众化发展模式是多种多样的。各国国情互不相同，从而影响着高等教育大众化的发展。这些影响因素主要包括中等教育的普及、年轻人对上大学的迫切需求、教育民主化的压力、社会经济发展的需求以及高等教育自身的发展需求等。同时，这些影响因素又通过高校学术人员（包括校长和教授）对高等教育发展所持的价值取向与态度，深刻地影响着各国高等教育大众化发展模式的选择。

特罗将多种发展模式与高校学术人员的不同价值观相结合，并进行了分类。他通过考察欧美国家学术人员对高等教育大众化发展模式的态度，将这些人员用矩阵划分成四类：传统精英主义者、传统扩张主义者、精英主义改革者和扩张主义改革者（见表1-2）。① 这四类代表着高等教育大众化四种不同发展模式，特罗对其进行了逐一介绍和评判。

表1-2　高等教育大众化发展的四种模式

对高等教育的	对高等教育规模扩张的态度	
形式和功能的态度	精英主义者	扩张主义者
传统主义者	I	II
改革主义者	III	IV

资料来源：〔美〕马丁·特罗：《从精英向大众高等教育转变中的问题》，王香丽译，《外国高等教育资料》1999年第1期。

1. 传统精英主义者

第一种是传统精英主义者。该派别认为，高等教育的功能一方面是教育少数很有才能并已经在精英中学受过严格训练的学生，为从事传统上需要大学学位的职业做准备；另一方面是为少数人的学术生活和科学研究做准备。② 这一观点源于中世纪以前的学术导向，是四种类型中最为古老、传统的教育观念。

特罗对该观点持怀疑的态度。他认为在平等主义时代里，强调出身和社会阶层并将高等教育视为一种特权的观念与整个时代精神不匹配，会遭受攻击。他坚信，持有该观念以及采用与之相应的办学模式很难促进高等教育的大众化发展。尽管特罗批判了这种观点，但他也承认其仍有一定的保留价值，不能将其完全抛弃。保留传统精英主义的意义主要在于它坚决捍卫学术价值和科学探索精神，反对大学功利主义，抵制将大学完全转化为职业训练、促进政治或经济发展等的工具。特罗认为，在高等教育大众化进程中，传统精英大学的价值不会被完全否定。这进一步证实了精英高等教育价值继续存在是大众高等教育多样性的体现和需要。

---

① 〔美〕马丁·特罗：《从精英向大众高等教育转变中的问题》，王香丽译，《外国高等教育资料》1999年第1期。

② Martin Trow, "Problems in the Transition from Elite to Mass Higher Education," Conference on Future Structures of Post-Secondary Education, Paris, June 26-29, 1973, pp. 55-101.

2. 传统扩张主义者

第二种是传统扩张主义者，主要是以英国为代表的西欧一些国家的学者。该派别坚持认为，在不改变传统精英高等教育的核心方向的前提下，可以大力扩张精英高等教育体系的规模。他们欢迎大学规模的扩张，但同时又强烈维护传统大学的价值观。① 也就是说，他们主张的是扩张精英高等教育系统的规模，而不是改变高等教育系统的性质，只在传统大学价值观的基础上扩张大学发展规模。

特罗不认可该观点，他表示："这种单一的精英教育模式的短期扩张是可能的，但长期的大规模扩张将受到严峻的挑战，其结果只能是，要么改革，要么停止增长。"②

3. 精英主义改革者

第三种是精英主义改革者。该派别与传统扩张主义者相对，认为应该维持大学作为最高水平的学术和研究中心的特有地位，但同时也有必要进行一定的内部改革，以反映学问的变化以及高等教育和社会之间关系的变化。③ 与传统扩张主义者不同的是，精英主义改革者反对在不改变精英高等教育原有系统结构的情况下随意扩张，因为这会拖累高水平的精英教育系统。换句话说，他们主张高等教育需要内部改革，但反对扩大规模，他们认为扩大规模是导致教育质量降低的原因。因此，该派别主张在维持大学作为人类社会最高水平的智慧中心的前提下，改革大学的组织结构，使其渐趋现代化。为了确保高等教育质量，拒绝扩张其规模。

这种重视改革而忽视规模扩张的观点，同样受到了特罗的质疑。特罗认为，在教育民主化的驱动下，高等教育规模稳步扩张已经成为当前的现实问题。只追求高等教育系统的内部改革而无视规模扩张的观点是与时代精神相违背的，

---

① 〔美〕马丁·特罗：《从精英向大众高等教育转变中的问题》，王香丽译，《外国高等教育资料》1999 年第 1 期。

② Martin Trow, "Problems in the Transition from Elite to Mass Higher Education," Conference on Future Structures of Post-Secondary Education, Paris, June 26-29, 1973, pp. 55-101.

③ 〔美〕马丁·特罗：《从精英向大众高等教育转变中的问题》，王香丽译，《外国高等教育资料》1999 年第 1 期。

以牺牲规模换取改革的做法是不可行的。此外，特罗还认为，在多样化质量观的引导下，高等教育规模的扩张并不意味着高等教育质量的下降。[①]

4. 扩张主义改革者

第四种是扩张主义改革者。该派别认为，许多大学的传统形式和功能是限制高等教育规模扩张和民主化的最大障碍。为了实现大众高等教育和普及高等教育的发展目标，必须对传统的高等教育系统进行改革。在垂直方向上，采取民主化的方式，招收来自不同阶层的学生；在水平方向上，必须适应广泛的社会经济政治活动的需要。高等教育应顺应社会的民主化趋势，服务于社会大众。高等教育需要改革，但不能局限于精英系统内部，还需要将传统精英高等教育转变为更大范围、更加民主、更具社会适应性的大众高等教育。[②]

扩张主义改革者是四个派别中最激进的，支持者大多数是政治激进人士、社会科学和人文学科教师。他们认为，高等教育的主要价值应该是培养社会所需的各类从业人员而非传授高深学问或培养各学科思想家。他们倡导高等教育的多样化和民主化，并对高等教育大众化建设持乐观态度。特罗作为对美国模式大加推崇的学者，也赞同这一观点。

可以说，特罗是通过研究高等教育学术人员的价值观，来探究高等教育发展模式的。他的高等教育"模式论"研究紧密结合了欧美发达国家的高等教育实践，并涵盖了欧美国家高等教育大众化发展道路的四种不同选择。该理论不仅为后来者研究高等教育大众化提供了启示，还为发展中国家在选择高等教育大众化发展模式时提供了多样化的借鉴。

（二）模式论的重心——引入市场机制

特罗认为，英国的高等教育是精英高等教育的典范。但是，在二战后世界高等教育迅速扩张的时期，政府对高等教育经费的垄断管理，限制了英国高等教育发展。特罗指出，"由于资源的有限性，即使最富裕的国家也不可

---

① 〔美〕马丁·特罗：《从精英向大众高等教育转变中的问题》，王香丽译，《外国高等教育资料》1999 年第 1 期。

② 〔美〕马丁·特罗：《从精英向大众高等教育转变中的问题》，王香丽译，《外国高等教育资料》1999 年第 1 期。

能提供高等教育所需的全部经费"①，只有高度市场化运营，高等教育才能进行多样化筹资，从而展现出灵活、迅猛的发展态势。

在 20 世纪 60 年代至 80 年代，英国开展了高等教育大众化运动。政府大力介入，通过拨款，包揽高等教育的全部费用，并将高等教育视为社会福利，减免学费。这一期间，英国政府对高等教育的财政投入占高等教育经费的比例由 1940 年的 35%上升至 1965 年的 72%，1975 年升至 78%。②

出于对混乱、无政府状态和高等教育失控的担忧，英国不愿将市场机制引入高等教育领域，而是通过政府指令性计划进行管理。政府全额承担大学的教育经费和基建费用，绝大多数学生享有获得生活津贴和免交学费的权利。政府坚持资助大学，是因为认为这比依赖学生的学费或者当地工厂和政府提供有偿服务更加高尚和体面，这种观点在许多大学中也受到赞同。

英国政府向大学生提供津贴的主要目的是吸引更多的平民阶层学生进入精英高等教育机构。然而，津贴费用的不断上涨却对高等教育规模的扩张造成了阻碍。因为促使贫困学生进入精英高等教育机构的平等原则与高等教育规模扩张之间产生了矛盾。为了维护大学的利益，并保障教学和科研质量，大学拨款委员会（University Grants Committee，UGC）决定减少招生数量，以控制单位成本。同时，UGC 对各大学的经费进行了选择性削减，削减幅度最大的是那些建立于 60 年代的大学和一些工科大学。受到压缩公共开支所造成的高等教育经费不足等方面因素的影响，70 年代大学发展的目标没有得到实现。③

英国政府对高等教育经费的持续性高额投入，反而妨碍了高等教育规模的进一步扩张。政府的经费投入水平只适应于精英教育水平，即全日制学习、择优选拔和学业成绩优异的学生。伴随英国高等教育规模的继续扩张，政府财政拨款供给不足，高等院校步履维艰。对于英国政府在高等教育领域中采取的政策以及造成的骑虎难下的局势，特罗批评道，英国把文化领域中

---

① Martin Trow, "Problems in the Transition from Elite to Mass Higher Education," Conference on Future Structures of Post-Secondary Education, Paris, June 26-29, 1973, pp. 55-101.

② 谢作栩：《中国高等教育大众化发展道路的研究》，福建教育出版社，2001，第 86 页。

③ 许明：《英国高等教育发展研究》，辽宁师范大学出版社，1998，第 194 页。

的高等教育当作福利的政策与措施，超越了国家政府的能力，这种制度已经"衰落"到了非改不可的地步。①

与英国不同，美国的高等教育因市场化运作程度高而呈现多元化的筹资方式，发展也相对迅速。与欧洲国家的差异，不仅在于美国拥有大量声望卓著的私立院校，还在于私立院校和领先的公立院校在资金筹集上的多样性。即使在公共部门，像伯克利大学这样的领先研究型大学，国家支持也可能只占运营费用的一半或更少，其余部分来自联邦研究补助金、捐赠收入、学费和服务费等。② 美国自 20 世纪 40 年代后期开始实施的大规模社会化运作的助学计划和政策，不仅减轻了政府的财政负担，也创造了大规模入学的条件，拓宽了入学渠道。

特罗认为，美国教育体制庞大、种类多样。美国拥有 3400 所获得认证的高等院校以及 1250 万名在校学生，他们约占适龄人口的一半。由于接受继续教育的机会很多，美国学生中最终选择接受"中学后教育"的占比超过 50%。美国高等教育的规模不是由联邦政府的计划或政策决定的，而是取决于社会对中学后教育的需求以及中学后教育机构的入学标准及学费。③

当政府无力承担越来越庞大的高等教育费用时，应引入市场竞争体制，将学生视为消费者。各大学之间以及大学内部各院系之间展开竞争，这种竞争可以促使大学提高效率，以最大限度满足其消费者——学生的需要。同时，政府应采取大学收费政策，因为学生是大学教育的受益者，有责任支付部分学费。特罗认为，高等教育的经费来源要多样化，政府拨款与学生的学费要相结合。④

---

① Martin Trow, "Comparative Perspectives on Higher Education Policy in the UK and the US," *Oxford Review of Education*, Vol. 14, No. 1, 1988, pp. 81-96.

② Martin Trow, "American Higher Education: Exceptional or Just Different?" UC Berkeley: Institute of Governmental Studies, 1989, pp. 1-68.

③ Martin Trow, "American Higher Education: Exceptional or Just Different?" UC Berkeley: Institute of Governmental Studies, 1989, pp. 1-68.

④ Martin Trow, "American Higher Education: Exceptional or Just Different?" UC Berkeley: Institute of Governmental Studies, 1989, pp. 1-68.

三 质量观

特罗的高等教育发展阶段理论涵盖了多样化的高等教育质量观。他主要通过解答高等教育质量、平等和扩张之间的矛盾,来阐释学术标准内涵,以及通过对英国高等教育质量评价标准的批判等,来表达他的多元化质量观。

(一)质量观的主要内容

特罗以前以及同时代的学者皆对高等教育的质量与扩张的关系感到困惑,他们认为高等教育的质量、平等与扩张的要求——既赞成不断增长又赞成高质量的教育,是高等教育的两难问题,因此有些学者宁要质量、平等而放弃扩张。尽管在高等教育大众化的发展进程中,质量与平等、民主构成了一个两难问题,但特罗对此持有不同的看法。他认为,这个问题虽然会产生矛盾,但并非调和不了或无法解决的,解决这个问题的关键就是"新形式的高等教育是否能在赢得较高社会地位和满足平等主义要求的情况下发挥应有的功能,同时在向大众高等教育转型过程中,减少人均消费"[①]。

特罗的观点是,应该从平等与效率矛盾统一的角度出发,反对"一元主义"的理想化平等,而支持相对平等。他建议在提供尽可能多的上大学机会的基础上实现相对平等。因此,他主张减少教育的人均消费,认为这能够增加受教育机会,并迎来高效率。在这种情况下,传统的精英高等教育标准不适用于大众和普及高等教育,因此需要多样化的高等教育质量评价标准来支持这一扩张过程。特罗认为,坚持多样化的高等教育质量评价标准是解决这个两难问题的关键。

综上所述,特罗的质量观实际上有双层含义:第一,即使在大众教育阶段,精英教育仍然存在;第二,精英教育是多样化高等教育质量观的组成部分。在精英教育阶段,精英教育占据整个教育的主导地位,而在大众教育阶

---

① Martin Trow, "Problems in the Transition from Elite to Mass Higher Education," Conference on Future Structures of Post-Secondary Education, Paris, June 26-29, 1973, pp. 55-101.

段，精英教育已经成为多样化高等教育的一部分，大众化才是整个教育阶段的主流。

（二）质量观的重心——多样化标准

特罗通过批评英国"高而一致"的学术标准，强调了高等教育的发展要遵循多样化的质量观。

二战后，英国提出了"继续教育和培训计划"（Further Education and Training Scheme，FETS），允许所有的退伍军人和妇女入学。二战前，英国大学入学人数只有 5 万人左右，二战后，上升至 8 万人左右。毛入学率的快速提高，导致了所谓的大量差生入学。英国高等教育界普遍认为学术水平会因学生数量的增加而下降，会出现"廉价的教育"。"英国学者和政治家一想到提供一种'廉价的教育'，心中就会产生一种明确的恐惧感"，因为廉价的教育"会对标准构成威胁"。① 因此他们对高等教育毛入学率的增长持谨慎态度，甚至结束了 FETS，这种观点严重限制了英国高等教育的发展。特罗在 1987 年发表的论文《学术标准与大众型高等教育》中，深刻地分析了这种保守心理的根源——"至少自第二次世界大战以来，英国高等教育界就强烈地表现出一种担心，担心标准下降，担心'越多意味着越差'或将意味着越差。"②

根据特罗的观点，英国推行高等教育大众化的方式属于"扩大精英教育模式"，即以保留高等教育系统原有的精英特质和规模为前提，同时适应后工业社会的需要。正如列维（Neave）所说："英国发展大众高等教育的策略是，按'精英标准'建立多科技术学院和教育学院。这些非尖子高等教育部门，从而导致大学和非大学两类高等教育部门入学规模空前的一致性。一句话，英国的大众型高等教育是大写的尖子型高等教育。"③ 例如英

① 瞿葆奎主编，金含芬选编《教育学文集 英国教育改革》，人民教育出版社，1989，第699页。
② 参见瞿葆奎主编，金含芬选编《教育学文集 英国教育改革》，人民教育出版社，1989，第696页。
③ 参见陈昌贵《对"稳定我国高等教育发展规模"观点的质疑》，《复印报刊资料（体制改革）》1995年第9期，第17~20页。

国开放大学，1971 年，英国开放大学开始授课，首年的学生人数达到 2.5 万人。从结构上看，它是一所名副其实的国家一级大学。① 但由于开放大学的资格限制、经费预算和自我封闭，开放大学是高等教育大众化的障碍。尽管被冠以"开放"之名，英国的开放大学却被高标准的精英化模式所束缚，未能向更多人提供大众化的高等教育机会。② 事实上，英国将大众高等教育的标准定位于精英教育的范畴，导致各种类型的学校都受到相同的标准限制。特罗认为："一系列的行为制约了高等教育系统的多样化、教育事业机构功能的多样化、智力标准的多样化和人均花费的多样化。这也表明英国教育界面对新的挑战缺乏适应性。"③

特罗认可保持高水平的学术标准，但认为将"学术标准"和"规模扩张"对立起来将会带来负面影响。在精英高等教育时期，学术界一直非常注重并努力保持高学术水平，从而在高等教育领域形成了"整齐划一"的局面。然而在大众高等教育时期，特罗认为，如果高等教育界仍然坚持全国一致的学术标准作为准则，担心高校规模扩张会降低学术水平，这将极大地阻碍高等教育向大众化发展的步伐。全国一致的学术标准限制了高等教育规模的扩张，并使经费来源难以多样化。

四 就业观

随着高等教育规模的不断扩张，传统的就业观念与大学生就业形势之间的矛盾已经对高等教育的健康发展产生了严重的影响。为应对这种情况，特罗提出了"改造工作论"。这一新的就业观旨在打破传统的大学毕业生"适应"社会工作的观念，为当时以及如今大学生转变就业观念提供了新的指导思想。

---

① 〔加〕约翰·范德格拉夫等编著《学术权力——七国高等教育管理体制比较》，王承绪等译，浙江教育出版社，2001，第 103 页。
② 瞿葆奎主编，金含芬选编《教育学文集　英国教育改革》，人民教育出版社，1989，第702 页。
③ Martin Trow, "Comparative Perspectives on Higher Education Policy in the UK and the US," *Oxford Review of Education*, Vol. 14, No. 1, 1988, pp. 81-96.

（一）就业观的主要内容

特罗在"改造工作论"中提出了一种创新性的思想，主张打破传统观念中教育与职业结构之间的刻板联系。他认为，"毕业生失业"从来不是说毕业生不能找到与非毕业生进行竞争的工作，而是他们不能找到与自身身份与尊严相匹配的工作。[①] 目前，大众高等教育打破了这种联系，为大学毕业生提供了更广阔的职业选择范围。在与非大学毕业者进行竞争时，可以促使非大学毕业者获得更多的正规资格，从而也有机会参与更广泛的白领职业。尽管存在"高学历低就业"的现象，但大学生可以通过发挥创新精神运用知识和创造力来改进这些职业。然而，素质较低的人可能没有能力和需求去改造这些职业。现在的大学毕业生挤占传统上中学毕业生所从事的工作岗位，还可激发中学毕业生继续提高自身文化素养的动力，这正是高等教育促进社会进步的表现[②]，也是特罗的"改造工作论"。

特罗的新型就业观与其多样化高等教育功能观密不可分，高等教育的功能对于受教育者的就业前景有着直接的影响。特罗认为，精英高等教育的主要功能是塑造统治阶层的心智和个性，以便使学生能够在政治和学术专业中担任精英角色。在大众高等教育阶段，高等教育仍然培养精英，但这种精英范围更广，包括社会中所有技术和经济组织的领导阶层，高等教育的重点从塑造个性转向培养更为专业化的技术精英。随着普及高等教育的发展，大学更多地为发达工业社会大多数人的生活做准备，不仅培养范围或广或窄的精英，而且培养所有的人，它的主要目的是提高人们对迅速变化的社会的适应能力。[③] 特罗认为大学毕业生无法找到符合自身身份和尊严的工作的观念，属于精英高等教育的就业观，到了大众高等教育和普及高等教育阶

① 〔美〕马丁·特罗：《从精英向大众高等教育转变中的问题》，王香丽译，《外国高等教育资料》1999 年第 1 期。

② Martin Trow，"Problems in the Transition from Elite to Mass Higher Education," Conference on Future Structures of Post-Secondary Education，Paris，June 26–29，1973，pp. 55–101.

③ Martin Trow，"Problems in the Transition from Elite to Mass Higher Education," Conference on Future Structures of Post-Secondary Education，Paris，June 26–29，1973，pp. 55–101.

段，高等教育功能将会发生巨大变化，毕业生的就业观也将随之改变。

毫无疑问，特罗提出的"改造工作论"极具创新性，为解决长期困扰人们的"毕业生失业"问题提供了新颖的视角。随着现代高等教育规模的不断扩张，大学毕业生人数不断增加，很多人担心自己可能会接受过多的教育而导致就业困难。然而，特罗的新型就业观打破了传统的高等教育和职业之间的联系，从而使得人才培养方式更加灵活多样。

（二）就业观的重心——地位平等

特罗通过赞扬美国多样化的高等教育形态，强调了所有水平的高等院校任务不同，但地位平等。为了满足不同类型学生的教育需求和培训要求，美国涌现了各种新型院校。传统大学仍然是高等教育规模扩张的核心，但其他类型的高等教育也为人们提供了更多的入学机会，从而促进了美国高等教育的多样性。

自20世纪初以来，美国的两年制专科教育和研究生教育迅速发展，使得原本单一层次的以四年制本科教育为主的高等教育结构转变为多层次的高等教育结构。其中的专科教育层次——社区学院逐步演变为当地社会教育的核心，发挥着社区教育的广泛作用。特罗说："20世纪美国高等教育有哪些变化？首先表现在数量上，学校、学生、教师、研究经费、资助项目等，都迅速增长。但除了数量上的扩充和发展外，最重要的是社区学院体系的发展和将四年制大学的学位与继续教育和职业教育挂钩的办学模式的建立。"①有的学生最初上了社区学院，日后经过努力也有机会转入名牌大学。

特罗指出，只有真正将继续教育和高等教育联系起来，才能够解决许多问题和困难。在美国，所有形式的高等教育都是平等的，它们各自承担不同任务，没有高低贵贱之分，教育经费也各不相同，并且拥有着多样化的学术标准。一些培养精英人才的高校招生要求较高，而一些培养大众型人才的高等教育机构招生要求较低，开放大学则可以实现免试入学。所有

---

① Martin Trow, "American Higher Education: Exceptional or Just Different?" UC Berkeley: Institute of Governmental Studies, 1989, pp. 1−68.

这些都是继续教育和中学后教育的一部分，也是整个社会的现代教育体制。

特罗主张在保持高等教育和继续教育各自水平的前提下，学生应该有机会进行交叉、流动学习。继续教育和高等教育之间并不存在竞争关系，因此它们之间的关系更为单纯，也更有可能合作。如果高等教育想要保持高水平的学术标准，那么与继续教育的联系就必不可少，这是与民主化呼声和大众受教育需求紧密相关的。这样一来，继续教育就能够健康地运行，而且不是出于大学技术学院的怜悯和牺牲，是自然而然地发展起来的结果。

这构成了上下左右沟通的多样化的美国高等教育系统，为广大的青年、在职人员、家庭妇女入学打开方便之门。多样化的高等教育体系为美国的高等教育大众化提供了制度上的保障。

第三节　批评与发展

特罗的高等教育发展阶段理论，作为一种对高等教育规模扩张的解释和分析理论，在各个国家引起了极大关注，甚至成为政府制定教育政策的主要理论依据。

一　高等教育发展阶段理论的局限性

特罗提出的高等教育发展阶段理论具有重要的历史意义，但并非完美无缺，反而存在较大的局限性。

首先，从理论形成的情境来看，特罗的高等教育发展阶段理论仅限于发达国家的高等教育发展经验。在 20 世纪 70 年代初，只有美国一个国家的高等教育正在从大众化向普及化过渡，而其他西方国家则处于从精英化向大众化过渡的阶段。广大发展中国家的高等教育甚至还处于精英化阶段。因此，特罗的理论主要基于美国和欧洲的高等教育大众化实践，未涉及其他国家的实践。由此，他的理论推演难免存在标准化和概念化问题。后来，当该理论在欧洲部分国家和东亚国家推广时，人们发现现实与特罗的判断或美国的发展道路并不完全一致，这就引发了"水土不服"的问题，甚至还出现了某些悖论现象。其理论缺陷不仅局限于欧洲发达国家，在包括日本在内的东亚国家也得到了验证。

其次，特罗的高等教育发展阶段理论不够深入。特罗的理论是基于美国高等教育毛入学率的变化，并使用美国的计算方式将高等教育发展划分为三个不同的阶段。然而，他仅以15%和50%两个高等教育毛入学率为划分高等教育发展阶段的依据，缺乏理论分析，"使人产生此乃特罗本人直觉所得……增加了15%、50%这两个数字的神秘感"①。各国高等教育制度具有差异性，因此，即使在今天，也不存在一个可以统计所有国家和地区高等教育毛入学率的全球通用标准。倘若我国高等教育普及化进程继续把毛入学率视为一种"数字指标"追求，而忽视其背后所揭示的受教育群体"多层面的变化"所引发的高等教育属性、内涵的变化，毛入学率可能就会陷入一种理论虚无。②

再次，特罗的理论在高等教育质量和数量的辩证关系方面缺乏科学分析。尽管该理论进行过多次修正，但无论是在精英化阶段向大众化阶段的演变过程中还是在大众化阶段向普及化阶段的演变过程中，他所强调的高等教育数量的增加会引起相应高等教育质变的理论，在解释和预测美国以外的其他国家和地区高等教育量变和质变方面都具有较大的局限性。例如，在广大发展中国家的高等教育大众化实践中，在距离大众化数量值最低限还很远的时候，就已经出现了某些大众化质的变化，发展中国家完全可以通过质的局部变化带动量的增长。③ 这与美国等发达国家所采取的发展方式完全不同，是高等教育大众化发展的另一种方式，这进一步说明了不同国家和地区高等教育大众化和普及化过程的复杂性和多样性。

---

① 张继龙：《历史回望中的发现——马丁·特罗大众化理论流变的考察与分析》，《江苏高教》2013年第4期。
② 邬大光：《成就与预警：我国高等教育普及化进程的思考》，《中国高教研究》2023年第4期。
③ 潘懋元：《中国高等教育大众化的理论与政策》，《高等教育研究》2001年第6期。

最后，不同国家高等教育的发展逻辑不同。从相关国家大众高等教育和普及高等教育的实践来看，美国主要通过市场的调控达成高等教育的大众化和普及化。特罗曾认为美国与欧洲都是市场经济国家，因此，其高等教育发展的逻辑应该是相同的。但实际上，欧洲是一个政府干预的市场经济国家。特罗低估了计划对高等教育大众化的作用，他认为高等教育大众化主要依靠市场自然的推动，而非计划的推动。然而，进入21世纪后，中国通过采用比较典型的计划性增长模式，以及超常规的跨越式发展实现高等教育大众化和普及化，这已经超出了特罗所提出理论的范畴。[①] 日本高等教育大众化和普及化的过程则一方面受到中央政府的控制，另一方面受到市场的影响，基本是在两种不同力量的左右下迈入大众化和普及化阶段的。[②]

值得注意的是，针对高等教育发展阶段理论的缺陷，已有西方学者认为高等教育发展阶段理论可能已经失效，特罗对普及化系统没有什么实质性的见解[③]，美国高等教育的发展处于停滞状态，迫切需要重新考虑高等教育在后大众化时代的意义[④]。然而，目前所看到的高等教育体系特征的范式转变，正是所谓停滞的美国模式引领的。[⑤] 不论如何，高等教育发展阶段理论仍然为政策制定者、机构领导人和研究人员提供了最具说服力的解释框架。[⑥]

[①] 周川：《高等教育大众化和普及化的中国路径及其质量问题》，《现代大学教育》2021年第4期。

[②] I. Amano, trans. by E. H. Kimmonth, "Structural Changes in the Higher Education System in Japan: Reflec-tionson the Comparative Study of Higher Education Using the Theory of Martin Trow," *Educational Studiesin Japan*, No. 5, 2010, pp. 79–93.

[③] Peter Scott, "After Trow-Mass Higher Education to High Participation Systems," *Higher Education*, Vol. 82, No. 2, 2021, pp. 453–458.

[④] Martin Tight, "Mass Higher Education and Massification," *Higher Education Policy*, Vol. 32, No. 1, 2019, pp. 93–108.

[⑤] R. M. Bassett, T. Tapper, "Coming to Terms with Mass Higher Education: Lessons from the United States and Beyond," *Higher Education in Europe*, Vol. 34, No. 1, 2009, pp. 127–141.

[⑥] P. Scott, "Martin Trow's Elite-Mass-Universal Triptych: Conceptualising Higher Education Development," *Higher Education Quarterly*, Vol. 73, No. 4, 2019, pp. 496–506.

二 对高等教育发展阶段理论的误读

特罗的高等教育发展阶段理论在时代的要求下广泛地传播于我国，但由于其自身局限性及我国国情的特殊性，该理论在传播的过程中存在理解上的误区。

一是对高等教育三个发展阶段中"量"的误解和误用。在最初提出高等教育发展阶段理论时，只是揭示美国高等教育规模扩张的一个现象。高等教育发展阶段理论的本质既不是解释性理论，也不是改造性理论，而是一种预警理论，是对高等教育规模扩张之后人们对此发生的各种变化毫无准备的一种预警，是对美国和尚未进入高等教育大众化（普及化）阶段国家的一种预警，是揭示和解释高等教育活动变化的一种预警，更是对高等教育质量的一种预警。[①] 这一理论的意义是，警示我们要关注到高等教育从一个阶段向另一个阶段过渡时，高等教育系统内部各要素都发生了变化，我们对此需有所准备并考虑如何应对；而非将 15%、50% 的毛入学率作为高等教育发展应实现的目标。15%、50% 可以用任何数字取代，它们只是对现实经验进行的总结，并非不可变化的，因此不必为这些数字加上光环。高等教育的发展不能一味追求毛入学率数量上的达标，还要考虑在数量达标基础上质的发展和变化。

二是该理论被选择性地"窄化"或"泛化"。在高等教育发展阶段理论提出之后，世界上各个国家正处于特罗所描述的高等教育大众化阶段。因此，许多国家和学者倾向于用"大众化理论"来代替"三阶段"论。在这种情况下，一个关于规模扩张的理论却被冠以"大众化"之名，一个明明是预警的理论却被看作目标理论，这导致了对该理论的"窄化"和"泛化"两种理解，不仅遮蔽了高等教育发展"三阶段"之间的内在联系，还影响了实践进程。此外，特罗所提出的评估指标逐渐从"符号的

---

① 邬大光：《高等教育大众化理论的内涵与价值——与马丁·特罗教授的对话》，《高等教育研究》2003 年第 6 期。

指代意义"变成了与政府绩效挂钩的标尺,这在我国表现得尤为明显。高等教育大众化和普及化本质上是多样化的,然而在相对单一的教育体制下,要同时实现保护精英和推动大众化这两个目标是十分困难的,尤其是在注重公平的社会体系下,往往会引发许多社会矛盾,从而进一步稀释精英教育。①

三 各国学者对高等教育发展阶段理论的补充

高等教育发展阶段理论一经推出,就受到国际社会的广泛关注,各国学者从本国的实际情况出发,研究了本国高等教育的发展进程,并为高等教育发展阶段理论的适用性做出了丰富和有益的补充。

(一)日本学者对特罗理论的发展

特罗的高等教育发展阶段理论不仅在欧美高等教育界广为传播②,而且对日本高等教育产生了重要影响。早在1976年,天野郁夫和喜多村和之就将该理论引入日本国内,该理论受到了日本学术界的高度重视。然而,日本学者在应用这一框架研究本国和其他国家的高等教育大众化实践过程中,发现该学说存在着局限与不足。因此,日本学者不断修正特罗的理论,同时提出自己的见解,以进一步丰富和发展高等教育发展阶段理论。

1. "后大众化阶段"论

20世纪末,日本广岛大学教育研究中心有本章教授在考察日本高等教育大众化演变历程中发现,90年代的日本高等教育在社会、政治、经济等因素的影响下,管理体制、经费来源、发展道路等方面产生了巨大变化。他在《后大众时期学术机构改革的跨国研究》③ 一文中描述了这个阶段日本高

---

① 邬大光:《成就与预警:我国高等教育普及化进程的思考》,《中国高教研究》2023年第4期。

② Harold Silver, "Martin Trow on British Higher Education," *Studies in Higher Education*, Vol. 34, No. 7, 2009, pp. 751-763.

③ RIHE International Seminar Reports, "Academics Reforms in the World: Situation and Perspective in the Massification Stage of Higher Education," Hiroshima University, Japan, 1997, pp. 281-284.

等教育政策变化的 7 个特征。

第一，国家财政预算紧缩，迫使高等院校的管理和社会职能必须考虑到用更少的资源做更多更好的事情，即效率最大化。

第二，高等教育体制通过扩大私立高等教育规模，或通过收取学费的公办民助形式而日趋私有化。

第三，政府鼓励高校自主管理，这使高等院校日趋肩负管好自身的更大责任。

第四，引进市场机制。根据市场导向机制，选择高等教育发展政策。

第五，随着政府放宽管理限制，各高校引进自我约束机制进行自我评估。公共机构和公共舆论也在寻求新的评估和鉴定办法以保障高等教育的质量。

第六，为了努力保障教育质量，教育的产品日益成为衡量高等院校工作绩效的重要因素。高校的改革日益为社会的革新意识所驱动。

第七，学术界的人士由于过快和过于集中的改革，承受了许多压力，他们的心理压力越来越大。①

据有本章教授观察，日本高等教育从大众化向普及化过渡期间，并未像美国高等教育那样保持持续增长的趋势。此外，即便在进入普及化阶段后，日本高等教育仍保留了许多大众化阶段的特征。90 年代日本高等教育呈现与特罗描述的大众高等教育阶段和普及高等教育阶段都不同的特征。有本章教授将这一时期称为"后大众化阶段"，并认为它位于特罗所描述的大众高等教育阶段的"后期"和普及高等教育阶段的"初期"。

在上述基础上，有本章教授进一步分析了后大众化阶段高等教育的发展趋势，包括社会优先考虑因素发生变化、对通识教育和教学质量的强调、大学规范结构的改革、对学术效率提出新要求、学生人口的变化、教学法改革以及大学教师和学生地位的变化等。在发达国家高等教育大众化实际发展的情况下，有越来越多的成年人多次进入高等教育机构接受继续教育。因此，

---

① 参见潘懋元主编《中国高等教育大众化的理论与政策》，广东高等教育出版社，2008，第 30 页。

有本章教授认为，经过后大众化阶段的转变，"大众高等教育"阶段有可能发展为"终身学习"阶段，而非传统意义上的大学适龄青年的普及教育阶段。有本章教授的见解与特罗的"三阶段"论的区别，请参见图1-1。

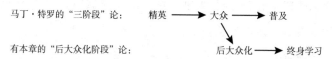

图1-1　"后大众化阶段"论与"三阶段"论的区别

资料来源：参见谢作栩《中国高等教育大众化发展道路的研究》，福建教育出版社，2001，第41页。

在1998年的论文中，特罗重新解释了自己早先提出的高等教育发展阶段理论中的"普及高等教育"阶段，将其描述为"与社会大部分人，几乎包括在家里或在工作单位的全体成年人密切相连的'继续教育'，似于'学习社会'"。这一补充与有本章教授提出的"终身学习"的概念是一致的，他们分别从不同的研究视角总结出了高等教育大众化发展的典型模式。

总之，有本章教授的"后大众化阶段"理论与特罗理论主要在研究视角上存在差异。有本章教授从经济学角度出发，研究了日本高等教育大众化的发展模式，关注高等教育的绩效、私有化、自主管理、市场主导、自我评估及内部改革等方面。而特罗则从社会学的视角出发，总结了欧美发达国家高等教育大众化的四种模式。有本章教授提出的日本高等教育大众化发展模式补充了特罗的高等教育发展模式论，并扩展了特罗关于高等教育发展阶段的思想。

需要指出的是，这并不意味着高等教育"后大众化阶段"理论只存在于日本。1997年，宾夕法尼亚大学的罗伯特·吉姆斯基（Robert Zemsky）教授发表了论文《美国高等教育的后大众化》[1]，通过对美国经济发展、中上等收入家庭对高等教育期望目标的变化以及青年劳动者需求的减少等因素的分析，提出美国同样存在"后大众化阶段"。此外，该论文还详细研究了

---

[1]　参见潘懋元主编《中国高等教育大众化的理论与政策》，广东高等教育出版社，2008，第32页。

在这一历史阶段中学生获得学位的比例演变情况，更加精确地推进了特罗将初级学院学生、本科生、硕士生和博士生糅合在一起的算法。罗伯特教授的研究为有本章教授的"后大众化阶段"论提供了有力证据，给有本章教授的"后大众化阶段"论做了注脚和诠释。由此可以看出，高等教育"后大众化阶段"论具有一定的普遍意义。

2. 制度类型论

特罗在其著名论文《从精英向大众高等教育转变中的问题》中，提出了高等教育大众化的四种模式。他明显倾向于赞成扩张主义改革派理论。而高等教育规模的大肆扩张，必然带来对高等学校数量增加的要求。如果以举办主体来看待高等教育发展方式的话，无外乎公立和私立两种形式，对经济发达的国家来说，其发展政策倾向于前者。而对经济不发达的国家来说，由于缺乏足够的资金支持，其发展政策必然会倾向于后者。日本虽然是经济发达国家，但是在高等教育大众化发展时期，经济并不发达，高等教育大众化任务的完成，主要还是依赖于私立高等学校的发展。特罗对这一点完全没有提及。天野郁夫教授从这一点入手，在对特罗理论进行精辟分析的基础上，提出了高等教育大众化发展的制度类型论。

天野郁夫教授以日本的私立专门学校为例进行了分析，认为由国家来维持、运作的国立高等学校，对增加数量并没有兴趣，也不把它作为目标。而私立学校总是以增加数量为目标，力图增加学生人数、增加学费收入，使自己能有足够的资源来发展，这种"饥饿"的特性使日本的私立学校和美国的公立学校一样，成为大众高等教育的承担者。天野郁夫教授不无自豪地宣称：日本的高等教育在 19 世纪下半叶，与欧美各国相比，是在相当低的经济发展水平上起步的。但为何日本能在短时期内赶上欧洲各国，而且以快于这些国家的速度实现了高等教育大众化呢？其中关键之一在于，存在着"日本式的"，更确切地说是"亚洲式的"私立高等教育。[①]

---

① 〔日〕天野郁夫：《日本高等教育的大众化与特罗"理论"》，陈武元、黄梅英译，《高等教育研究》2001 年第 6 期。

通过对日本和美国过渡阶段高等教育发展类型的比较，天野郁夫教授认为，特罗有关欧洲不存在私立学校、美国私立高校具有精英性的"常识"，妨碍了他对在亚洲各国高等教育发展过程中私立高校重要作用的认识。一些国家财富积蓄还比较贫弱，但由于外部压力，这些国家迫不得已进行近代化和产业化变革，并被纳入世界市场经济体系中。在此过程中，为满足产业化发展的需求和不断增长的教育需求，这些国家必须建立起现代化的高等教育体系并扩大高等教育规模。然而，由于公立学校数量众多，许多亚洲国家难以承担这种负担，因此积极利用"民间力量"来推进高等教育事业成为政策上不可避免的选择。

通过巨型私立学校的数量发展促进日本高等教育进入大众化阶段，是日本有别于美国高等教育大众化的突出特点。可以说，天野郁夫将"阶段论"引入日本后，这一理论开始显现日本特色乃至亚洲特色。

（二）我国学者对特罗理论的发展

在研究中国高等教育大众化的思想观念和发展道路时，厦门大学教育研究院的潘懋元教授和谢作栩教授，从发展中国家的角度出发，对特罗理论进行了修正和拓展。别敦荣教授从普及化进程出发，提出了高等教育普及化发展模式论。

1. 过渡阶段论

潘懋元教授和谢作栩教授研究了西方发达国家实现高等教育大众化的"早发内生型"模式，即这些国家高等教育发展历程的特征是高等教育规模的扩张促进和带动精英高等教育系统产生了大众化与普及化的质变，也就是特罗所说的"量变带动质变"的发展道路，以及发展中国家采取的"后发外生型"模式，即这些国家高等教育的发展特征往往是在立足本国国情的基础上借鉴发达国家的经验，通过改革高等教育系统促进和带动高等教育规模的扩张，也就是通过质的改变来促进量的发展。在分析了两者之间的国情差异后，针对发展中国家从精英高等教育向大众高等教育转变过程中所面临的问题，他们提出了"局部质变推动总体量变"的"过渡阶段论"。

特罗的高等教育"阶段论"多次强调"量变带动质变"的观点，认为高等教育规模扩张在一定程度上带动了高等教育发展历程中的两次大质变。但是，特罗的理论是建立在西方发达国家高等教育实践基础之上，并未涉及其他国家，尤其是发展中国家。因此，他的"量变带动质变"的阶段转变观点有主观性和局限性。

针对以上观点，潘懋元、谢作栩两位教授考察了中国高等教育大众化的发展特征。他们认为，"后发外生型"的国家可以借鉴"早发内生型"国家的经验。因而在高等教育规模发展上，"量"的增长未达到大众化阶段的"度"之前，就可借鉴发达国家高等教育的经验，进行某些"质"的改变以促进"量"的快速增长。这是发展中国家缩小与发达国家的高等教育差距的明智选择，进而揭示了"高等教育从精英向大众过渡阶段，存在着局部质变推动总体量变的特征。尤其是'后发外生型'的发展中国家，其高等教育的发展特征则往往是在立足本国国情的基础上借鉴发达国家的经验，通过改革高等教育系统以促进和带动高等教育规模的扩张。简言之，是走通过质的改变来促进量的发展的捷径"[1]。他们将这种高等教育的"量"的积累尚未达到西方学者所说的大众高等教育的"度"，即毛入学率未达到15%，而"超前"出现的种种大众高等教育新质的变化过程，称为从精英高等教育向大众高等教育转变的"过渡阶段"。[2]

潘懋元、谢作栩两位教授通过考察韩国、英国与美国的高等教育发展现状，论述了高等教育从精英化阶段向大众化阶段转变过程中存在的局部质变带动量变的"过渡阶段"是具有一定的普遍性的。这是符合事物发展规律的，高等教育的发展要通过量的积累和总的量变过程中许多部分的质变才能完成。部分的质变需要一定量的积累，反过来部分的质变一旦发生又会促进量变，并为整个高等教育的根本质变准备条件。

在高等教育从精英化阶段向大众化阶段迈进的过程中，系统的部分质变对整个规模扩张的推动作用是重大的。所以，从精英高等教育到大众高等教

---

① 潘懋元、谢作栩：《试论从精英到大众高等教育的"过渡阶段"》，《高等教育研究》2001年第2期，第1~6页。

② 谢作栩：《中国高等教育大众化发展道路的研究》，福建教育出版社，2001，第45页。

育的转变必然存在着局部质变推动总体量变的"过渡阶段"。

2. 规模波动发展论

高等教育大众化规模波动发展论的研究重点在于高等教育大众化规模扩张的形态和程度问题。

首先，高等教育大众化规模的发展有一定的度量可循。针对美国、日本、韩国的高等教育大众化规模发展情况，谢作栩教授认为，这种规模的扩张需要有一个"度"的把握。其次，高等教育大众化规模的发展呈现波动式的发展状态。虽然中间也出现过很大的随机变化现象，但总的趋势是向上的，存在着固定周期以及比较稳定的波动域限。这说明高等教育规模发展是有规律可循的。谢作栩教授结合美国、日本高等教育规模发展的状况，以高等教育毛入学率为指标，构建了高等教育规模波动的合理区间模型。该模型显示，高等教育毛入学率的增长在-10%到+10%之间比较合理。高等教育规模发展不能停滞不前，速度也不能无限快。[①]

在上述研究基础上，谢作栩教授对高等教育规模发展与经济发展之间的关系做了总结，对高等教育大众化规模波动发展做了总体阐述。他指出，高等教育大众化的发展对经济周期波动的影响的回应，并不表现为高等教育规模与经济起伏相对应地直接扩张和收缩，而是具有滞后的特点。这种影响和回应不是马上能感受到，而是要经过一段时间。他认为，从短期看，高等教育的扩招似乎为决策者意志、青年上学愿望所左右，但从较长时期看，高等教育的扩招最终还是由经济因素制约的。[②]

总体上看，高等教育规模发展与经济发展周期波动是一致的，高等教育规模发展还是要与经济发展的水平相适应，高等教育扩招的幅度要以可持续发展为准绳，不可持续的大幅度扩招必然导致大幅度的收缩，不仅欲速则不达，而且会给高等教育带来较大的负面影响。[③]

---

① 谢作栩：《中国高等教育大众化发展道路的研究》，福建教育出版社，2001，第193~194页。
② 谢作栩：《中国高等教育大众化发展道路的研究》，福建教育出版社，2001，第197~218页。
③ 谢作栩、黄荣坦：《论高等教育规模扩张与经济发展的波动关系——兼考"反经济周期"发展观点》，《教育与经济》2001年第2期，第4~8页。

3. 普及化发展模式论

随着各国高等教育的不断发展，别敦荣等人提出了普及化发展模式论，将各国高等教育普及化的发展划分为三种模式，论述了不同国家高等教育普及化表现的不同特点，进一步完善了高等教育发展阶段理论中普及化发展的形态。

别敦荣等人从统计数据出发，发现进入普及化阶段之后，不同国家（地区）高等教育规模扩张速度有快有慢，呈现不同的特点。对已经进入普及化阶段10年及以上（2010年前毛入学率达到50%）的27个国家的普及化进程进行分析后，发现大致有三种典型模式：一是快速推进模式，即进入普及化阶段后，高等教育毛入学率年均增量超过2个百分点，代表国家有土耳其、希腊、智利等；二是中速推进模式，即进入普及化阶段后，高等教育毛入学率年均增量在1至2个百分点之间，代表国家有美国、俄罗斯、西班牙等；三是慢速推进模式，即进入普及化阶段后，高等教育毛入学率年均增量在1个百分点以下，代表国家有英国、意大利、日本。[①]

不同国家在高等教育普及化进程上存在巨大差异，这进一步佐证了高等教育普及化进程受多种因素的影响，存在多种发展的可能性。别敦荣等人认为，高等教育普及化发展需要多种条件的支持，包括人口条件、经济发展水平等，也受教育水平与高考制度、政府政策及社会环境等因素的影响。[②]

---

① 别敦荣、易梦春：《高等教育普及化发展标准、进程预测与路径选择》，《教育研究》2021年第2期，第63~79页。

② 别敦荣、易梦春：《高等教育普及化发展标准、进程预测与路径选择》，《教育研究》2021年第2期，第63~79页。

第二章

高深知识系统论

高深知识系统论认为大学是知识生产的核心机构，在知识的生产和传播过程中实现人才培养、社会服务等大学功能。该理论主要有两种观点：一是以伯顿·克拉克（Burdon Clark）为代表的高深知识系统要素论，认为高等教育的任务是以知识为中心，以此揭示高深知识生产活动的组织原则、学科基础以及由高深知识产生的信念、文化和权力等要素，从而理解大学运行规律和高等教育系统运行规律；另一种是以迈克尔·吉本斯（Michael Gibbons）等为代表的高深知识系统模式论，该观点从知识社会学的视角，把高等教育知识生产分成模式 1 知识生产、模式 2 知识生产、模式 3 知识生产，三种知识生产模式互相支持，共同促进人类知识的生产、传播和使用，并分别形成传统研究型大学、创业型大学以及社会型大学。

第一节　理论基础①

高深知识系统论主要有两个理论基础：一个是高深知识系统要素论；另一个是高深知识系统模式论。

高深知识系统要素论认为高等教育系统组织由三个基本要素组成：第一个要素是知识生产的工作表达和安排方式；第二个要素是信念，即系统不同

---

① 这部分内容参见张丽《伯顿·克拉克之学术论思想》，《高等教育研究》2005 年第 7 期，第 100~103 页。

部门中不同群体的主要行为规范和价值观，最后表现为学术文化；第三个要素是知识权力，关系到整个高等系统中合法权力的分配，而且很多权力是从工作组织及信念中产生的。

高深知识系统模式论主要从创新的视角审视高等教育系统知识生产。它把知识生产分为模式1知识生产、模式2知识生产和模式3知识生产，认为高等教育知识生产在不同的知识生产模式中有不同的地位、功能和作用。

在模式1知识生产[①]中，大学主要从事知识生产，知识传播以线性的方式进行。大学只关注知识生产和知识创新，而不重视知识的应用和扩散，形成了教学与研究相结合的传统研究型大学模式。在模式2知识生产中，社会的其他机构，如政府、企业开始参与知识生产，大学失去了知识生产的垄断地位。大学需要与其他社会组织合作，在应用背景下从事知识生产，形成了创业型大学模式。随着知识生产机构的不断扩展，高等教育大众化和普及化深入发展，知识生产逐渐扩展到整个社会，甚至整个人类生态系统。社会公众利益和自然生态利益逐渐成为人们关注和探讨的对象，大学转变为一个开放的机构，与政府、企业、社会共同协作、共同发展，由此产生了模式3知识生产。模式3知识生产是从知识创新生态系统的视角观察大学、企业、政府、社会公众、媒体等机构合作，进行知识生产而形成的多形态、多节点的知识生产系统，以此描述大学知识生产系统功能和机制变革。在模式3知识生产中，大学不仅是知识的中心或知识生产的主要节点，还成为知识社会中知识生产的一部分，深度参与社会生活而成为社会型大学。

第二节　基本观点

一　高深知识的组织系统

（一）部类

高深知识系统论在横向上，分两个组织层次划分大学或学院内部的知识

---

① George Subotzky, "Alternatives to the Entrepreneurial University: New Modes of Knowledge Production in Community Service Programs," *Higher Education*, Vol. 38, No. 4, 1999, pp. 401－440.

领域。在较低组织层次主要有讲座、研究所和学系，在较高组织层次主要有学部、专业学院和普通学院。各个知识组织都有明确不同的工作内容，而且相互依赖程度不高。

首先，各国高等教育部类的最大差别表现在内部知识领域的组织方面。大学或学院内部在基层知识组织中涉及的组织思想和技能有很大不同。在自然科学、工程学科、医学中，讲座、学系、学部和学院内部知识领域非常发达，各知识领域有着清晰的知识结构；但是在社会科学、人文学科中，讲座、学系、学部和学院内部的知识整体化程度较低，知识领域边界模糊不清。总之，在不同的基层知识组织中，有明显不同的思想体系和规范。

其次，相互依存性较低。大学或学院内部各组织之间的相互依存性较低，各部类都有独特的学科内容材料，可以以一种相对自足的方式发现知识、储存知识和传递知识，所以它们之间联系很少。

最后，形成两种不同的基层知识生产组织制度：讲座制和学系制。

讲座制是大学或学院把基层单位的责任集中在讲座占有人身上。讲座占有人负责一个知识工作领域中的所有学术活动，其他的知识生产人员只能处于从属地位。如果知识生产领域以研究所的形式出现，那么讲座占有人也就自然而然地成为研究所主任。讲座制中，讲座占有人负责整个讲座的知识生产和组织，容易造成学术权力过分集中，极易形成权力垄断，造成对大学学术评议会的冲击。此外，讲座制纠错能力弱，一旦讲座占有人的聘用出现问题，将会对整个讲座产生深远影响。随着学术机构和系统的不断发展、知识领域的不断分化，讲座制越来越不适应知识领域发展的需求，需要一种新的富有活力的知识生产组织形式代替个人专权的讲座制，学系制随之产生。

学系制主要发展于美国。学系由许多地位相同或近似的高级教授分担学术责任和共享学术权力。这是一种个人作用小得多的知识生产组织形式，地位较低的副教授和助理教授也可以参与学系的某些工作。学系制是一种比讲座制更具活力的大学知识生产的基层组织，现在已经发展成为占主流的大学基层组织。

（二）学科

学科是学术系统中高深知识生产的基本方式。学科是一种联结同领域专家的专门化知识生产组织方式，可形成一个跨区域的行会组织。学科可以横跨各种类型的院校，将各院校的相同部分联系起来。因此，全国性的高等教育系统就是由一批学科和专业组成的全国性行会系统。此外，学科的范围也能超越一个国家的学术系统走向世界。某些知名学者可以在全世界范围内开展研究工作，形成高等教育的一个重要的特点——国际性。

由于学科知识具有跨院校、跨区域以及跨国的特点，学者们往往忠诚于自己的学科而不是所在的高校。如果让学术人员在学科和高校两者之间进行选择，他们一般都会选择离开高校而不是学科。因此，我们可以把大学或学院看作国家和国际学科的地方聚集地。学科的知识生产方式再次证明高等教育必须以学科为中心，才能将专家和学生联系在一起。学科的知识生产方式会自然形成大学或学院的研究取向或学术取向，而大学或学院要以高深知识生产为中心，则需要不断衍生出更多更新的细分学科领域。

在大学或学院内部，学系、讲座或研究所既是学科的一部分，也是院校的基层学术管理组织，将两者合而为一，才能使大学的基层学术组织既能显示出强大的生命力，又能成为高深知识系统的核心。

（三）系统

克拉克从正规控制垄断（Monopoly of Formal Control）和组织形式垄断（Monopoly of Organization Form）两方面将各国高等教育系统分为四种组织形式：单一公立系统中的单一机构部门；单一公立系统中的多重机构部门；多重公立系统的多重机构部门；私立和公立系统并举的多重机构部门。

一是单一公立系统中的单一机构部门。这种组织形式表现出系统和机构类型的双重垄断特征。一个国家只有一种统一的高等教育系统，最上层受国家教育部领导。整个系统只有公立大学一种形式，负责培养全国 80% 以上的大学生。拉美国家以及地中海国家（如西班牙、葡萄牙和希腊），通常采用这种单一高等教育系统的形式。

二是单一公立系统中的多重机构部门。在这种高等教育系统中，高等教育虽然只受一个层次的政府部门管理，但高等教育系统却分化为两种或更多类型。这种模式在世界上最为普遍。高等教育系统中分为大学和非大学等多种类型，全部高等教育系统都由政府提供经费开支。法国是这一组织形式的典型。

三是多重公立系统的多重机构部门。这种高等教育系统，主要出现在实行联邦制的国家中。在这些国家里，高等教育分成许多州级系统或省级系统等地方高等教育系统，而且在不同程度上会受到联邦政府的影响。这种高等教育系统出现了两种趋势：一方面，联邦政府的影响有所增加；另一方面，私立高校（如果存在的话）规模大大缩小。澳大利亚、加拿大、英国和墨西哥等可归属于这一高等教育系统的组织形式。

四是私立和公立系统并举的多重机构部门。这一高等教育系统在组织形式上表现为私立和公立高等院校共同发展，至少有 15% 的大学生在私立高等教育系统中就读。公立高等教育系统和私立高等教育系统之间竞争较为激烈，形成各具特色的院校。日本和美国是采用这一高等教育系统组织形式的两大代表国家。

二　高深知识的学术文化系统

学科专业化是知识领域不断分化发展内在逻辑的结果，同时也带来了学术规范和价值观等学术信念的分裂分层，进而形成学科文化、院校文化、职业文化和高等教育系统的学术文化。

（一）学科文化

学科文化是经过几代人的努力而形成的价值规范。由于每一个学科都有独特的理智任务，久而久之形成一种学科知识思想范畴和相应的行为准则。要求每一位进入学科知识领域的新成员都要逐步养成本学科的生活方式、价值规范和行为准则，并以此将本学科和非本学科研究者区分开来，形成学术特质。但学科文化难以把握，因为它们只能由其成员含糊地感受到而不易为外人所知觉。

（二）院校文化

院校文化是由个别大学和学院产生的并依附于它们的校园文化。院校文化产生忠诚。在同一个院系或大学一起工作了几十年的人，会形成对组织的某种共同感情，确定他们在学术生活中的地位，形成归属感。院校文化也是连接外部世界、疏通资源的桥梁。

（三）职业文化

职业文化典型的表现就是院校亚文化和专业文化。首先，在大学各种集体组织中，亚文化以地域而不是以学科发展起来。大学里的学生、教师和行政管理人员，分别形成学生亚文化、教师亚文化、行政管理人员亚文化等。随着院校的发展，这些主要角色的亚文化规模也逐步扩大，各亚文化内部进一步分裂，形成更小的亚文化。

其次，大学和学院内部的各个专业也会形成不同的专业文化。专业文化的核心是学术自由，强调个人自主和学院自治。专业文化充满了利他主义的使命。它们把创造知识、传递文化遗产和训练青年以发挥他们的最大潜力，作为服务社会的高级形式。在专业内部，各主要组成部分还会形成自己的象征符号，如法律专业的天平符号象征公平公正，医学专业的红色十字符号象征救死扶伤。专业文化和学科文化相互融合，有时候我们很难对彼此进行区分。

（四）高等教育系统的学术文化

高等教育系统存在四种学术文化：入学文化、专业文化、就业文化、研究文化。

一是入学文化。什么人可以入学？各国高等教育系统在入学的合格者方面有极为不同的态度。在欧洲大陆各国较为保守的入学文化中，高等教育毛入学率增长极为缓慢。在美国等开放入学的高等教育系统学术文化中，大学向所有人开放，但会要求入学者必须符合大学入学资格要求，如此就会有一部分学生不能达到这些标准。因此，高等教育在目前来看的确不是向所有人开放的。

二是专业文化。本科阶段人才训练到何种程度？在这方面形成了两种不同的专业文化。以英国、美国为代表的盎格鲁-撒克逊高等教育系统更多地强调通识教育和自由教育，专业分化不明显。德国、法国等欧洲大陆国家坚持专业取向的人才标准，形成明显的专业文化。

三是就业文化。在大学生就业文化中，一种观念认为高等教育应像以往那样只为政府部门和专门职业输送毕业生，而基本上不为企业培养人。当然，大学不需要企业支持，反过来，企业也不需要高等教育。另一种观念则认为高等教育也应为企业输送毕业生，例如在美国和日本，高等教育毕业生在企业部门就业是合乎情理的。

四是研究文化。各国高等教育对研究与教学是否能够和应该相结合的态度是不同的。德国、英国和美国的理想是强调这种结合。因此，大学承担沉重的研究任务，教授的职责就是教学与研究相结合。相反，法国高等教育长期以来信奉这样的信念：大学就是考试和教学，教授也可以从事必要的科学研究，但科学研究更是法兰西科学院、各种研究所和研究中心等独立研究机构的责任。苏联在高等教育系统之外建立"全国科学院"系统，实现了教学与研究的彻底分离。

三　高深知识的学术权力系统

（一）学术权力层次

高等教育学术系统中从低到高有六种不同层次的学术权力。这些学术权力维持不同层次学术组织的运行，而且在不同的国家又表现出不同的特色。

第一个层次的学术权力主要集中于大学的基层学术组织——学系或讲座-研究所的结合。学系在美国最发达，讲座-研究所的结合在欧洲大学模式中较为常见。

第二个层次的学术权力主要集中于大学二级学院，它是几个学系或研究所的集合，它的主要名称是"学院"。学系、讲座、研究所以及学院是高等教育系统中最基础的学术权力机构，也是高等教育系统的基础结构。

第三个层次的学术权力集中于院校层面。传统意义上的院校基本上限于一块单一的土地上，把所有运行单位和系组织在一起。院校是高等教育系统中的中层结构，位于基层学术权力和高层学术权力中间。

第四个层次的学术权力集中于多校区的学术管理组织。这一层次的学术权力集中于多校区大学，它们试图将所有下属组织组成一个系统。其学术权力低于省政府或州政府的学术权力。

第五个层次的学术权力集中于州政府、省政府或市政府本身。在这里，权力具体体现在政府的一个部或一个局。

第六个层次的学术权力是最高层次，即一国的政府及有关的部局与立法机构的学术管理权力。

（二）学术权力形式

"学术权力"（Academic Power）一词可以有两种理解：一种是学术本身的权力，是建立在高深知识和专业知识基础上的学术权力，是学者们的权力。另一种是为了学术的权力，是指任何主体，如政府、高校董事会、学院等组织享有的为了学术发展而拥有的对学术有直接约束力或重大影响的权力，包括为了学术的院校权力和为了学术的系统权力。

第一种是学术本身的权力。这种权力是扎根于学科形成的权力，主要有四种类型。第一，教授个人统治权。高等教育系统中充斥着许多上级支配下级的个人化的统治权。教授对学生的学习和低级教师的工作可以进行广泛的监督。这种结构容易造成任人唯亲，一元化的行政结构容易使教授成为独断者。个人统治的程度在讲座制中是最高的。尽管个人化的学术统治权有被滥用的可能性，但是，没有这种权力，高等教育系统显然不能有效地运转。教授个人统治权是保证教授个人在研究时的创造自由和教学自由，把个别教学作为高级训练方法的前提条件。第二，学院式统治权。专业化的发展增强了学院学术权力。在讲座制高等教育体系中，学院式统治实际上常常是学院和大学组织层次唯一的协调机制。权力的核心是采用自下而上的方式从同事中选举任命讲座教授。因为是同事选举的，产生了兼职的行政管理人员，行政管理人员与教学人员紧密联系在一起。院长或系主任是一群人的临时领导，他的当选是由于同僚的赏识而不是来自上级的任命和授权。在系科制高等教育体系中，学院式统治在运行层次上也非常强大。学院式统治是教授们管理整个系或学部、学院、研究生院和大学等组织时最偏爱的方式。学院式统治往往采用学术评议会的方式进行：一方面，会议是教授们偏爱的自我统治的方式；另一方面，许多人并不喜欢开会。因为学院式统治意味着有时要通过投票压倒对方。所以，同事要像政客那样，不得不学会应付输的局面。第三，行会权力。这种权力是从前两种权力派生出来的，是个人权力和学院权力的结合。在行会控制中，每个师傅都有一个王国，他控制着下属；而师傅们又组织成一个平等的团体，控制一个更大的领地。行会中的控制阶层是由既是贵族又是同事的人组成的。行会权力持续存在于学术界和其他专业中，并通过专家渗入政府决策部门。行会权力有助于学术界认识行业霸权内的权力运行特点。第四，专业权力。专业权力像官僚权力一样产生于普遍的和非个人标准的专业知识中，以"技术能力"而不是以正式地位产生的"官方权力"为基础。学术专家的"专业权力"存在极大差异。美国、英国高等教育系统中的专业权力比意大利、日本高等教育系统中的更大。

第二种是为了学术的权力，分为为了学术的院校权力和为了学术的系统权力。首先，为了学术的院校权力。分为两种权力类型。第一，董事会权力。董事会管理制度是外行人对院校的管理制度。董事一般在院校以外工作，有时也留在院校，一般不领取报酬。董事会是院校的最高权力机构，负责保护大学的财产和利益，有权决定大学的几乎一切事务。董事会通常设主席一名，作为院校董事会的会议召集人或合法经理人。在院校管理中，董事会通常会成立各种委员会，履行院校管理职责。因此，董事会管理制度代表着公众控制高等教育的一种形式。在不同的机构中，公众的范围可以狭窄到几户家庭，也可以广泛到一个州的人民。在不实行董事管理制度的高等教育系统中，各种不同的公众群体的利益是通过政府部门来实现的。他们通过选举的方式任命董事会成员，以此建立大众和大学的密切联系。美国是大学董事会制度发展最为完善的国家之一。第二，院校行政权力。院校行政权力主要表现为院校行政官僚制度，这是一种正规的等级制度。官僚制明确把权力根据职位委派给各级行政官员，用非人格性的法律制度协调各机构运行。在纯粹的院校行政官僚权力中，院校各级行政管理权只能从明确的行政职位中获得相应的管理权。当权力集中在较低层次时，官员成了自己院校的"鼓吹者"，因为他们的工作奖励和职业成功比教授们更直接地依赖于院校表面的成功。

其次，为了学术的系统权力。高等教育系统的学术权力主要有三种类型。(1) 政府权力。当我们将注意力从院校层次再往上移时，可以看到，在多校园的、州的和国家的层次，官僚权力成为唯一的控制形式。无论何时，只要政府承担高等教育的某种责任，某些公共机构必定会变成行政执行的所有地。另外，它的合法性极大地依赖于官方等级制度。中央官员形成了自己独立的行政亚文化，他们不再是高等教育政策中的中性工具，而是形成了利益集团。这个利益集团有特许的享用权和既得权利，同时有维护自身存在的意愿。这种官员的权力综合了官僚、行会和政治的要素。本来应该中立的行政管理人员，往往会充当更高层次的政府机构代言人；而这些为特定群体利益服务的官僚则为他们自己的利益说话。(2) 政治权力。在世界上的大多数国家，高等教育主要是中央政府组织的一部分。高等教育的性质因而取决于中央政府各部门的性质，受到一般政治权力的影响。政治权力来源于资金分配的合法权力，即谁有钱谁统治。假如高等教育是私人的事，那么政府的影响可能会被剥夺；但如果高等教育是一项公共事业，是由公共资金资助的，那么，政府不能不拥有某些决定权。在所有形式的权力中，政治权力是最多样化的。(3) 全系统学术权威人士权力。个人的和学院式的权力形式，主要基于高等教育系统的底部，即学科。这种权力不断延伸，对院校甚至对整个系统都产生重大影响。我们已经看到，各国高等教育系统合法地由教授统治。他们通过选举、任命和非正式交易，由地方的学术寡头权力逐步延伸到了国家层面。全系统学术权威人士权力的合法性建立在专业知识的基础上。它是一种必要的和可以接受的学术权力，可以确保无论是处于高等教育系统层面，还是处于基层的学系、学院或院校层面的学术工作都正常运行。

四　高深知识系统中的三种知识生产模式

在高深知识系统中，高深知识的生产主要有三种模式：第一种是以学科为主的、为知识而知识的知识生产方式，称为模式 1 知识生产；第二种是以应用为目的的跨学科知识生产方式，称为模式 2 知识生产；第三种是以多集群、多节点，连接大学、企业、政府、社会甚至整个生态系统为特征的知识生产方式，称为模式 3 知识生产。

（一）模式1知识生产

1. 教学与科研相结合的高深知识活动

模式 1 知识生产中，大学是知识生产的核心，追求为知识而知识，知识本身就是其目的，形成了以科学研究为主、教学与研究相结合的传统研究型大学，最典型的是诞生于 19 世纪初的柏林大学。在模式 1 知识生产模式中，学科成为大学教学和研究的基本组织原则，大学教授忠于学科和科学发展。各学科之间界限清晰，学科越分越细，各学科都有各自独特的研究对象、研究范式或学科建制。学科的封闭性，一方面带来了学科的分化和学科框架的建立，为学科发展提供了平台与制度化保障；另一方面也带来了学科的隔离，导致各学科之间相互独立、各安其位，割裂了完整的知识体系，不利于跨学科问题的解决。

学科知识生产的表现主要是学术出版物。大学研究者的地位和荣升都依赖于在以同行评议为主要审稿程序的高质量的期刊、会议上及出版社发表学术论文和出版学术著作。大学为提升学术声誉会要求或鼓励其成员在知名刊物上发表学术论文，在知名出版社出版学术著作。高质量学术成果的出版和发行，可进一步吸纳来自政府、企业、非营利性组织的研究基金，促进大学的进一步发展。同时，在顶级刊物发表学术论文也可确保知识生产质量。

在模式 1 知识生产背景下，大学的"科研"属性得以确立。体现在以下四个方面。一是科研文化的单一封闭性：研究问题情境由学者的学术志趣所驱动，即研究问题的提出与解决均基于认知语境，而非指向实用目的，注重解释本学科的理论体系问题。二是科研资源的学科性：研究问题的提出与解决基于某个特定学科的规则、框架，具有较为鲜明的学科属性，严格遵循学科范式。三是科研利益相关者的严格限定性：研究人员主要是隶属于学科内部的学者群体，研究组织形式具有同质性与制度稳定性，并呈现封闭化与等级化的特征。四是科研干扰机制的相对薄弱性：研究成果的评价及问责主要采取同行内部评议的方式（评议人的选择与其学科贡献相关），评议标准基本对照个人所做出的学科贡献。①

在模式 1 知识生产中，教学和研究相结合是大学至高无上且不可替代的基本原则，最好的科学研究人员同时也应该是首选的老师，因为老师能够独立地引导学生接触到真实的求知过程，从而也就能够引导学生接触到科学探索的过程，培养科学精神。老师也在学生之中唤起了类似的激情，指导学生直达知识的源头。模式 1 知识生产认为，只有那些亲身从事科研工作的人才能够真正地传播知识，其他的人只不过是在传播一整套按照教学法组织起来的事实而已。

2. 同行评价的知识质量控制形式

模式 1 知识生产认为大学是一个学者团体，其功能在于对高深学问的探究以及为探究高深学问的事业培养继承人，所以其知识生产质量控制主要依靠同行评议，将原始创新能力作为评价标准，判断个体对知识领域的贡献。同行评议将确定哪些问题和技术是重要的，谁有资格解决这些问题。同行评议反映了学科的智力利益、学科亟须解决的问题以及学科守门人的利益。

3. 线性知识扩散方式

模式 1 知识生产是一种主要受政府公共资助的大学科研方式，大学的利益就是纯公共利益，其科研成果属于纯公共产品。大学科研人员不受社会经济利益约束，具有高度自主的科研空间。他们主要从事基础研究，其研究成果主要通过出版物这一"免费产品"向社会（包括产业）扩散，社会吸收大学的研究成果，进一步开发形成新产品和新技术，促进经济增长，实现企业在市场上的成功。② 大学与产业之间是分立的，两者之间存在着明显的观念和体制上的隔离（见图 2-1）。

（二）模式2知识生产

二战之后，国家利益的需求加速了现代科学向政治、产业界的扩展，这

---

① 刘宝存、赵婷：《知识生产模式转型与研究型大学科研生态变革》，《北京大学教育评论》2021 年第 4 期，第 102~116 页。

② Morten Levin, "Cross-boundary Learning Systems-integrating Universities, Corporations and Governmental Institutions in Knowledge Generating Systems," *Systemic Practice and Action Research* Vol. 17, No. 3, 2004, pp. 151-159.

图 2-1 线型知识扩散方式

资料来源：Morten Levin，"Cross-boundary Learning Systems-integrating Universities, Corporations and Governmental Institutions in Knowledge Generating Systems," *Systemic Practice and Action Research*，Vol. 17，No. 3，2004，pp. 151-159。

也从根本上改变了"大学是纯科学"的神话。换言之，那种单纯的、以探寻真理为导向、以增长人类知识为主要目的的理想性定位，开始让位于以任务为导向和服务于客户的科学实践导向。[①] 知识本身的属性发生了彻底的转向，知识的价值性和工具性成为知识发展的动力，由此产生了学术资本主义。迈克尔·吉本斯等人认为这种在应用背景中采用跨学科或多学科的方式进行的知识生产模式催生了创业型大学。

1. 高深知识活动的跨学科性和应用性

模式 2 知识生产不再是从单一学科的范畴去开展科学研究，问题的复杂性要求打破学科间森严的壁垒，集合多学科的专家学者，组成跨学科团体，运用各自优势和专长共同解决所遇到的新问题，形成跨学科的知识生产方式。这种"跨学科性"还要求人才培养探索跨学科、跨院系、跨专业的创新创业人才培养的新机制，促进人才培养由学科专业单一型向多学科融合型转变。

在模式 2 知识生产中，问题的提出和解决都基于应用的角度，知识生产更重视社会的需求和经济上的价值，而非过去的"知识本身即目的"。对"什么知识最有价值"的回答无疑是最能满足政府、市场需求的知识，大学知识生产必须有效回应此种需求，以获得知识的交换价值。知识变成了一种

---

① 李运庆：《和而不同，同生共长——"大学一流学科建设高层论坛"会议综述》，《江苏高教》2017 年第 1 期，第 103~107 页。

资源，一种实用利器，大学知识生产的"致用"功能凸显，而追求"真善美的价值取向让位于实用主义和一种明显的对待未来的功利主义取向"。

2. 组织形式上的异质性和灵活性

模式 2 知识生产方式在组织层面表现为异质性。大学已经不是知识生产的中心，除大学外还有其他的利益团体，如科技企业、政府机构等也参加知识生产。知识生产的场所、研究者以及资金来源都变得更加多元。

模式 2 知识生产方式采用灵活和临时的工作形式，研究团体的组建根据研究任务确定。人们组成临时的工作团队或网络，当解决问题之后或重新界定问题时，就会解散。当出现新的问题需要解决的时候，再建立新的由拥有不同知识和技能的专家组成的新团队。尽管问题是暂时的，群体的存在时间较短，但是组织和交流的模式是存在的，并成为将来解决问题的群体或网络基础。①

3. 高深知识生产质量控制的多元性

在模式 2 知识生产方式中，科学卓越的标准并不是设定研究优先权的充分标准。知识的跨学科本质表明需要额外的知识评价标准。综合学者和社会的共同利益成为知识质量评价的重要影响因素。因此，模式 2 知识生产的价值不仅由解决跨学科问题的贡献决定，还需要根据效率和有用性进行判断。社会公众对潜在科学进步和科技创新的认识和影响，提升了他们在知识生产质量上的决定权。因此，社会问责（Social Accountability）就嵌入模式 2 知识生产过程中。

（三）模式3知识生产

华盛顿大学教授伊莱亚斯·卡拉扬尼斯（Elias G. Carayannis）和戴维·坎贝尔（David F. J. Campbell）在模式 1 和模式 2 知识生产的基础上，于2003 年提出并系统论述了模式 3 知识生产。在模式 3 知识生产中，知识生产的参与群体不再是单个或多个群体代表所能承担的②，而是由创新网络

---

① Michael Gibbons, "Higher Education Relevance in the 21st Century," World Bank, 1998, p. 10.
② 黄瑶、王铭：《试析知识生产模式Ⅲ对大学及学科制度的影响》，《高教探索》2017 年第 6 期，第 10~17 页。

(Innovation Networks) 和知识集群（Knowledge Clusters）来承担。这是一个多层次、多模式、多节点、多边的创新生态系统（A Multilayered, Multimodal, Multinodal, and Multilateral System）。① 在模式 3 知识生产系统中公民、文化和技术成为必要的组成部分，以此满足创新、发明、发展的需要，加快跨学科、多技术和跨部门的创新发展，最终实现不同知识范式和不同知识生产模式共同存在、共同发展和共同专业化（Co-existence, Co-evolution, and Co-specialization）的结果。

1. 高深知识生态系统

集群、网络以及知识创新生态系统（Innovation Ecosystem）是模式 3 知识生产系统的核心要件和概念，主要用于描述模式 3 知识生产的扩散和使用。

首先，模式 3 知识生产是一个全球-地方多层次知识和创新系统（GloCal Multilevel Knowledge and Innovation Systems）。全球-地方表达了知识和创新过程的不同层次，也说明知识的储存和流动可以同时在地方和全球层面进行，形成一个可以持续发展的互相重叠的混合系统。

其次，在模式 3 知识生产中，知识集群、创新网络和合作竞争成为系统运行的主要动力因素。知识集群是地理空间集群和部门集群的进一步发展，创新网络是内部推动和操作知识集群或跨越不同知识集群的方式，网络中不同知识集群和不同创新网络合作竞争，为知识和创新系统提供动力。

再次，形成多模式知识生产范式。模式 3 知识生产强调不同知识和创新范式共同依存和共同发展，知识的竞争力和优越性通过共同发展、共同专业化、合作竞争的知识储存和流动的方式来实现。一个知识系统或高级发展的知识系统的竞争力和优越性，很大程度上取决于它们在综合和融合不同知识和创新模式的能力上。例如，在特定背景中，决定哪一种知识和创新模式

---

① Mary G. Schoonmaker & Elias G. Carayannis, "Mode 3: A Proposed Classification Scheme for the Knowledge Economy and Society," *Journal Knowledge Economics*, Vol. 4, No. 2, 2013, pp. 556-577.

（多模式），在哪一个层面（多层次），参与哪一个机构或团体（多边）和哪一个知识节点或知识集群（多节点）是最合适的。在模式3知识生产中，线性和非线性创新模式共同发展，同时综合了社会和自然系统，强调知识生产的机构和行动者的多样性。大学、中小企业都被安排到流动的和异质性的创新网络矩阵中和知识集群矩阵中。所有这些都会形成知识民主（Democracy of Knowledge），进而形成知识生产模式的多元主义范式。

最后，模式3知识生产强调持续的自上而下或自下而上的复杂进步过程。一方面，每一个知识集群和创新网络都可以看作更微观层面的知识集群和创新网络的子结构，同时每一个子结构也可以向上流动。另一方面，每一个知识集群和创新网络都可以理解为一个更大的宏观的知识集群或创新网络的子网络，也就是创新元网络和知识元集群（Innovation Meta-networks and Knowledge Meta-clusters）。①

2. 高深知识生产质量评价更加综合、多维化

模式1知识生产采用传统的同行评议的方式确保学术研究质量。在模式2知识生产中，知识是在应用背景中生产的，知识生产的主体、场所、沟通方式与所涉及的研究领域等方面具有异质性及鲜明的应用情境特性，所生产的知识要能够解决实际应用问题，强调知识生产质量的社会问责制。模式3知识生产则不仅要考虑产业经济利益，更要考虑社会公共利益和国家经济战略利益。知识生产模式的变革需考虑到参与知识生产中各主体的利益，也要应对来自社会的问责，这就要求对知识生产的方式、过程、效率、成果等方面进行持续的反思和改进，不断对知识生产情境进行优化、重组和融合。

模式3知识生产的考核评价机制需要根据主体的不同特点以及各个环节的重要性来制定不同的评价标准，并且制定相应的激励制度，从而正面激发高校科研人员、企业管理人员、政府工作人员和社会公众的参与热情，构建多样化的成果转化评价激励机制生态系统。模式3知识生产要能够体现政府

---

① Elias G. Carayannis, David F. J. Campbell, "Model 3 Knowledge Production in Quadruple Helix Innovation Systems," *Springer New York Dordrecht Heidelberg*, http：//www. springer. com/chapter/10. 1007/978/-1-4614-2062-0_1, accessed：2023-04-05.

的国家利益、高校的学术利益、企业的经济利益和社会的公共利益。高校通过建立公平、合理的利益分配方式，保证高校科技成果转化的参与主体都能获得应有的收益。同时，也需要对各方主体行为进行规范限定，保证其行为的合规性并符合社会道德伦理要求，引导成果转化市场积极健康可持续地发展。

3. 高深知识生产活动的公益性日益凸显

模式 3 知识生产是基于超学科的研究向度，关注社会公益，融合知识生产的学科边界，在应对过度追求经济化引起的重大全球问题的过程中提出的新的知识生产理论模式。在这样的研究视角之下，模式 3 知识生产不仅关注知识的现实应用性，也注重知识生产过程中不利于维持社会生态稳定的问题，如知识生产目的过度经济化、研究对象伦理失范性等，通过引导并规范此类问题，进而建立健康稳定的社会生态系统。此外"社会公众"作为四大螺旋之一，将市民社会和公众纳入知识生产的主体中，也进一步加深了模式 3 知识生产的社会公众利益导向。在此价值理念的导向之下，逐步形成以公共利益导向为基础，高校学术利益导向、企业经济利益导向、政府国家利益导向和社会公共利益导向协调一致的高校科技成果转化、协同创新体系。

第三节　批评与发展

高深知识系统围绕知识生产形成不同组织文化、权力运行机制，以此理解高等教育运行规律，具有较高的实践和理论价值，但是从结构功能主义的视角解释高等教育运行规律还存在一定的不足，如无法解释高等教育决策过程中的政治冲突现象等。

知识生产模式论在一定程度上解释了大学从传统的研究型大学到创业型大学，从创业型大学到社会型大学的转移轨迹，但是用单一的模式解释高等教育的转型显得有些单薄，而且不同的知识生产模式本身也存在一定的不足。

一 知识生产模式论的不足

（一）模式1知识生产的不足

1. 固守学科边界

随着知识经济时代对知识应用的需求越来越大，封闭型的学科建设模式难以解决复杂性和综合性的社会重大问题，学科的开放与融合成为必然趋势。不同学科间的深度交叉、融合是促进学科发展的根本动力，打破学科的封闭性障碍已成为学术界的共识，固守学科边界使单一学科无法走出孤立主义的思路，导致学科壁垒重重，学科间分割和封闭倾向日趋严重，无助于学科整合。

2. 终身教职制度不够灵活

传统研究型大学为保护学术自由，产生了终身教职制度。终身教职制度为学者们提供了终身从事学术研究和探索真理事业的学术家园，而不用担心因发表学术观点受到惩戒。随着跨学科知识的不断发展，囿于单一学科的终身教职制度已经不能适应学术职业发展的需要，知识生产不断突破学科边界，知识更新速度不断加快，终身教职制度需要进行改革，以便形成绩效基础上的终身教职制度，改变依赖好奇心驱动的研究，提升知识的应用性。另外，减少终身教职岗位数量，建立兼职教师的聘任和晋升制度，以便灵活适应市场需求。

（二）模式2知识生产的不足

1. 大学临时研究人员增加，职业发展受限

模式2知识生产多以跨学科、多学科形式进行，为保证大学组织能够有足够的灵活性应对社会的需要，之前的终身教职岗位逐渐减少，代之以临时教师和固定合同教师。这仅仅部分反映出模式2知识生产模式的一个问题。很多合同制研究员通常在项目主管的指导下进行研究工作，这些研究是其他人已经设计好的，而且是由资助者批准的。因此，一般的合同研究员很难形成连贯一致的研究轨迹。

另外，模式2知识生产没有明显的职业路径。学术成果的出版物中更像

是产业-大学关系那样带有合同研究者的名字，但那是在缺乏稳定的学科轨迹的情况下。一部分研究者可能凭借自己的职权成为创业者——吸引一部分研究拨款和雇用一部分人工作，但是大多数哲学博士生不能走出没有安全感的计件工作的"贫民区"。

2. 高等教育价值在稳定下降

大学的学位不再是获得高薪水的通行证。文理学院的研究生不再是精通多学科的博学之人（Generalists），而是要成为各个方面的专家（Specialist）。因此大学得以重建其结构，建立了商学院、计算机科学系、生物技术系等不同扩展机构，艺术学科、人文学科、古典学科不断缩减甚至被取消。这种为了短期经济利益牺牲长期战略的自我破坏（Self-destructive）[①] 使高等教育的价值在不断下降。

（三）模式3知识生产的不足

以社会公众为代表的大众传媒并不是知识生产的核心。模式 3 知识生产增加了社会公众在知识生产中的作用，但是以社会公众为主的大众传媒并不能有效促进知识的增长，作为知识生产前沿的大学仍然处于社会知识生产的中心。另外，社会公众的知识生产还可能因为资本的力量或其他政治力量的加入而产生一定的价值取向，并不利于知识中立价值的发展和学术界长期坚守的价值规范。

二　高深知识生产的模糊性

大学作为高深知识生产的机构，因学科的不断分化和综合出现了组织目标的模糊性、价值取向的矛盾性以及学术权力的分散性，这一无序状态反映了大学组织内部知识生产者的多元性、价值取向的异质性以及知识生产的离散性特征。[②] 在高深知识生产中，存在大量的互相矛盾的组织目标，每一个

---

① Ozay Mehmet, "The 'International University' in the Age of Globalisation: A Unifier of Knowledge or an Information Factory," *Humanomics*, Vol. 18, No. 3, 2002, pp. 65-74.

② 文中晴等:《高等教育系统的无序局面及其协调》,《现代教育科学》2006 年第 5 期, 第 130~132 页。

组织目标都有自己的拥护者。谁也不肯否认自己目标的合理性，学校领导也不清楚哪一个目标最为合理。任何人都不能对知识生产目标的实现程度进行评估，任何人都不知道某一项知识生产目标是否被大学的重要利益相关者所接受，知识目标存在模糊性，而且互相冲突，处于一种无政府的有组织状态。

三 高深知识系统论的实践应用

（一）高深知识系统论的扩展

克拉克认为高等教育系统权威在很大程度上是以学科为基础的。渊博的专门知识产生了一种关键的和有特色的权威。一方面表现为教授个人裁决的权威，另一方面表现为教授集体的权威，这两种权威结合在一起就形成了所谓的行会组织，这是高等教育体系权威的天然基石。政府-市场-学术垄断组织三角权力关系的运行机制把高等教育系统分为政府主导型（苏联）、学术权威主导型（意大利）、市场主导型（美国）。在此基础上，有学者在克拉克的知识系统论基础上从学者的权威（Authority）和目的（Purpose）两个维度，将高等教育系统分为四种主要类型，即洪堡的国家模式（State Model）、约翰·纽曼（John H. Newman）的自由模式（Liberal Model）、贝尔纳的社会主义模式（Socialist Model）和市场模式（Market Model）。洪堡的国家模式代表国家权威管理与高等教育文化目的的结合；纽曼的自由模式是文化目的与自由模式结合在一起；社会主义模式是政府控制与功利目的的结合；市场模式是一种完全依赖消费者购买高等教育服务的模式，代表功利目的与自由模式的结合。弗兰斯·范富格特（Frans A. van Vught）则把高等教育系统分为政府控制型和政府监管型。欧洲大陆国家的高等教育系统多为政府控制型，政府具有强有力的权威，在大学内部拥有很高的权威；政府监管型的主要代表是英联邦国家，这一类型的系统中政府权力较弱，采用间接的方法管理高等教育，学术垄断组织、大学学院院长和校长以及董事会的权力较大。彼得·斯科特（Peter Scott）则认为高深知识系统由大学主导系统经过双元制或双轨制向单轨制和分层系统转变。

（二）高深知识系统论的应用

高深知识是理解高等教育的一把钥匙，是高等教育的核心材料，是建构高等教育学体系框架不可或缺的因素。

在不同历史时期和文化中，高深知识的内涵是不同的，其边界会随着人们认识能力的提高和知识价值观的变化而变化。工业革命之后，高深知识向应用领域发展，在高深知识和现实生活之间形成大量的中间知识，人们开始关注和解决与社会生活问题相联系的知识。当高等教育进入大众化、普及化时代，人们更加关注解决社会生活中的问题，关注经济和社会发展。一些在传统学者眼里难登大雅之堂的学问进入高校讲堂，高等教育毕业生也进入更多的社会服务领域，由此现代高等教育越来越成为影响社会生活几乎所有领域的知识生产机构，并由社会生活的边缘走向中心。

当前我国高等教育已经进入公认的普及化阶段，普及化阶段高深知识的生产和传播出现了新的特点和发展趋势，这就要求我们既要重视高深知识生产类型的高校即精英高校的发展，也要重视承担高等教育普及化任务的一般本科高校、高职高专类高校的发展，实现高等教育内涵式增长。总之，研究高深知识理论对提高我国高等教育质量有重要作用，高深知识对高等教育系统的影响颇深。

四 高深知识系统论的发展——多模式共生生态的形成

模式 3 与模式 1、模式 2 知识生产之间并非对立、替代或竞争关系，而是多元统一、共同发生和共同演进的关系。从知识组织的角度看，模式 3 知识生产凭借创新网络和知识集群配置，加入或者介入组织中心，推动模式 1 和模式 2 知识生产融合，形成一种可持续、循环发展的目标，促进多种知识、创新模式的共生。

在模式 3 知识生产中，基础研究的应用型发展路径和应用研究的基础型内涵路径成为创新系统的新诠释。在这个过程中，大学不再是模式 2 知识生产中的被动参与角色，不再盲目追随经济产业需求的大棒。大学的应用研究与实践发展并不能完全等同，大学需要重新审视自己的知识地位，重新确立公益性质的社会组织定位，学者能更好地吸收公民力量，参与社会重大事务，并及时发声，作为知识参与者从可持续发展的角度思考，为政府的决策提供科学的参考指南，这能够矫正知识的发展方向，使其回到可持续的公共利益维护中。

第三章
学术中心论

　　学术中心论认为大学是知识的中心，但知识中心会随着科学中心的转移而转移，最终形成了以西方国家大学为中心，广大发展中国家大学为边缘的国际知识生产和分工体系。学术中心在国家内部也可发生转移，形成新的知识中心和科学中心，未来知识中心会进一步转移，如果政策和环境适宜，世界学术中心将会向新兴市场国家转移。学术中心论有利于理解国际高等教育发展不平衡和各国内部自然形成的高等教育等级体系，但也存在一定的不足。

　　学术中心论观点主要有三位代表人物。一位是匈牙利学者约瑟夫·本-戴维（Joseph Ben-David），他提出了学术中心转移论，采用科学中心转移解释大学学术中心的转移轨迹；另一位是美国知名比较教育学家菲利普·阿尔特巴赫（Philip G. Altbach），他采用新殖民体系理论分析指出发达国家大学与第三世界国家大学之间存在中心-边缘关系，认为发达国家大学往往处于知识生产的中心，而发展中国家的大学往往处于知识生产的边缘地带，处于使用发达国家大学知识的地位。

　　学术中心论第三位代表人物是阿什比。他在《英国、印度和非洲的大学：高等教育生态学研究》（*Universities：British，Indian，African——A Study in the Ecology of Higher Education*）一书中，通过比较欧洲和美国高等教育，认为与动物和植物一样，大学也是遗传与环境的产物。美国大学是从欧洲遗传下来的，但是美国的环境使其变成一个新的高等教育种类。它现在正在被移植，扎根于世界各地。他认为作为制度的大学是欧洲中世纪的产物，经过几次浪潮后被移植到非欧洲世界。这一观点与本-戴维所说的在欧洲型大学制度控制下的中东和拉丁美洲大学就是这方面的例子。这说明大学学术中心在欧美，而亚洲、非洲、拉丁美洲等的大学是遗传与当地环境结合的产物，进而实现学术中心的转移。

第一节　理论渊源

学术中心论的代表人物匈牙利学者本-戴维（又译"本-大卫"），在20世纪七八十年代撰写的高等教育相关著作主要有《科学家在社会中的角色：一项比较研究》（*The Scientist's Role Insociety*，*a Comparative Study* 1971）、《美国高等教育：新旧的方向》（*American Higher Education*：*Directions Old and New*，1972）、《学术的中心：英国、法国、德国与美国》（*Centers of Learning*：*Britain*，*France*，*Germany*，*United States*，1977）、《美国高等教育的趋势》（*Trends in American Higher Education*，1981）。[①] 他认为科学中心初步形成于15世纪中叶的意大利；17世纪下半叶，科学中心已从意大利转移到英国；法国则在1800年前后成为新的中心；又过了40年，世界科学中心转移到德国。这种情况一直持续到20世纪20年代，而后科学中心转移到美国。科学中心从意大利转移到美国的过程中，科学活动的中心都向那些发生社会变革的国家转移。在科学中心转移的过程中，高等教育扮演了重要角色，特别是学术自由制度在世界科学中心从德国向美国转移方面表现得尤其明显。[②]

学术中心-边缘理论主要受到教育依附论思想和中心-边缘思想的影响。"中心"与"边缘"的概念在许多学术领域被用来描述国际环境下不平等的现象。在高等教育方面，学术中心-边缘理论的主要代表人物是20世纪60

---

① 沈文钦：《科学学与高等教育研究的交集与互动——学术史的回顾与展望》，《北京大学教育评论》2022年第1期，第72~100页。
② 阎凤桥：《本-大卫对世界科学中心转移的制度分析》，《高等工程教育研究》2010年第4期，第1~18页。

年代就职于波士顿高等教育研究院的阿尔特巴赫教授，其教育思想是在二战后，特别是美国与苏联冷战的格局下，逐渐形成和发展起来的。

中心与边缘不仅存在于国与国之间，也存在于一个国家内部的大学系统中，戴维·里斯曼（David Riesman）指出，美国的少数大学为其余的大学定下了学术的基调。一部分公认的中心大学主宰着绝大部分高校。在英国，牛津大学与剑桥大学对中学后教育的影响也是很大的。在法国，巴黎大学则主宰着整个国家的教育系统。因此，中心-边缘的观点在国内环境中同样起着作用。

第二节　基本观点

一　学术"中心"与"边缘"的内涵

在高等教育领域，"中心"与"边缘"是分析国际教育不平等依附关系的基本框架。该理论从国际、区域与国家三个层面对大学展开了中心与边缘的论述。

首先，在国际层面上，位于国际体系顶端（中心）的是西方工业化国家的研究型大学，位于底部（边缘）的则普遍是第三世界国家的大学。前者主要以知识"创造者"的角色引领并主导国际学术和知识的发展方向，后者主要以知识"消费者"的角色照搬并依赖西方中心大学。

其次，各区域以及各国内部大学和知识体系中也存在中心与边缘之分。大学被划分为"中心的边缘"及"边缘的中心"。前者在国际大学体系中位于中心，却在本区域或本国知识体系中处于边缘。后者在国际大学体系中处于边缘，却在本区域或本国大学体系中发挥中心辐射作用。该框架从语言、学术人员流动、知识创造与传播等方面进一步探究边缘为何依附于中心、中心如何支配边缘等问题。该理论在剖析国际教育不平等依附关系时所使用的中心-边缘二元分析框架并非简单朴素的二元对立观，而是具有多层级性、多重性特征的二元划分。尽管该理论注重第三世界国家高等教育，提出"边缘的中心""中心的边缘"概念，但仍不免陷入了"西方中心主义"与形而上学的桎梏。① 学术世界在全球化的背景下可以比喻成一个金字塔，处于塔尖的那些少数学校便是阿尔特巴赫教授心目中处于中心的大学，而处于塔底的众多大学便是他心目中处于边缘的大学。

处于中心的大学是西方研究型大学，它们享有盛名。这些大学有规模较大的图书馆，实验室装备精良，能获得大部分研究基金，培养了大多数博士研究生，是公认的学术界领袖。尽管这些中心大学负有教学职能，但从某种意义上说，它们是知识的创造者。知识获取和传播的机构都集中于这个中心地区，交流用语是英语、法语等世界通用语言。主要的科学资料（文献著作）出版公司、著名的学术杂志等也大都位于这些中心地区。学者们也乐于去中心地区从事高级研究和接受进修训练。中心大学几乎无一例外地位于中心国家，即那些人均收入高、技术发展水平高、学术传统深厚的国家，也就是那些使用某种主要的世界性语言并且拥有知识生活需要的所有基础设施的国家。

处于边缘的大学为数众多，它们基本上是知识的传播者。传播知识的途径主要就是培养学生以及从某种程度上讲重复在中心大学已进行过的研究。它们依靠中心大学为其提供改革创新的模式，指明发展方向。它们的设施从总体上讲是不能满足需求的，它们的教授所得报酬不如中心大学教授，知名度也较低。它们一般位于较贫困的发展中国家，普遍缺乏受过良好训练的高等教育师资。

二　学术自由制度的存废决定学术中心的全球转移方向

在学术中心的转移过程中，制度起着非常重要的作用。在 19 世纪末 20 世纪初，世界科学中心在德国，而在 1926～1950 年，科学中心已经

---

① 〔美〕P. G. 阿尔特巴赫：《作为中心与边缘的大学》，蒋凯译，《高等教育研究》2001 年第 4 期，第 21～27 页。

开始从欧洲向美国转移，到 1975 年科学中心已经全面完成了向美国转移。①

（一）德国学术自由制度的建立使得德国成为世界科学中心，而此制度的破坏使世界科学中心从德国转移到了美国

1810 年秋开学的柏林大学就是建立在学术自由原则基础之上的。柏林大学的创办人威廉·冯·洪堡（Wilhelm von Humboldt）认为"清静和自由"是高等学校的"支配性原则"。清静和自由意味着高等教育应是一片学术的净土，它不应受到社会、政治等学术以外因素的干扰，师生在大学中可以自由自在地从事学术研究。他说，国家绝不应指望大学同政府的眼前利益直接地联系起来，却应相信大学若能完成它们的真正使命，则不仅能为政府眼前的任务服务，还会使大学在学术上不断地提高，从而成为开创更广阔的事业基地，并且使人力物力得以发挥更大的功用，其成效是远非政府的眼前布置所能意料的。对洪堡创办柏林大学产生深远影响的哲学家弗里德里希·施莱尔马赫（Friedrich Schleiermacher）也在《关于德国式大学的断想——论将要建立的大学》（Occasional Thoughts on Universities in a German Spirit, Together with an Appendix on One about to Be Founded）一文中，主张"思想自由和思想独立"，"大学要有一种精神上完全自由的气氛，从对任何一种外来权威的屈从状态中解放出来"。依照这种思想建立的柏林大学，在科学上取得了许多发现，取得了举世瞩目的成就。

柏林大学在德国甚至世界上产生了巨大的影响，成为全世界高等教育的典型。柏林大学制度的精髓是学术自由的原则，即一个真正的高等教育机构首先是"自由的科学研究的工作场所"。这意味着德国大学教授的职位是有保障的，教授可以自由讲授自己坚信是真理的知识。在研究过程中和发表成果时，有调查研究任何问题的自由。任何教会、政府、党派以及陈旧的传统，都不能干预其研究和教学。如果说大学是德意志帝国王冠上

---

① 周光礼：《融入区域创新体系：世界一流大学发展新方向》，《长沙理工大学学报》（社会科学版）2022 年第 1 期，第 54~55 页。

的一颗宝石，那么这颗宝石的核心便是学术自由。学术自由制度的建立，使德国大学的科学研究走在了世界前列。1901 年至 1925 年，德国在诺贝尔自然科学奖获奖人数上处于绝对领先地位，德国也由此成为世界科学的中心。

但是，1926 年至 1950 年，德国诺贝尔自然科学奖获得者的数量逐渐减少，这一时期中的大部分时间处于德国纳粹政府统治时期。整个德国几乎变成了一个大军营，全部教育被纳入进行侵略战争的轨道。原来在高等学校实行的大学自治、教授治校等民主管理原则，一概被废弃，代之以纳粹法西斯式的野蛮残酷统治。凡具有进步思想的学者，不是被迫流亡，就是被关进集中营。学术研究氛围被荡涤一空。大学遭到法西斯匪徒、秘密警察任意践踏。爱因斯坦等一批科学家就是在这个时期被迫流亡美国的。

（二）美国学术自由制度的建立使得美国成为新的世界科学中心

美国的早期学院多由各教派创办，基本上没有学术自由可言。美国大学的学术自由制度是在 20 世纪初逐渐形成的。在美国大学发展的早期，大学内部具有浓厚的地域性和教派色彩，教师完全受到由教会人士所控制的学院行政组织的支配，在特定教派的教义下从事教育工作。如果不是如此，则会被逐出学院的门墙，丧失教师的地位和工作。

侵害学术自由的消息甚至成为全国报纸的头条新闻。当教师在信仰和政治观点上与董事会不一致时，就极容易发生自由发表意见的学者频频遭解雇的事件。仅在 19 世纪末期，就发生了多起大学教授因为与大学董事会意见对立而被解雇的事件。1895 年，美国著名学者爱德华·比米斯（Edward W. Bemis）因为反对企业垄断而被芝加哥大学解聘。1897 年，经济学家本杰明·安德鲁斯（Benjamin Andrews）因为主张自由货币政策被布朗大学解聘。1900 年，发生在斯坦福大学的罗斯案最为引人注目。爱德华·罗斯（Edward A. Ross）是当时美国非常有名的社会学家，因为公开发表演讲批评政府的亚洲移民政策，支持公共设施国有化的主张，引起斯坦福大学的董事利兰德·斯坦福（Leland Stanford）夫人的强烈不满，从而遭到解雇。为了确立学术自由的标准和保障教师职位的稳定，1913年，约翰·杜威（John Dewey）和阿瑟·洛夫乔伊（Arthur O. Lovejoy）呼吁成立一个专业组织，在多方努力下于1915年成立了美国大学教授协会。该协会首次拟定并公布了关于学术自由和教授任期的原则声明。1940年，美国大学教授协会与美国学院协会联合发表原则声明，重申了1915年的声明，把教师的终身任期当作保护学术自由的手段，认为除非在财政危机等非正常情况下任期才能被终止，且终止这种任期必须有充足的理由。截至1977年，美国全国已有177个各类高等教育联合组织正式签署决议，赞同1940年声明的原则。美国人经过不懈努力，终于使学术自由的观念深入人心，美国大学的学术自由制度也逐渐建立和完善起来。正是美国在20世纪初逐步建立和完善了学术自由制度，才使得美国在1926年到1950年诺贝尔自然科学奖获奖人数超越其他国家。1950年之后，美国在世界科学格局中处于遥遥领先的地位。

（三）英国大学自治传统保障了大学的学术自由，使得英国维持了世界准科学中心的地位

英国大学从中世纪起便形成了自治的传统，国家不予干涉。尽管后来由于大学财政危机，英国政府成立了大学拨款委员会，增加政府对大学的财政资助，但在大学自治问题上，大学拨款委员会毫无疑问是传统观念的拥护者，即赞同大学应该拥有自主权和学术自由。

二战后，政府利用大学拨款委员会指定款项目，加强了对大学的干预。但是，大学拨款委员会依然坚持二战前的大学自治传统。随着政府对高等教育介入的不断延伸，大学拨款委员会在政府的压力面前越来越难以维持政府干预和大学自治之间的平衡。

英国的诺贝尔自然科学奖获奖人数的变化与英国大学自治和学术自由的历史也是吻合的。正是由于英国大学的自治及学术自由，及它们在经济上相当大的独立性，英国大学教师可以比较充分地自由研究。仅英国剑桥大学的卡文迪许实验室就有48人获诺贝尔奖。所以，本-戴维认为："在出版物数量，诺贝尔奖获得者人数，以及其他任何指标中，均显示出，在基础科学方

面英国有相当突出的成功。……英国始终保持了居于第二的位置。"① 但是，随着大学受到政府越来越多的干预，英国诺贝尔自然科学奖获奖人数也在逐渐减少。

三 "中心-边缘"存在不平等依附关系

依附论认为在世界学术与知识体系中，西方工业化国家大学与第三世界国家大学之间是一种支配与被支配、控制与被控制的关系，形成了第三世界"边缘"对西方"中心"的依附格局。这种中心-边缘不平等依附关系的形成受诸多历史与现实因素影响。第三世界的学术机构不仅要面对工业化国家基于历史和经济的强大力量的现实，还必须对付工业化国家维持其支配地位的野心。这种野心与用来维持支配地位的政策被称为"新殖民主义"。阿尔特巴赫（又译"阿特巴赫"）教授从大学历史传统、语言、知识创造与交流、人员流动、新殖民主义以及"新"新殖民主义（New Neocolonialism）六个方面对国际体系依附格局的形成展开探源和解释。②

（一）难以逾越的历史传统：西方模式

除了埃及爱兹哈尔大学（Al-Azhar University）之外，世界各国大学几乎源于同一模式——中世纪欧洲大学，尤其是 13 世纪法国基于巴黎圣母院大教堂学校创建的巴黎大学模式。巴黎大学是现代意义上最早的综合性大学，共设有人文学院、教会法学院、医学院以及神学院四大学院。以教授为中心、教授治校、把自主权和学术自由崇奉为"学术精神"（Ethos）的巴黎大学模式迅速扩张到英、意、德等欧洲国家，相继出现了牛津大学、剑桥大学、布拉格大学、维也纳大学、科隆大学等。

一方面，这些西方国家在殖民时期，强行把自己的大学模式、理念和制度植入殖民地国家；另一方面，附属殖民地也完全地接受西方高等教育模

---

① 〔美〕约瑟夫·本-戴维：《科学家在社会中的角色》，赵佳苓译，四川人民出版社，1988，第 339 页。

② 〔美〕菲利普·G. 阿特巴赫：《学术殖民主义在行动：美国认证他国大学》，陈运超译，《复旦教育论坛》2003 年第 6 期，第 1~2 页。

式，从而形成了对其宗主国的依附格局。例如，印度孟买大学依附于宗主国英国的伦敦大学模式；东印度群岛大学①则依附于宗主国荷兰的阿姆斯特丹大学或莱顿大学模式。其实，即使像中国、泰国等这些并未完全沦为殖民地的国家也积极主动地寻求西方现代模式。尽管按照西方中心模式实现教育现代化的决议并非出于第三世界国家真正的独立自主，但是若不打开了解西方的"窗口"，殖民入侵势必不可避免。因此，第三世界国家高等教育机构在办学理念、组织结构、管理方式、课程设置及考试评价程序等方面大多模仿西方中心，故而现代大学模式从本质上看是西方的。

从国际学术体系中心的变迁来看，19 世纪中叶，德国大学改革确立了"教学与研究相统一"的办学宗旨，实行导师制与研讨制，重视科学研究和研究生教育，促使德国大学迅速成为当时世界大学和学术体系的中心。随后，美国在德国大学注重科学研究职能以及英国大学注重人文传统的基础上，首创研究生培养体制，分离本科教育与研究生教育，结合美国大众化思想，最终形成了自己的发展模式，成为当代世界学术体系中心的一股强劲力量。然而，无论国际体系的中心如何变迁、大学体制如何改革，大学的办学理念、组织结构等都源于传统的西方大学观念和模式。

总体来看，"无论执政党持何种政治意识形态，还没有一个第三世界国家能从根本上改变西方的大学模式"②，或彻底摆脱西方大学模式的影响。中心-边缘理论认为尽管大学扎根于各自所处的国家，但从共同的历史传统来看，第三世界大学对西方工业化国家大学的依附关系是根深蒂固、难以逾越的。

（二）语言的掣肘

语言是阿尔特巴赫分析中心-边缘不平等依附关系的一个重要因素。首先，在许多第三世界国家，高等教育所用的语言都是某一种西方语言。殖民

---

① 现称为印度尼西亚大学（University of Indonesia）。
② 刘健：《高等教育的依附发展与学术殖民》，《高等教育研究》2008 年第 12 期，第 8～11 页。

统治者在殖民地兴办高等教育时都毫无例外地要求使用欧洲语言。这种教育政策的推行是出于统治、商业和法律方面的目的。研究表明，"以英语为主，法语和德语为辅"的语言在社会政治生活、知识交流及学术活动等方面进一步迫使第三世界边缘大学依附西方中心大学。

尤其在殖民时期，宗主国在殖民地推行的高等教育无一例外地要求使用宗主国语言。这些语言不仅逐渐成为殖民地有权势者、有财富者、精英的语言，也成为拥有并维持其社会政治地位的途径，具有一定的社会与政治功能，其影响一直持续至今。时至今日，大部分第三世界国家无论是否遭受过殖民统治，语言仍受到西方语言的影响，在培养训练有素的高级研究人员方面尤为明显。

其次，世界上大多数科学研究文献、数据库都是"以英语为主，法语和德语为辅"。即使在瑞典、荷兰等发达的欧洲国家，学术研究成果的创造、交流与传播也是用英语作为媒介。例如，在荷兰，享有国际声誉的两大学术出版商"爱思唯尔"（Elsevier）与"克鲁沃"（Kluwer）出版的科技、医学等方面的重要学术刊物实际上也完全用英语来传播知识信息。

最后，国际学术活动也频繁地使用英语。在西方主导语言的掣肘与牵制下，西方语言与第三世界国家传统文化之间出现剥离，致使第三世界大学在引导和促进本土民族文化发展上受到抑遏，最终导致非西方大学不可避免地朝着西方中心方向发展，也越来越受控于西方发达国家。

（三）西方工业化国家对知识创造与知识交流途径的掌控

从知识产品的生产与消费逻辑来看，国际知识网络包括知识的创造、交流与传播。受历史与现实因素影响，知识的创造以及知识交流途径都主要掌握在西方发达国家手中。

第一，西方工业化国家是知识的"创造者"。在不断增强的经济、科技、国力等因素的推动下，西方工业化国家不仅拥有世界一流的、完善的科研实验室、数据库等学术基础设施，还集聚了一大批被公认为国际"学术领袖"的学术人才。因此，"世界上绝大部分的科学研究都是在西方工业化国家里进行的"，这些国家就成为知识的"创造者"。然而，第三世界国家对科学研究与发展的掌握和解释通常来源于并且也依赖于西方工业化国家，故从根本上看，属于知识的"消费者"。随着知识的不断分化与综合，纵横交错的科学研究需要持续不断地大力投入资金资源、人力资源、信息资源以及科研设施资源，那么第三世界国家与西方工业化国家之间的科学研究实力差距会越来越大，知识"创造者"与"消费者"的依附关系也将会长期存在。

第二，西方工业化国家对知识交流和传播的途径有绝对的掌控权和影响力。全世界重要的国际学术期刊、出版社、图书馆、数据库、研究机构等各种知识交流与传播媒介都集中在欧洲与北美。统计显示，全世界62%的社会科学期刊的发行出版集中在美、英、法三国，而自然科学期刊的发行出版主要集中在美、英、法、德四国。① 这些出版商和学术期刊对学术著述的选择也主要倾向于西方发达国家，对第三世界国家学者所取得的学术成果并不感兴趣。这一现象也决定了知识的流向是单向度的。

与此同时，西方工业化国家还是学术成果发表规则以及学科标准的制定者，所以第三世界国家的学术思维模式、体制与规范也不得不向西方中心靠拢，以期获得中心的认可。

第三，从理论上看，互联网新兴科学技术客观上可以帮助第三世界国家更快捷、便利地获取国际学术知识，从对西方工业化国家的依附关系中解放出来，但实际上很多第三世界国家无论是出于主观还是客观原因，并不能完全有效地连接西方国家所创立并监控的国际互联网。可见，西方国家牢牢把握着知识交流的命脉。第三世界国家在短期内很难摆脱或扭转这种局面，必然会长期处于不平等的依附地位。

（四）学术人员流动的单向度

知识的交流途径掌握在工业化国家的手中。主要的学术杂志、出版社及图书馆都在欧洲及北美。这一事实决定了知识的流向。第三世界边缘大学对

---

① 〔美〕菲利普·G. 阿特巴赫：《比较高等教育：知识、大学与发展》，人民教育出版社教育室译，人民教育出版社，2001，第37~38页。

西方中心大学的依附关系制约着学生、教师和学者在国际学术体系中的流动，也主要呈从边缘到中心、"由南向北"单向度流向。由于大部分发展中国家大学无力提供高质量的研究型教育，大批量的优秀学生涌入发达国家留学深造。总体来看，世界留学人员的主体主要来自第三世界国家，并且大多留学西方发达国家，呈单向度流动模式。这些留学人士在西方中心大学接受专业知识与人文教育的同时，也难免受其"接待国"教育体制、学术思想与规范、价值观念及职业前景等方面的影响。学成后，他们一部分归国，另一部分滞留"接待国"。归国后的学术人员通常会带来两种结果。一是，学术人员倾心于借用西方的观念、思维方式与发展模式来引导本国高等教育的改革和发展，难免会使本土大学的思想观念、科研实验室或学术行动继续依附于西方中心。在某种程度上，势必也会对本土教育理念和模式的发展与创新造成一定的干扰。二是，学术人员把这些西方模式和观念带入本国时，却发现它们水土不服，难以适应本土的经济、社会、学术、文化等环境土壤，最终还是会导致人才外流的"不可预见"结果。

（五）"新殖民主义"的强化

新殖民主义是中心-边缘理论的又一个核心概念。殖民主义的特点是一个国家支配和控制另一个国家，本身就具有不平等的强权关系。宗主国通过教学语言、办学理念、教师、组织结构、课程设置以及学术文化等强行向殖民地输出自己的大学模式，在殖民地高等教育改革和发展中形成一股强劲的控制势力。可见殖民主义是造成第三世界边缘大学依附西方中心大学至关重要的历史原因，其"遗产"的影响持续至今。譬如，西方国家竭力限制殖民地大学自治与学术自由，直至今日，大部分第三世界国家依然强调大学及其成员的忠诚，而非学术自由与自治。再如，由于殖民地被西方列强以不同的学校模式与价值取向分割占领，其交流结构和学术文化强调与宗主国的接触，至今仍造成第三世界国家大学偏向与西方中心接触，而在本区域内国家之间的交流却少之又少。新殖民主义则主要指在旧殖民体系瓦解后，西方工业化国家间接地通过海外教育援助方式继续维持对第三世界国家的支配和影响，这是殖民主义在新时期的延续与发展。

二战后，第三世界民族国家相继取得独立，亟须发展高等教育，以实现教育现代化。然而，它们不仅面临来自西方工业化国家在经济、科技、教育等方面的挑战，还面临国内资金匮乏、专业学术人员不足等亟待解决的问题，第三世界国家教育现代化不得不求助并继续依附于西方中心。西方工业化国家打着"帮助发展第三世界国家高等教育"这一旗号，启动了大量的海外教育援助项目，给第三世界国家"受助方"提供了设备、知识等方面的支持。其中，教材类书籍是海外教育援助的重点。然而，西方援助国的海外教育援助既是以有序、可控的方式帮助第三世界国家实现教育现代化的一个工具，也是把西方价值观植入第三世界国家的一个途径。

西方援助国对第三世界受援国提供教材、专著、期刊等新殖民主义海外教育援助只是为了维持对第三世界国家教育的支配，并不能从实质上帮助它们改变国际不平等依附关系。同时西方国家资助发行的教材、专著以及期刊均以低廉的价格、高质量的内容对第三世界本土出版商造成了一定的冲击，致使第三世界国家读者怀疑本土出版发行的学术作品，最终屏绝第三世界国家成为世界大学中心的信心和愿望。这种对西方工业化国家的"心理依附"导致一种恶性循环，引致第三世界更加依赖西方中心。因此，如果说殖民主义方式是一种强权的依附关系，那么新殖民主义则是一种边缘与中心双方均认可且自愿维系的依附关系。

（六）"'新'新殖民主义"的固化

随着 20 世纪 90 年代全球化的日益加剧，高等教育也被纳入了世界贸易组织（WTO）《服务贸易总协定》（General Agreement on Trade in Services, GATS）规则，成为 WTO 成员贸易的一部分。西方工业化国家大型跨国公司、媒体集团甚至一流大学皆以"'新'新殖民者"身份与第三世界国家积极展开跨国界、跨民族、跨文化的合作。例如，西方国家在第三世界国家通过提供大学发展计划、建立教育分支机构（分校）、出口学位课程、授予学位和证书、搭建基于远程网络技术的教育培训平台、认证他国大学等形式大力出口教育产品。这些机构出售产品并非出于意识形态或政治利益，而是以谋取经济利益为目的，但它们所引发的结果都是一样的，即致使第三世界国家逐渐丧失知识与文化的自主力。这种不断刺激的循环模式无疑会造成第三世界更加依附于西方中心，进而固化本已存在的国际不平等关系。

总体来看，中心-边缘理论从大学历史传统、语言、知识创造与交流、人员流动、新殖民主义以及"新"新殖民主义六个方面探究国际体系中心-边缘不平等依附关系的形成与维持。尽管其分析并未在同一个逻辑层面，但却从批判的视角有力地解释了国际体系中的依附格局，有助于我们厘清世界、区域及国家内部高等教育之间的关系及现状，批判性地认识国际教育援助及国际教育。

第三世界的大学在全球范围内是边缘性大学，缺乏基础设施、高水平的研究学者和专家，对中心大学存在心理上的依附性。但是第三世界大学在自己的国家中都是重要机构。第三世界大学对其所在国家的重要性可能还要大于世界著名大学如哈佛大学或牛津大学对它们自己所在国家的重要性。[①] 第三世界大学是其所在国家完全现代化的极少数机构之一，为所在国家培养受过良好训练的精英，处于所在国家政治旋涡之中，提供文化评论和批评。在某些国家，大学还为确定新创建的政体做出了重要贡献。教授们受邀请提供建议，并经常在政府中担任要职。第三世界大学所面临的是一种奇妙的矛盾境地：从国际范围来说，它们是边缘大学，在许多方面都依赖国外的大学；它们在自己的国家却正好处于中心的位置。

第三世界的国家在各自国内发挥着重要作用，但是在国际知识网络舞台上处于不利的地位。第三世界的大学在为国内发展做出贡献的同时，又要面对国际知识环境的巨大压力，既要立足传统，又要面向世界。在现行的国际教育综合体中，有一些大学和知识中心指出方向、提供样板、开展研究，将自己置于学术系统金字塔的顶端，起着领头的作用，而这一金字塔的底部则是那些处在边缘的大学，它们照搬国外的发展模式，很少生产具有原创性的

---

① 王长纯：《超越"边缘与中心"促进中国比较教育理论的新发展：阿尔特巴赫依附论的因革观分析（论纲）》，《外国教育研究》1999 年第 6 期，第 8~13 页。

成果，一般不能涉足知识的前沿。

处于边缘地位的大学要移向中心世界基本没有可能。这是中心-边缘理论的基本内容。西方发达国家与第三世界国家之间在教育上存在控制与被控制的不平等关系，两类国家的高等教育也基本分别处于发达与不发达的两极，形成了中心-边缘的基本关系格局。

第三节　批评与发展

学术中心论在一定程度上解释了世界学术中心转移和大学兴衰的高度吻合现象，具有明显的现实和理论价值。可在一定程度上为我国建设世界一流大学和我国内部学术中心转移提供理论依据，同时世界学术中心的转移很大程度上取决于对学术自由制度的坚持和对新知识生产模式的敏锐把握，并顺应知识生产新趋势制定相关的制度。因此，重申和加强大学学术自由制度和积极建构适应时代发展的大学制度，将有助于世界科学中心和高等教育学术中心向我国转移。

一　对学术中心论的质疑

首先，本-戴维将大学制度的转移分为美国型和欧洲型过于简单。在本-戴维的研究中，研究对象仅限于德国、法国、英国、美国这四个国家，他认为只有这四个国家长期以来都是自给自足的学术中心，但是这个理论无法很好地解释日本、苏联高等教育的崛起以及苏联高等教育类型对东欧、我国高等教育的影响。

其次，批评者认为学术中心论哲学观与世界观倾向于西方中心的唯心主义历史观。在阿尔特巴赫的理论框架内，第三世界国家教育的进步与学术的繁荣都是依附于西方工业化国家的，其边缘状态的改变也要遵循中心国家教育与学术的思想和精神。阿尔特巴赫的教育理论隔断了历史，无视第三世界国家优秀民族文化的存在，对第三世界民族文化采取虚无主义态度。

比较教育学家哈罗德·诺亚（Harold J. Noah）、马克斯·埃克斯坦

（Max A. Eckstein）等都对阿尔特巴赫等人的依附论思想进行了批评，认为中心-边缘的教育依附论有几点错误，其中在方法论方面有两条：（1）依附论既无助于控制研究中的偏见，又无助于研究人员很好地利用反面证据改进他们的理论模型；（2）中心与边缘概念仅仅是旧术语的替代品，并未显著地增加解释力。在比较教育研究中运用依附论分析模式是一种新的简单化方式。第三世界国家的命运主要掌握在自己手中，第三世界国家把重建文化独立性作为社会改善战略的做法，批评比较教育领域里的依附论，只是把经济上的依附论简单移植到教育上。

最后，我国学者对中心-边缘理论赞同者有之，批评者有之。一派高度肯定中心-边缘教育依附论思想对比较教育理论与实践所做的巨大贡献，称这是对第三世界国家高等教育的关怀，进而运用依附分析框架研究 20 世纪我国高等教育，认为我国高等教育百年来发展模式主要是依附式发展。例如，谭菲与陈时见肯定了依附论思想对比较教育方法论研究的重要意义，即丰富了比较教育研究的方法、拓宽了比较教育的研究视野以及为比较教育研究提供了更多省思的空间。[①] 袁本涛则运用依附分析框架对 20 世纪我国高等教育展开了研究，提出"20 世纪以来我国高等教育发展的基本特征就是依附发展，依附发展是几乎所有发展中国家在教育现代化初期都表现出的共同趋势"。[②] 张珏认为，依附式发展道路可归纳百年来中国高等教育。[③] 项贤明认为如今"我们的大学教育和大学生活也还经历着深刻的文化殖民化过程"。[④]

另一派则抨击阿尔特巴赫的"西方中心主义"立场与"不平等关系难以消除"观念，质疑和批评所谓的依附性发展观。顾明远与薛理银首先认为，依附论是在对结构功能主义的批判中逐渐形成的，但由于依附论本身没

---

① 谭菲、陈时见：《阿尔特巴赫教育依附论思想述评》，《外国教育研究》2011 年第 10 期，第 19 页。

② 袁本涛：《依附发展——20 世纪中国高等教育发展的重要特征》，《教育发展研究》2000 年第 6 期，第 46 页。

③ 张珏：《百年来中国高等教育依附式发展的反思——谈学习国外高等教育的基本经验》，《现代大学教育》2002 年第 3 期，第 67 页。

④ 项贤明：《大学之道在文化殖民？》，《学术界》2002 年第 1 期，第 34 页。

有提出令人信服的、有效的发展战略，阿尔特巴赫等人将其引入比较教育研究中，并没有产生深远的影响。[①] 王长纯从中国传统哲学因革观出发，不仅批评教育依附论思想"割断了历史"，还指出其"西方中心主义"分析立场的局限，即"从不谈及第三世界国家的民族文化传统，从不谈及西方发达国家深刻社会危机、教育危机与文化危机"。[②] 牟超兰、田恩舜指出"在对待发展问题上，阿尔特巴赫过于强调外部因素，缺乏辩证观"，并认为教育依附是阶段性的，是可以消除的。他们还批判阿尔特巴赫的"中心-边缘"概念是一个价值判断而非事实判断，这种教育依附论实质上是"一种建立在发达国家利益上的新殖民理论"。[③] 因此，用"依附性发展"来概括中国近代高等教育变迁的轨迹，强调外部影响，忽略内部动力，割裂了中国高等教育的历史，在方法上犯了"形式主义"错误，在概念上"错误将依存等同于依附"，在理论上"缺乏中国自主走向高等教育现代化的信心"。

由此可见，国内外学者对阿尔特巴赫教育依附论的研究成果颇丰，均认可阿尔特巴赫把依附理论引入比较教育研究领域，利用"中心-边缘"概念作为分析框架，对西方工业化国家与第三世界国家高等教育不平等关系展开全面而翔实的分析，有助于拓宽和深化比较教育理论与实践，但同时指出教育依附理论的二元思维模式、过于夸大第三世界国家教育奴役本性等弊端。

二 学术中心论的"生态学观"——大学是遗传与环境的产物

阿什比认为欧洲大学的制度从宗主国转移到殖民地的过程即欧洲大学制度向亚洲、非洲、拉丁美洲的转移过程，进而实现了学术中心的转移。学术中心的转移既不是本-戴维所说的科学研究中心的转移，也不是阿尔特巴赫所说的受西方控制的转移，而是欧洲大学制度向外转移并与当地实践结合的

---

① 顾明远、薛理银：《比较教育导论——教育与国家发展》，人民教育出版社，1996。

② 王长纯：《超越"边缘与中心"促进中国比较教育理论的新发展：阿尔特巴赫依附论的因革观分析（论纲）》，《外国教育研究》1999 年第 6 期，第 8~13 页。

③ 牟超兰、田恩舜：《阿尔特巴赫依附论高等教育思想述评》，《江苏高教》2006 年第 1 期，第 145~148 页。

产物——遗传与环境的产物，实现了用生态学的观点引领高等教育研究。美国大学在模仿欧洲大学制度的时候生长出来的"新种子"——社区学院，就是大学制度转移与美洲环境结合的产物。日本高等教育把农科大学和工科大学作为帝国大学一个组成部分都不是对欧洲大学的完全模仿或复制，而是继承欧洲大学的传统特别是欧洲大学的模式，同时又结合当地实际建立的非欧洲式大学。

第四章
三角协调理论

唯物辩证法认为，事物之间以及事物内部诸要素之间存在相互影响、相互制约和相互作用的关系。[1] 在高等教育系统中，政府、大学、市场三者并存，它们之间的关系是复杂的、变化的、充满张力的，三者之间的互动是循环的。矛盾存在于一切事物之中，任何事物间均有矛盾，大学、政府、市场三者之间的矛盾始终存在，三者进行协调的努力也永不停息，三者之间的关系随着高等教育的发展、社会的需求以及时代思潮的变化而变化。而表示三者之间关系的不同模式中蕴含了不同的高等教育理念，对三者关系的探讨更是高等教育治理中重要的研究话题。[2] 高等教育的运行机制是围绕政府、市场、大学三个基本要素的关系与作用展开的，三角协调模式对高等教育改革与发展具有多方面的启示。因此，在研究高等教育理论时，探讨三角协调理论就显得尤为重要。

第一节　提出背景

一定时期的社会背景是理论产生的现实依据，也是理论内涵的社会化体现。分析三角协调理论的时代背景对解读政府、大学、市场三者的关系显然

---

[1]　李成旺编著《〈德意志意识形态〉导读》，中国民主法制出版社，2018，第 70 页。

[2]　彭湃：《大学、政府与市场：高等教育三角关系模式探析——一个历史与比较的视角》，《高等教育研究》2006 年第 9 期，第 100~105 页。

是大有裨益的，也是必不可少的。不同的时代背景出现不同的高等教育系统，从"象牙塔"的时代到"衣食无忧"的时代再到"轴心机构"的时代，高等教育系统处于不断变化且重塑的过程中，大学呈现不同的特征或有新式大学产生。

一 大学是"象牙塔"的时代

大学作为人类文明进步的重要标志，在人类发展的一些时期中发挥着独特的作用，闪耀着璀璨的光芒。大学先于市场存在，以其独特的职能、学术的逻辑将新思想、新知识和新文化记录、归纳、总结并传承下去。大学作为知识生产与传播机构，学术性是其第一属性，但大学作为组织机构，内在自主性是其重要特性。中世纪大学是由教师和学生自发组织与管理起来的"学者和师生行会"型社团机构，学术自治是中世纪大学的内在逻辑，而且中世纪大学在与教会、政府、社会民众的斗争中，获得了免税免役、颁发教学许可证、罢课迁徙等特权。[1] 这些特权是大学自主的重要体现，在当时为大学的发展排除了各种外来干扰，为开展正常、自主的研究和教学活动提供了支持。[2] 在大学特有的学术逻辑主导下，知识的创造被视为起初目的与终极目标，而对于社会和国家的需求，大学几乎没有做出任何响应，因此大学被看作一个与现实脱离的象牙塔，此时，学术权威占据了高等教育系统。

二 大学处于"衣食无忧"的时代

近代以来，西方通过资产阶级革命或民族独立运动建立了民族国家，阶级统治职能和社会管理职能是民族国家的两大职能。政府希望在社会中扮演越来越重要的角色，阶级统治职能较为突出。18 世纪 60 年代，随

---

[1] 张斌贤、孙益：《西欧中世纪大学的特权》，《北京师范大学学报》（人文社科版）2004 年第 4 期，第 16~23 页。

[2] 李立国：《大学治理变迁的理论框架：从学术—政府—市场到大学—国家—社会》，《清华大学教育研究》2020 年第 4 期，第 1~9 页。

着声势浩大的工业革命浪潮席卷而来，大学世俗化的趋势也变得无法避免，越来越多的社会事务将大学卷入其中，政府对大学的影响也不断加深。在知识生产中科学的分化促使研究方法过程更为复杂、科研的社会组织工作更为规范以及科研本身需要耗费巨额资金，都导致了学者组织已经难以负担或承担这种成本。因此，大学的运作已经摆脱了中世纪大学那种由学者团体独自掌控的模式，政府开始出资兴学或拨款助学。同时，政府希望通过管理大学来收回教育权，进而加强对教育的管控。比如德国1810年在民族危亡时刻建立的柏林大学是现代大学的标志，它承担着解救民族危机的重任，其经费全部由国家投入，大学处于"衣食无忧"的时代。大学从一个完全自治的、享有特权和完全自主权的组织，变成了国家机构的一部分。随着德国柏林大学的创办，"教学与科研相统一"的思想赋予"学术自由""大学自治"以新时代精神与现实内容，创立了被称为"精英的高等教育"的现代大学模式，讲座制是其主要的学术组织模式。政府虽然介入高等教育领域中，但在社会管理职能方面的进展缓慢。[1] 政府既对大学采取干预和控制态度，也受制于大学传统力量的阻碍，未能完全实现其职能。此时，学术力量与政府力量存在着某种拉扯，但基本趋于平衡，两者是相互作用的关系共同体，彼此共存于整个社会"场域"之中。[2]

三 大学是"轴心机构"的时代

资本主义社会的飞速发展与其自身的市场逻辑关系密切。19世纪70年代，资本主义进入垄断时期，市场逻辑充斥在社会的各个角落，市场经济向高级形态迈进，大学与社会需求结合得更加紧密。大学作为社会中的重要组成部分，必须与经济社会发展的历史潮流和时代主题相适应，实现自身从社

---

① 赵婷婷：《自治、控制与合作——政府与大学关系的演进历程》，《现代大学教育》2001年第2期，第54~61页。

② 李枭鹰：《论大学、政府、市场的权力生态关系》，《国家教育行政学院学报》2009年第6期，第26~30页。

会"边缘"走向社会"中心"的目标，最终成为社会的"轴心机构"。[①] 20世纪 60 年代，高等教育大众化兴起，政府在资助大学方面面临巨大的财政压力。高等教育运行中市场的力量日渐增强，政府便可以运用市场手段，既能借助市场来维护大学的运转，又能强化国家的高等教育职能。70 年代，西方爆发经济危机，政府为控制财政支出开始削减高等教育经费预算，不得不将高等教育推向市场那一方，大学日益交付给"越来越看不见"的市场手中。美国威斯康星大学是这个时代的典型，以"康奈尔计划"为导向，形成了著名的"威斯康星思想"。以服务社会为核心的办学理念在全美高等教育领域迅速得到普及，该理念拓展了大学的职能，使世界各国的大学逐渐将大学发展战略与经济社会密切联系，市场逻辑演变成了现代大学存在与发展的常态机制。[②] 因此，大学、政府、市场三方形成了大学自主、政府调控和市场调节的特征，大学、政府、市场三者共存于高等教育系统中，三方或隐性或显性地进行斗争与协调。

英国高等教育家阿什比说："任何大学都是遗传和环境的产物。"[③] 大学本身的内在变化是遗传，而外在条件的变化则是环境，它们共同作用导致大学组织和制度的演变。大学与外界环境的关系在历史上不断演变，无论是从中世纪大学到柏林大学的转变，还是从柏林大学到美国大学的变化，都在不断地塑造大学的形态，都在不断地丰富高等教育系统。

第二节　基本观点

高等教育现象催生高等教育理论，高等教育系统中的现实问题是理论产

---

① 陈锋正：《市场逻辑与大学发展：市场逻辑视阈下的大学发展战略选择》，《当代教育科学》2014 年第 11 期，第 39~42 页。

② 赵哲、姜华、杨慧等：《责任与使命：大学服务社会的历史渊源与现实诉求》，《现代教育管理》2011 年第 5 期，第 54~58 页。

③ 〔英〕阿什比：《科技发达时代的大学教育》，滕大春、滕大生译，人民教育出版社，1983，第 7 页。

生的土壤。因此，便有学者提出重新梳理和建构大学与政府、市场的关系。伯顿·克拉克所提出的三角协调理论是解释大学与政府、市场关系最强有力的理论。

一 三角协调理论的"前世"

厘清大学与外部的关系是任何时代的高等教育学者矢志不渝的追求目标，最早走上这条路的是英国的阿什比教授。20 世纪 70 年代阿什比教授在其著作《科技发达时代的大学教育》中所提出的"三足平衡模型"是克拉克三角协调理论的前身。阿什比以中学物理的动力学题目来表示，即以一个点为中心，向外有三条一端带箭头的直线，它们表示作用于点的三个力。每条线的长度表示力的大小。他以此类比，阐述了英国大学受到学术力量、政府以及相关评议会和研究会三种力量的作用，这三种动力作用在大学身上。于是，将大学看作一个"0"点，并赋予了"0"点运动能量，大学自身的内在逻辑决定"0"点的运动方向。[①] 阿什比教授描绘的"三足平衡模型"如图 4-1 所示。

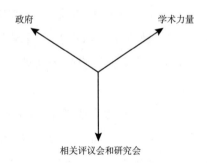

图 4-1 阿什比的"三足平衡模型"

资料来源：参见〔英〕阿什比《科技发达时代的大学教育》，滕大春、滕大生译，人民教育出版社，1983，第 7 页。

---

① 〔英〕阿什比：《科技发达时代的大学教育》，滕大春、滕大生译，人民教育出版社，1983，第 7 页。

该模型的提出是基于对当时英国大学的考察。阿什比在考察大学外部关系时，关注到相关评议会和研究会等中介组织和政府对大学的影响，但是他认为这些影响只对"0"点的运动能量起作用，对"0"点的运动方向没有影响。换言之，大学是在利用外部环境资源的基础上，依靠教师的意志和学术逻辑发展的。虽然这个概念模型一直为西方高等教育研究者所赞誉，但它的缺点也很明显。其一，该理念没有考虑到市场的力量对大学的影响。其二，该理念产生时仅考察了英国大学，调查对象较为局限，不同国家的高等教育体制可能存在偏差。其三，忽视了政府和中介组织对大学的重要作用。

二 三角协调理论的"孕育"

美国高等教育学家克拉克站在巨人阿什比的肩膀上，以更为广阔的国际视野，研究英国、美国、法国、联邦德国、意大利、瑞典、日本、加拿大、波兰、南斯拉夫、墨西哥、泰国等国家的高等教育，敏感地关注到国家权力、市场力量和学术权威对高等教育系统的影响，并将其研究成果汇集在《高等教育系统——学术组织的跨国研究》这本著作中。整合是高等教育系统的"灵魂"。高等教育结构承担着"骨架"的角色，高等教育体制承担着"血肉"的角色，二者共同存在于高等教育系统中。

（一）高等教育结构

克拉克发现高等教育系统存在着从紧密向松散的联系，并设置了一个"维度"来表示高等教育系统的各部分。在高等教育连续体中，联系程度与结构变化相互对应。紧密联系的一端对应着一元结构，具有共同的目标；沿着联系体往下移动，发现一个联邦结构，各单位出现了与原来不同的目标，但又为共同的目标保持某种正式的联系；再沿着这个连续体往下移，是一个联合结构，在这样的结构中，不相同的目标至上，以致各部分之间只有非正式的和准正式的协作；在连续体最松散的一端，是一个"社会选择"结构，在这样的结构中，没有共同的目标，只有各单位自己的目标，由各自治组织独立进行决策。[①] 高等教育系统连续体如图 4-2 所示。

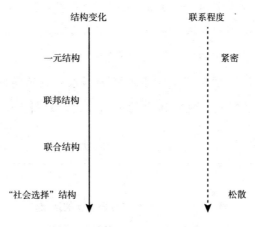

结构变化	联系程度
一元结构	紧密
联邦结构	
联合结构	
"社会选择"结构	松散

图 4-2　高等教育系统连续体

资料来源：参见兰文巧、张爱邦《伯顿·克拉克的高等教育系统整合观点解读——兼论"大学、政府与市场"关系的冲突与调适》，《辽宁师范大学学报》2006 年第 1 期，第 78 页。

克拉克将这一连续体紧密和松散的两端分别看作纯粹的国家体制和市场体制，以更清晰地、形象地论述各国的大学和学院。政府体制由官僚权力引起，政府的官僚权力是通过一些战略增强的，如增加行政级别、行政机构的管辖范围、行政人员的数量等。市场体制由物质之间的交换关系引起，并没有那么多的权力，甚至没有一个由当局管理的运作机制。[②] 高等教育系统的结构越松散，对交换的依赖程度越大。因此，国家体制处于这一连续体紧密的一端，表现为一元的和统一的国家管理。市场体制处于这一连续体松散的一端，表现为政府型和非控制型。在这样的连续体中，国家体制的范围逐步缩小，市场的作用逐渐增加。而在这两种体制之间有着

---

① 〔美〕伯顿·R. 克拉克：《高等教育系统——学术组织的跨国研究》，王承绪等译，杭州大学出版社，1994，第 154 页。

② 〔美〕查尔斯·林德布洛姆：《政治与市场：世界的政治—经济制度》，王逸舟译，上海三联书店，1992，第 12 页。

各种结构，如联邦（Federation）、邦联（Confederation）、联合（Coalition）等。相应地，政府体制与市场体制之间就会产生多种模式，从紧密的一端到松散的一端依次表现为"一元的和统一的国家管理"的模式、"一般控制上是一元的，但割裂为若干独立的部门"的模式、"由分裂的政府权力和多重的部门利益构成的比较松散的安排"的模式、"包含很多社会选择或市场型相互作用"的模式。由于不同的国家有其独特的高等教育体制，不同的国家可安置在这一连续体上的不同位置，如图4-3所示。

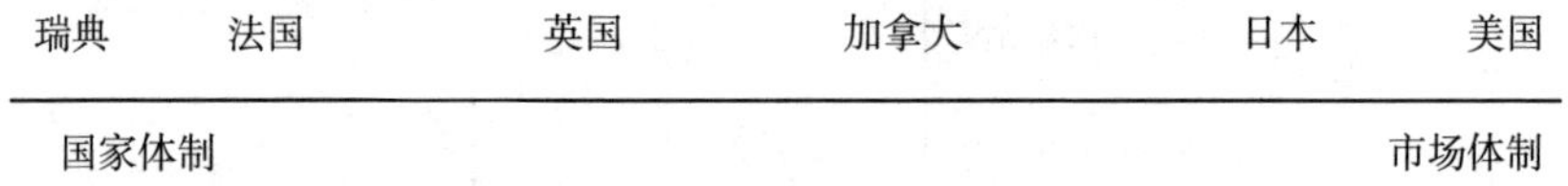

瑞典	法国		英国		加拿大		日本	美国

国家体制   市场体制

图4-3　国家体制与市场体制的连续体

资料来源：参见〔美〕伯顿·R.克拉克《高等教育系统——学术组织的跨国研究》，王承绪等译，杭州大学出版社，1994，第156页。

在这六个国家中，瑞典处于最左端的位置，表现出高度的国家掌控的状态，具有范围最广的国家协调体制以及最严密的中央国家机构，整合成一个比较小的系统，属于"一元的和统一的国家管理"的模式。法国也是这一模式的典型例子，但是法国的大学系统分为大学和大学校（高等专业学校）两个部门。法国的大学由教育部统一领导和管理，但法国的大学校管理体制多元，大多数大学校由教育部领导，另外一些由其他中央各部和地方领导。例如，巴黎综合理工学院隶属于法国国防部。因此，与瑞典相比，法国的多重机构和部门造成某种不一致现象，高教规模较大和较复杂造成了较小程度的松散，其所处位置在瑞典的右边。英国拥有广泛多样的高等教育机构类型：牛津大学和剑桥大学自成一派；伦敦大学自属一类；19世纪形成的城市大学是一类；60年代新办的大学又是一类；技术院校、师范学院和广泛的"继续教育"机构也是一类。此外，尽管英国是单一制政府机构，却存在英格兰、威尔士、北爱尔兰和苏格兰这些不同的地区，它们作为公共当局有一定的权力对非大学的高等教育机构进行管理。由此可见，英国由于分裂的政府权力和多重的部门利益，其高等教育结构存在一定程度的松散。加拿大拥有多种类型的大学和学院。高等院校部门在各省系统内进行组织，但各省系统间的机构类型和组合状况有相当大的差别，各省的权力部门竭力反对国家体制，极力保持邦联甚至是联合的体制。加拿大是"由分裂的政府权力和多重的部门利益构成的比较松散的安排"模式的典型。日本的私立高等教育机构承担起了高等教育大众化的重任。日本各高等院校相互影响，具有广泛的市场特征，但是国家的影响比美国大。美国的国家体制，仍旧是最具自主选择和市场交换特征的制度。美国学术系统具有高度的相互联结性，这种联系一部分是由州行政当局实现的，另一部分是相互分离的高等院校之间市场性质相互作用的结果。美国处于这一连续体最松散的一端，属于"包含很多社会选择或市场型相互作用"的模式。

高等教育结构会受社会各方面的影响，各个国家在连续体上的位置不是一成不变的，可以沿着这个连续体向左或向右移动。第一种情况是从右向左移动，即从松散的状态向紧密的状态移动。20世纪60年代以来，一些国家开始从右向左移动。英国从1965年以来沿连续体从右向左移动，从具有强有力的市场因素的联合体制，走向比较严密的联邦式，但仍处于连续体的中央。美国也从松散的安排向更加严密和范围更为广泛的正规体制转移。第二种情况是从左向右移动，即从紧密的状态向松散的状态移动。例如，瑞典、法国和意大利的政治分权化或分散行政权力促使高等教育系统更为松散。

（二）高等教育体制

克拉克认为，一个国家的高等教育系统可以主要由学术权威协调，这在所有国家的高等教育系统中都存在。各国的高等教育系统依靠学术权威采取多种方式来联系个人、组织和院校，而不是严格依靠国家体制来组织高等教育系统。拥有学术权威的教授在高等院校的财政、人事、课程和科研的团体中有控制权，他们具有强有力的发言权。在大学的主要资金来源于政府的情况下，专家教授们首先依靠国家对各个大学特许的自主权，直接一次性接收全部的拨款。① 高深知识是高等教育的核心，大学是以知识生产、加工、传播为目的的学术组织。因此，学术权威具有无限的权力。随着学术权威的无限增长和潜在活动的增加，克拉克在高等教育系统连续体的市场体制和国家体制之外，又提出了学术体制。最终，克拉克建立了三个理想的类型——国家体制、市场体制和学术体制。② 至此，三角协调模式中的三个基本要素确立。

三 三角协调理论的"形成"

克拉克把这个从国家体制到市场体制的连续体重新调整为政府、市场和大学构成的三角形的协调模式，政府、大学、市场各处三角形的一角，三角形的布局就像一个播放按钮，如图 4-4 所示。高等教育系统是由政府、市场和大学的协同作用形成的复杂网络，而高等教育的运作则是通过这些元素之间的相互作用和协调实现的。政府、市场和大学三者之间的相互作用方式因时代和国家的不同而有差异，但本质上都是三者的斗争与协调。三

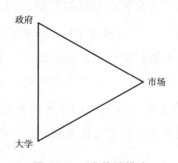

图 4-4 三角协调模式

资料来源：参见〔美〕伯顿·R. 克拉克《高等教育系统——学术组织的跨国研究》，王承绪等译，杭州大学出版社，1994，第154 页。

---

① 〔美〕伯顿·R. 克拉克：《高等教育系统——学术组织的跨国研究》，王承绪等译，杭州大学出版社，1994，第154 页。
② 兰文巧、张爱邦：《伯顿·克拉克的高等教育系统整合观点解读——兼论"大学、政府与市场"关系的冲突与调适》，《辽宁师范大学学报》2006 年第 1 期，第 78 页。

角形的一个角反映出三种要素中最极端的一种，而其他两种要素则仅表现为最低限度，三角形内部的不同位置则代表了不同要素的力量在不同程度上的混合。

克拉克指出，不同国家的高等教育发展各有各的偏向，不同国家在三角形内所处的位置不同，有着不同的协调模式，具有不同特性的定位。将之前排列在连续体上的六个国家安置在三角形内部，并展开概念空间，增加苏联和意大利，作为更接近政府和大学的两个极端，结果如图 4-5 所示。

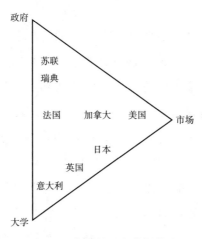

图 4-5　各国的三角协调模式

资料来源：参见〔美〕伯顿·R. 克拉克《高等教育系统——学术组织的跨国研究》，王承绪等译，杭州大学出版社，1994，第 154 页。

苏联推行的是计划经济体制，国家权力居于绝对的支配地位，高等教育系统也不例外，国家权力对其影响巨大，因此在"三角协调模式"中，苏联位于"政府"一角。意大利的高等教育系统相对保守，基本沿袭了欧洲大学"学术至上"的运作传统，实际上高等教育处于一流学者的统治之下，因而在"三角协调模式"中，意大利位于"大学"一角。相较而言，美国则是市场化最为彻底的国家，市场力量对其高等教育系统的影响最为广泛和深刻。20 世纪 80 年代，美国政府出台了《国家在危机中：

教育改革势在必行》报告，之后还颁布了《平衡预算法》《减轻纳税人负担法》等一系列与高等教育相关的法律，旨在推动高校与企业开展产学合作，这是美国高等教育市场化的一个重要标志。实际上，美国威斯康星大学校长查尔斯·范海斯（Charles Van Hise）的"威斯康星思想"是一种实用主义的大学思想，它对纽曼、洪堡等人的理性主义的大学理论进行了突破，在某种意义上对其进行了颠覆，并将其作为一种"为社会发展服务"的理论。① 这一思想不但改变了美国的高等教育，也对其他国家的高等教育产生了深远的影响。因此，在三角协调模式中，美国位于"市场"那一角。

其他五个国家在"三角协调模式"中的位置各不相同。第一类是介于"政府"与"大学"之间的国家，如瑞典和法国。1980 年，瑞典加强了政府官员及相关利益团体的权力，使其超越了大学教师传统权力与特权。因此，瑞典相对接近"政府"这一极。法国的位置稍远离"政府"这一极，更倾向"大学"这一极，在政府的官僚权力和大学教授的学术权力之间处于平衡状态。第二类是介于"大学"与"市场"之间的国家，如英国、日本。英国的位置相当接近"大学"，英国政府所成立的大学拨款委员会是反映政府对高等教育态度的晴雨表，该中介机构加强了政府与大学的利益关系，创造了政府参与大学发展的新模式。随后由于经济危机的影响和新保守主义政党的上台，政府加强了对高等教育的管理，在缩减拨款的同时加强了对经费的绩效管理，大学才稍微向市场那一方倾斜。日本的高等教育机构虽受市场逻辑影响，但日本的讲座制度给予高级教授强有力的权力②，而且东京大学和京都大学这两所大学的学者具有全国性的影响力和特许的自主权。因此，日本的位置处于"市场"和"大学"的中间。

---

① 钱佳、黄启兵：《知识视野下的政府、市场与学术：关系模型及发展趋势》，《苏州大学学报》（教育科学版）2019 年第 4 期，第 81 页。

② 〔英〕玛丽·亨克尔、布瑞达·里特主编《国家、高等教育与市场》，谷贤林等译，教育科学出版社，2005，第 116 页。

大多数国家高等教育系统的大部分公开活动位于播放按钮般三角形中点的左边。公开的较量是在国家权力和学术权威之间发生的，市场参与协调的作用较弱，但随着经济的发展，市场逻辑在三者之间会发挥越来越大的作用，播放按钮般三角形具有指向市场这一角的方向性，这也是克拉克三角协调模式的深层意蕴。但总体而言，不论是学术权威坚持自己的独立立场，还是国家权力占据领导地位，抑或是市场日渐成为主导，各国高等教育系统的权力结构都表现出一定的稳定性，坚定不移地维护其权威地位。[①]

克拉克提出的三角协调模式于20世纪90年代受到世界各国研究者的广泛关注、推崇和应用。这一模式不仅被应用于不同国家高等教育发展的比较研究，还被用于分析一个国家的高等教育、某一类别大学或单一学科的变化。

四　三角协调理论的"升华"

20世纪80年代以后，在实用主义的大学思想影响下，世界各国都出现了一股高等教育市场化的潮流，在这股潮流中，受到市场力量的影响，各国对高校的规制或强化或放松。相应地，世界上许多国家高等教育系统中的权力结构也在不断发生着微妙变化。基于此，便有一些学者对三角协调模式进行了改进与完善。在不断地运用和修改中，原来的静态三角模式逐渐被引入了动态的特征，并被赋予了新的内涵。

（一）三方权力的变化

20世纪末，大卫·蒂尔（David D. Dill）与芭芭拉·施波恩（Barbara Sporn）利用三角协调模式，分析了一些国家高等教育系统中发生的权力变化，如图4-6所示。

---

① 钱佳、黄启兵：《知识视野下的政府、市场与学术：关系模型及发展趋势》，《苏州大学学报》（教育科学版）2019年第4期，第80~87页。

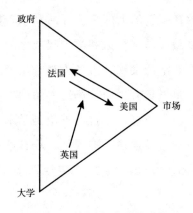

图 4-6　各国权力结构变化

资料来源：D. D. Dill，B. Sporn，*Emerging Patterns of Social Demand and University Reform*：*Through a Glass Darkly*，Paris：IAU Press，Inc.，1995，pp. 172~175。

由图 4-6 可以看出，一些国家的权力结构正在发生变化。如一向受市场力量支配的美国高等教育系统开始向政府转移，政府力量的影响不断加强。倾向于学术力量的英国也开始向政府和市场转移，学术权威的影响逐渐衰弱。法国也由高度的国家管控向市场力量屈服。各国高等教育系统的权力结构虽然保持相对稳定，但也在经历改变，其中最为明显的趋势是权力的转移，从过去的"学术权威"向现在的"国家权力"和"市场力量"转移。这种权力变化并不局限于少数典型国家，中东欧国家的高等教育系统也发生了权力结构变化。例如，捷克的高等教育系统从最初的"大学"倾向，到后来的向"市场""政府"靠拢，形成了政府、市场、大学"三足鼎立"的局面。匈牙利的高等教育改革是一个动态发展的过程，在 1993 年至 2000 年期间，政府利用自身权力的扩大对其进行了一系列的干预；而在 2000 年至 2005 年期间，政府的权力又开始削弱，市场的权力不断加强。

总体来看，各国高等教育系统的权力结构在保持相对稳定的同时，也正在发生改变，而且这些改变有一个总体趋势，即权力由"学术权威"向"国家权力"和"市场力量"转移。

（二）三角的动态变化

新的公共管理模式的出现将竞争、契约、激励、质量保证、绩效指标和管理主义等私营部门的概念带到公共部门中。英国的企业家在高等教育管理机构和大学管理过程中发挥了重要作用。欧洲也或多或少在努力减少高等教育对国家财政的依赖，并鼓励学者、私人部门和政府在知识生产与传播方面进行更高水平的合作。[①] 随着社会的发展，市场在高等教育资源配置中发挥着越来越重要的作用。市场的力量不断流入高等教育领域，成为主导高等教育发展最主要的力量之一。然而，克拉克提出的高等教育三角协调模式将市场体系"矮化"为一个实际上被操纵和压制的子系统。[②] 这就导致了那些主张市场化的学者往往在引用此理论模式时陷入了严重的内在矛盾，因为他们希望市场能够高效使用资源并发挥完美均衡的作用，但这在此理论模式中不存在。然而，市场化的发展趋势改变了各国高等教育的三角关系，克拉克所构建的模式已无法显示这一变化。

加雷斯·威廉斯（Gareth L. Williams）提出："要从描述转向分析原因，需要使作用于高等教育机构的各种力量的强度及方向形象化。"[③] 威廉斯借鉴了物理学中物体受力分析的原理，认为在政府、市场与大学三个力的作用下，高等教育系统才得以保持平衡。虽然高等教育系统整体处于平衡状态，但三个力的方向与大小却可能发生着变化。于是，威廉斯以克拉克的高等教育"三角协调模式"为基础，进一步图像化为六种细部模式（见图 4-7）。威廉斯希望以此来揭示政府、市场与大学三者之间的斗争与协调关系。

模式 1 中大学、市场、政府处于三足鼎立的关系，三者关心各自的利益，大学、市场、政府互相牵制达到平衡，实现良性互动，这也是一种理想的状态。

模式 2 中政府力量较大，政府牵制市场并且监管大学的运作，而市场和大学之间呈现明显的分裂态势。此时政府作为监督者来协调大学与市场的关

---

① 〔英〕玛丽·亨克尔、布瑞达·里特主编《国家、高等教育与市场》，谷贤林等译，教育科学出版社，2005，第 220 页。

② 彭湃：《大学、政府与市场：高等教育三角关系模式探析——一个历史与比较的视角》，《高等教育研究》2006 年第 9 期，第 102 页。

③ Gareth L. Williams, The "Marketization" of Higher Education: Reforms and Potential Reforms in Higher Education Finance, Oxford: Pergamum Press, Inc., 1995.

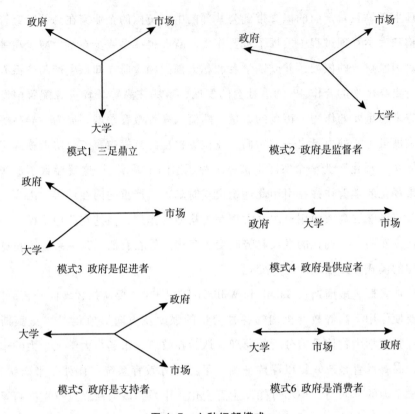

图 4-7　六种细部模式

资料来源：Gareth L. Williams, *The "Marketization" of Higher Education：Reforms and Potential Reforms in Higher Education Finance*, Oxford：Pergamum Press, Inc., 1995。

系，政府教育行政人员拥有强大的话语权和选择权。这种模式中政府作为监督者、裁判员的角色与英国政府的角色不谋而合。英国政府并不直接干预大学的管理事务，而是委托中介机构同大学商议高等教育经费的分配。政府的主要职责是规划高等教育经费，以支持相关事宜。

模式 3 中政府、市场与大学分别向不同方向发展，但政府与大学的方向相近而与市场的相反。政府与大学之间的联系更为紧密，二者合作发展牵制市场力量，市场的权力较弱，处于被支配地位。此时政府是高等教育的促进者。该模式体现出在市场势力日趋膨胀的情况下，政府与大学以合作发展的手段来制衡市场的力量，这与欧洲的大学模式相匹配。政府提供设施和办学经费与资源，并拟定相关的高等教育政策促进大学发展，从而与市场力量相制衡。

模式 4 中政府对大学的支持力度更大，甚至二者在某种程度上是重叠的，已然融为一股与市场完全对立的力量。政府全力供应大学之所需，成为高等教育的供应者，市场方向的强度相对减弱。

模式 5 中大学的发展方向与政府、市场的发展方向相反，而政府和市场的发展方向则更加趋同。政府与市场之间的联系越来越紧密，政府积极支持市场的运作并与市场合作，而且越来越倾向于放手让大学自由发展。但是政府也在与市场合作的基础上，积极支持消费者的自主选择，并引导大学向市场化方向发展。由此政府扮演着支持者的角色。

模式 6 中政府与大学背道而驰，向大学提供资助的强度减弱。市场听从政府的指令，并在政府规划的政策中发展。在政府运作的市场机制中，大学一方面需要自筹资金、自谋营生，另一方面需要与国家发展方向、社会市场需求相适应，没有了政府和市场的支持，大学处境较为艰难。

以上的每一种模式都突出了某些主体的权力的增强或削弱，在不同的情形下，不同的利益主体扮演的角色也会被凸显出来，从而影响高等教育系统的变革类型和活动方式。在这六种模式中，政府扮演着不同的角色，如监督者、促进者、供应者、支持者、消费者。政府作为国家意志的代表，是三者之间最为关键的一角。威廉斯认为模式 2 曾经是一种理想的模式，但如今很多国家高等教育系统呈现向模式 5、模式 6 转化的趋势。这种市场化模式的转化也促使政府角色的转变。政府的角色从供应者到消费者，政府的经费资助从以输入为主的预算变为以结果和绩效考核为基础的预算。当政府是供应者的角色时，政府投入资金的标准为大学所提供的知识与专业技能的价值。当政府是消费者的角色时，政府的行动标准为提供的服务是否能让消费者满意。虽然"谁给吹笛手付款，就由谁来定调"这句古老的格言听起来很有道理，但威廉斯用一个通俗的比喻指出，这种定调方式只适合于简单的"手艺吹笛人"，而对于"交响乐团"或者莫扎特、贝多芬这样的音乐大师来说，这种方式就不再适用了。

（三）三边的权力生态

从教育生态学的视角来看，高等教育系统也是一个生态系统，它是一个有边界、有范围、有层次的动态系统。[①] 大学、政府、市场三者并存于这个系统中，都有各自的权力和责任，它们之间的关系是动态的，三者相互作用形成一个充满张力的脉络空间。任何单一力量对大学的极端控制都是危险的。只有当三者的权力处于平衡状态时，才能维持一个良性的生态圈。

1. 政府权力要素

政府是国家权威性的表现形式，随着大学职能的拓展，大学已被纳入现代国家政治权力干预和规制的范畴。政府可以全方位影响大学的治理空间、结构、制度以及生态。[②] 政府的权力实行要有的放矢，不能过于直接与强势，也不能无所作为。制度的强制性规定可能会在某种程度上抑制人们的主动性和创造力，同时也存在"政府失灵"的风险。国家不是一个以营利为目的的商业机构，而是一个道德社群，通过法律和规范来维护社会行为的准则。因此，政府可以依据不同的政策目标来采取不同的方针，可以在高等教育领域中扮演许多不同的角色。[③] 有时候政府可能既担当高等教育资源的分配者，也担当高等教育的服务者。

于大学而言，大学与政府的关系已经由原来的被领导与领导的关系转为双方友好合作的关系，政府是大学良好的支持者和指导者，政府期待大学能够承担起培养合格公民的社会责任，大学也在接受政府投资中不断提高自身能力。虽然美国是以市场为导向的国家，但是各州政府仍拥有向自己州公办大学拨款、任命校长、宏观控制招生计划等权力。二者之间相互作用，共同促进高等教育系统的平衡。

于市场而言，政府具有经济职能，如宏观经济调节和稳定职能、资源配

---

① 谭颖芳：《美国区域高等教育生态的共生范式——以加州公立高等教育系统为例》，《江苏高教》2014 年第 3 期，第 30~33 页。

② 贺佩蓉：《政府·市场·社会：大学外部治理的权力要素与模式创新》，《江苏高教》2015 年第 3 期，第 45~47 页。

③〔英〕玛丽·亨克尔、布瑞达·里特主编《国家、高等教育与市场》，谷贤林等译，教育科学出版社，2005，第 43 页。

置职能、分配职能，在社会经济活动中发挥重大的作用。政府会在一定程度上拥有一定的市场控制权，在政府的监督引导下，让市场在资源配置中起决定性作用，经济才能健康发展。

2. 学术权力要素

大学是高深知识的聚集地和人才生产地，寻求学术自主性是其内在的动力。同时，大学是社会有机体的重要组成部分，是国家民族灵魂意识的反映。亚伯拉罕·弗莱克斯纳（Abraham Flexner）认为，大学作为社会的一部分，需要不断适应真实需求并做出自我调整。有时候，大学需要进行自我调适以保持活力，甚至会领先于社会的发展。[①] 由此可见，大学是一个不断适应环境变化的动态机构，而不是一个静态的存在。但大学有知识生产的需要，学者拥有在学术场域中制定规则和分配资源的话语权力。[②] 大学内部存在着学术权威和管理权威，二者有所不同。前者来自学者之间的认可，来自对学术社会秩序的接受，后者可以通过授予行政职务来实现。[③] 大学也是一个按照自身规律发展的拥有学术权力的独立有机体。一所完全脱离社会的大学很快就会成为一个无关紧要的象牙塔，但同样，一所只对外部压力做出反应的大学无法发挥其学术、研究和批评功能。

于政府而言，大学在保持自身自主性的前提下，会受到政府的监督与管控。正如布鲁贝克教授所说："高等教育越卷入社会的事务中就越有必要用政治观点来看待它。就像战争意义太重大，不能完全交给将军们决定一样，高等教育也相当重要，不能完全留给教授们决定。"[④] 在政府的影响下，大学会陷入追求自由与依赖帮助的矛盾中。一方面，大学有寻求自主权的渴望，但不会无底线满足政府欲望，具有反控制的愿望。另一方面，大学离不

① 〔美〕亚伯拉罕·弗莱克斯纳：《现代大学论——美英德大学研究》，徐辉、陈晓菲译，浙江教育出版社，2001，第 11 页。

② 冯向东：《大学学术权力的实践逻辑》，《高等教育研究》2010 年第 4 期，第 28~34 页。

③ Michael J. Warning, *Transnational Public Governance*, London, Camden: Palgrave Macmillan Publishers, Inc., 2009, pp. 205-206.

④ 〔美〕约翰·S. 布鲁贝克：《高等教育哲学》，王承绪等译，浙江教育出版社，2002，第 32 页。

开政府的协调、支持和监督，甚至大学试图预测政府的政策方针，以求从这些标准中获益。

于市场而言，随着经济的发展，大学已经不满足只从政府那里获取资金，而是同时将手伸进市场，开辟高等教育消费市场。大学也应该打破政府的限制，积极寻找市场资金，通过提高办学效益来改善自身的生存环境和发展能力。日本中央教育审议会指出，为了确保高等教育机构财政资源的稳定，政府必须培育捐赠文化，大学不只是依赖政府的支持，而且吸引来自企业、地方政府的投资和通过大学自身积极的努力来赚取办学经费。[①] 但是大学在获取外部市场帮助的同时，还要遵循自身的教育规律与作为一个学术机构的教育属性，不能迷失自我，不能忘记自己本身的职能，不能忘记大学的功用，不能丧失大学的自由与精神。

3. 市场权力要素

市场是一只看不见的手。只要是处于多种所有制结构并存的市场经济体制的大环境下，劳动力需求就会变得复杂和多样，那么这只无形的大手随时都会发挥作用。市场本身交换商品的属性决定了其资源配置的功能，市场开始影响大学的功能，学校要为不同社会成员的学习提供不同的服务。

于政府而言，在市场与政府的矛盾冲突中，政府通常会扮演一个调解者的角色。一方面，政府要积极培育和促进市场发展，在一切能够发挥市场作用的领域，使市场尽可能地发挥其应有的功能；另一方面，政府既要大力规范与约束市场行为，防止市场垄断，也要在一定程度上补充市场的不足。当市场不能发挥或未能有效发挥作用时，要充分发挥政府的作用。

于大学而言，以市场调节为手段，开放高等教育市场，促进市场资金流向大学，这对激发大学的竞争意识和效率具有重要作用。例如，美国大学根植于市场逻辑文化，商品经济、市场竞争、企业管理等理念影响着大学参与市场竞争，大学需要适应劳动力市场需求，大学教育、科研和社会服务都要

---

① 刘牧：《日本国立大学社会捐赠研究》，《高教探索》2011 年第 6 期，第 72~77 页。

服从于市场逻辑。此外，美国的大学数量众多，无论是公立大学还是私立大学，都面临着巨大的资金压力，在市场条件下别无选择，只能将这种压力转化为动力，最大限度地争取财政支持。这就导致了美国大学之间的竞争，大学通过发挥自己的优势来实现多元化和差异化。总的来说，市场趋势基本成为大学的主旋律，大学管理理念、消费者意识、企业化管理等都在逐步深化。

第三节　批判与发展

一　三角协调理论的"对抗"——政府市场对立论

当然，并不是所有人都认同政府、市场和大学之间的互动是一种三角关系。20 世纪 70 年代，西方资本主义国家的低增长和高通胀开始显现，凯恩斯主义的"全能政府"理论面临前所未有的挑战。在这种背景下，新自由主义应运而生，它揭示了"政府失灵"，并反向论证了"市场失灵"的原因不是市场机制的内在缺陷，而是市场机制未能充分运作。[①]

新自由主义将市场理解为一个自然的私人自由领域，它先于政府出现并根据自然法则运作。第一，新自由主义者坚持市场自由导向，认为市场应当享有一定的自由，市场在自己的规则内可以自由运作。第二，新自由主义者坚守政府市场对立论，彻底否定了政府弥补市场失灵的从属地位，反对政府干预。第三，新自由主义者一方面提倡运用市场的力量提高政府的服务水平，在政府的管理中引进市场要素和企业家精神；另一方面建议政府应该扮演仲裁人的角色，不应过度参与市场管理，强大的政府参与会毁灭因市场自由而取得的民主自由。[②] 政府调控的目的是使高等教育系统更能迎合社会

---

① 杨静：《新自由主义"市场失灵"理论的双重悖论及其批判——兼对更好发挥政府作用的思考》，《马克思主义研究》2015 年第 8 期，第 70~80 页。

② 李枭鹰：《论大学、政府、市场的权力生态关系》，《国家教育行政学院学报》2009 年第 6 期，第 26~30 页。

需要，使高等教育的功能更倾向于社会服务。新自由主义者缩减政府规模、尊重市场机制的理念，导致了西方各国开展"以市场为取向"的高等教育改革，使大学不得不面向市场，在其办学过程中引入市场机制。①

二　三角协调理论的"丰富"——中介组织的加入

荷兰学者弗兰斯·范富格特在对 11 个国家的高等教育政策进行国际比较后，以克拉克的"协调三角模式"为基础，构建了三角四块分析模式（见图 4-8）。该模式不仅论证了大学、政府和市场三种力量相互作用的关系，还着重分析了三种力量的作用机制，把作为"缓冲器"的中介机构加入该模型中，实现了对克拉克的"协调三角模式"的发展。②

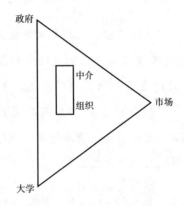

图 4-8　三角四块分析模式

资料来源：参见〔荷兰〕弗兰斯·F. 范富格特主编《国际高等教育政策比较研究》，王承绪等译，浙江教育出版社，2001。

首先，范富格特在认可政府作用的基础上论证了政府作用的复杂性；其次，分析了市场在高等教育中的特殊作用；最后，特别论证了中介机构作为缓冲组织的特殊作用。中介组织来源于市民社会的崛起，属于国家与市场之

---

① 盛冰：《高等教育的治理：重构政府、高校、社会之间的关系》，《高等教育研究》2003 年第 3 期，第 48 页。
② 〔荷兰〕弗兰斯·F. 范富格特主编《国际高等教育政策比较研究》，王承绪等译，浙江教育出版社，2001。

间的领域，即社会领域。社会领域中的利益诉求是通过各种各样的社会中介组织来表达的。在高等教育中，一个中介机构或缓冲组织通常指一个建立了联结政府机构和若干高等教育机构的组织。不同中介机构与政府、大学之间关系的差异性产生了缓冲组织的不同职能。范富格特认为其作用之一是为履行政府政策承担部分责任，这样一种缓冲组织可以看作一种类政治组织。中介机构一般由政府的人员与各学科和院校内外有影响的大学教授组成，了解高等院校和它们的需求，并为它们向政府说话。例如，美国高等教育领域拥有种类繁多且功能完备的中介机构，有专门从事高等教育研究和咨询的机构——卡内基教学促进基金会，也有自律性的学会或协会——美国高等教育协会、大学教授联合会等。① 这些中介机构对于保护高等教育自治、协调政府和大学之间的关系、提高高等教育质量等都发挥了举足轻重的作用。

三　三角协调理论的"变形"——金字塔式的三角形

克拉克的"协调三角模式"被用来代表一个微妙的平衡过程和对环境变化的反应。自从克拉克的论文发表以来，许多学者都在反思和修改这个三角关系，认识到它作为分析高等教育工具的重要性。1983 年，高等教育体系相当稳定，这也凸显了克拉克三角协调理论的可信性。然而，20 世纪 80年代的激进改革运动如火如荼地开展，自那以后，三角之间的协调稳定情况发生了显著变化。有学者开始基于社会状况调整这个三角形。

克拉克提出的"协调三角模式"如同一个播放按钮，市场处于右侧的尖端，其中暗藏着该三角形的方向性，即高等教育体系会向着市场化发展。西蒙·马金森（Simon Marginson）和加里·罗迪斯（Gary Rhoades）改变了三角形的轮廓，使其不再是一个播放按钮，而是一个金字塔（见图 4-9）。② 此时大学处于顶端。他们认为学术力量在掌权，政府和市场要为高等教育服务。

---

① 刘宝存、杨尊伟：《我国高等教育治理体系的社会参与：国际比较的视角》，《中国高教研究》2016 年第 12 期，第 75~76 页。

② S. Marginson and G. Rhoades, "Beyond National States, Markets, and Systems of Higher Education: A Glonacalagency Heuristic," *Higher Education*, Vol. 43, No. 3, 2002, pp. 281-309.

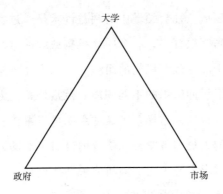

图 4-9 排列后的三角形

资料来源：S. Marginson and G. Rhoades，"Beyond National States，Markets，and Systems of Higher Education：A Glonacalagency Heuristic，" *Higher Education*，Vol. 43，No. 3，2002，pp. 281-309。

更有研究人员发现三角形静态端点具有局限性，提出了一个更具周期性的流动三角，将政府视为"以知识为基础的市场经济的发起者和维护者"。本·琼布洛德（Ben Jongbloed）针对三角关系描述了大学、市场、政府在相对重要性上周期性增减的图景（见图 4-10）。[①]

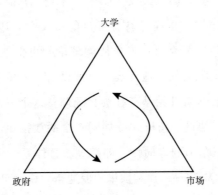

图 4-10 翻动的三角形

资料来源：参见 S. Marginson and G. Rhoades，"Beyond National States，Markets，and Systems of Higher Education：A Glonacalagency Heuristic，" *Higher Education*，Vol. 43，No. 3，2002，pp. 281-309。

---

① Ben Jongbloed，"Marketisation in Higher Education，Clark's Triangle and the Essential Ingredients of Markets，" *Higher Education Quarterly*，Vol. 57，No. 2，2003，pp. 110-135.

三角形中左侧的箭头显示了在一个高等教育系统中，政府正在后退一步，允许市场力量，即由个体学生和个体提供者做出决策来协调需求和供应。图 4-10 说明在高等教育系统中，政府体制是动态变化的。在某些领域，政府的传统干预角色可能会重新出现。例如，政府颁布反垄断法，旨在尽量减少高等教育提供者的反竞争行为或社会不可接受的行为。而在其他领域，政府扮演着促进者的角色，与学术界及其"客户"合作，以促进竞争和知识创造。例如政府对互联网的支持，促使商业、学术和技术联系在一起，促进商业、学术和技术创新。三角形中右侧的箭头显示了市场也处于一个动态变化中。在高等教育市场化的背景下，营利性教育机构出现，它们进入了国家高等教育系统，增加了教育机构类型和课程种类，满足了学生多样化的教育需求。

2013 年，何塞·萨拉查（Jose Salazar）和皮德尔·莱伊（Peodair Leihy）指出，大多数国家的高等教育系统现在显示出从"学术寡头"向"市场"的三角运动，这与新兴的全球知识经济、高等教育的逐步市场化相一致，并且将三角形扩展为一个三角形域。何塞·萨拉查和皮德尔·莱伊认为学术界、国家权威和市场分别代表了三个微观领域，即机构领域、公共领域、竞争领域。于是将每个三角形的顶点变为三角形域，这些外部域可以被看作"调音栓"，可以校准在中心域中工作的三种力量。每个域包含三个子因素，传达了一个大致具有代表性的影响阵列。公共领域的三个子要素是政治阶级、官僚和公民；竞争领域的三个子要素是资源、商品和声誉；机构领域的三个子要素是管理者、学者和学生（见图 4-11）。①

在公共领域中，在承认克拉克提出的国家权威代表的政府阶级统治和官僚权力之外，又增加了公民在协调高等教育中的影响。因此公共领域存在政治阶级、官僚和公民三个子要素。公共领域是高等教育的管理制度和政策议程确定的领域，也是意识形态和广泛的社会愿望显现和争论的领域。在这个

---

① Jose Salazar and Peodair Leihy, "Keeping Up with Coordination: From Clark's Triangle to Microcosmographia," *Studies in Higher Education*, Vol. 38, No. 1, 2013, pp. 53–70.

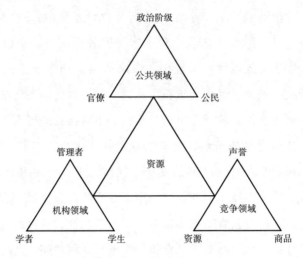

图 4-11　从顶点到域的三角形形态

资料来源：S. Marginson and G. Rhoades，"Beyond National States，Markets，and Systems of Higher Education：A Glonacalagency Heuristic，" *Higher Education*，Vol. 43，No. 3，2002，pp. 281-309。

领域中，需要定期商议政府部门所持有的公共资金的使用范畴，并且设计和实施监督高等教育的行政程序。在克拉克的理论中，政府以提高高等教育的影响力为目的进行某些活动，但在许多情况下是完全不同的，政府权力较为多样且复杂，政府这一顶点扩展为域更能体现国家权力运行的逻辑。因此，公共领域代替了政府这一顶点。此外，公民也是高等教育协调的一种推动力，以其价值观、愿望和需求为动力，他们经常通过媒体或自封的游说团体表达自己的意见，向公共领域提供信息。

　　在竞争领域中，决定国家高等教育系统内部竞争环境的不是主动的行为者，而是没有计划的交易和互动。竞争领域存在资源、商品、声誉等方面的竞争，但在不同国家的高等教育系统中，不同形式的竞争将占主导地位。声誉竞争、资源竞争、商品竞争都可能会主导其他两种竞争。有交换就会有市场，有市场就会有竞争。大学之间通过竞争获得和失去的东西如市场的资源资金、招生选拔甚至是大学的排名声誉；不参与竞争就能获取的资源如某些社会机构主动对大学的慈善捐赠和投资。大学在参与竞争中所实施的行动促成了这一领域的协调。

在机构领域中，学术权威在某些时期会更强盛，在某些时期会偏向市场或政府，但学术权威是一直存在的，这也是高等教育系统的独特之处和魅力所在。这个领域中涵盖了高等教育内部的管理主义、学术企业家精神、专业知识的兴起、学生的利益。克拉克的大学这一顶点主要意味着教授所拥有的学术权威。但是，随着现代大学组织机构越来越复杂，大学中的管理者在扮演着越来越重要的角色。除此之外，大学对市场的反应更加灵敏，学生是高等教育的消费者，大学需要倾听学生的声音，满足学生的需求，学生也成为影响大学发展的重要力量。因此，在机构领域中，管理者、学者以及学生共同影响大学的发展走向，在协调中完善机构领域。

相对于克拉克三角形中的三个"固定"顶点，这三个外部域扩展了顶点，实现了每个顶点内部的协调。由顶点衍生出的三个领域内部在相互作用，协商不同的利益，进行着第一层的协调，三个顶点又进行着第二层的协调。随着时间的推移，第二层的协调中大学、政府、市场三方不会主动获得或放弃主导地位，第一层协调所产生的内部领域的变化导致了三者的变化，因而三者在这个变化过程中通过不断协商获得主导地位。

随着高等教育的快速发展和变革，越来越多的研究者对大学、政府、市场关系的理解变得更加多元化和全面化。各国学者除了继续沿用克拉克的三角协调模式分析大学、政府、市场关系外，还不断从各种新的角度对大学、政府、市场关系做出崭新的解释。克拉克的三角协调理论已成为世界各国研究者争相使用的分析大学治理问题的研究框架。在三角协调理论提出之前，高等教育治理主要关注于大学内部组织结构的构建，包括校长、教师、学生的结构组成对机构决策的影响。三角协调理论提出之后，学者开始从国家、社会和市场的角度探讨高等教育治理问题。丹尼斯·约翰的《21世纪的大学治理》一书则特别强调了大学与外部力量之间多元权威主体的建构以及如何达成持续互动的伙伴关系问题。在国内，学者们更多关注大学与外部社会力量权力的制衡问题，例如大学与市场关系的治理、大学与政府管理的治理问题。在当前的高等教育治理中，政府、市场和大学应该理顺各自的独立与治理的协调关系，同时要处理好自由与共识的辩证关系以及内在和外在的必要联系。只有这样，政府、市场和大学才能够回到三角协调模式的对话之中。① 三方共赢才是三角协调模式的最终效果。只有实现这种协调模式，大学才能更好地实现政府的管理目标，满足市场的需求，推动市场的发展和完善，同时还能在学术探索、知识创新、人才培养、价值和精神追求等方面实现大学的理想。

---

① 钱民辉：《政府·市场·大学：谁决定大学教育的主流话语》，《北京大学学报》（哲学社会科学版）2015 年第 5 期，第 128~135 页。

第五章

大学－产业－政府三螺旋理论

大学－产业－政府三螺旋理论是由美国教授亨利·埃茨科威兹（Henry Etzkowitz）和荷兰教授莱特·雷德斯道夫（Loet Leydesdorff）共同提出的。埃茨科威兹和雷德斯道夫在准备阿姆斯特丹研讨会时，建议将大学与产业的关系扩展到大学、产业、政府三者之间的互动关系，并提出了大学－产业－政府三螺旋模式，阐述了三螺旋理论的概念。由此，高等教育学界开展了一系列关于三螺旋的讨论，开创了三螺旋研究的新领域。

作为三螺旋理论的主要提出者和国际三螺旋协会的主要创始人，埃茨科威兹将其主要观点汇集到《国家创新模式：大学、产业、政府"三螺旋"创新战略》（The Triple Helix：University-Industry-Government Innovation in Action）一书中。该书被翻译成中文、日语、俄语、葡萄牙语以及瑞典语等多个版本并在多个国家出版，推动了世界各国关于区域增长新动力机制的探索。在知识经济时代下，三螺旋理论对于区域经济增长和国家创新发展具有十分重要的意义。

第一节　提出背景

从起源来看，三螺旋理论最初来源于生物学结构研究。19 世纪 60 年代，美国化学家罗伯特·科里（Robert B. Corey）和莱纳斯·鲍林（Linus Pauling）发现 DNA 是由三条链环绕在一起形成的螺旋结构。在此之后，哈佛大学的遗传学家查德·莱万特（Chad Lewande）利用三螺旋模式对生物化学的转化进行了有效分析，他认为生物体的发育并不只是一个按照自身基因程序依次进行的固定过程，环境因素和分子之间的随机反应都需要考虑进去。莱万特反对基因决定论和环境决定论，他认为一个等待生物体去适应的"生态空间"是不存在的，离开了生物体的环境也是不存在的，而且生物体适应、选择、创造、改变生存环境的能力是与生俱来的。① 通过以三螺旋模式来比喻生物体、环境与基因三者之间的螺旋关系，他发现这三者之间并不是简单的因果关系，生物体通过在自然环境中改变外部形态来适应环境的发展，这不仅使其自身在自然环境的发展过程中不断变化，而且也会对外部环境产生一定的影响。

在一个与生物学结构研究不同的领域中，埃茨科威兹和雷德斯道夫引进三螺旋模式来分析大学、产业、政府三者之间的关系。特别是埃茨科威兹通过对麻省理工学院在新英格兰委员会中所起的作用的研究和对斯坦福大学创业型发展模式的分析，发现了大学、产业、政府三者之间良性互动的关系。大学-产业-政府三螺旋理论源于区域创新实践，它揭示了以知识为基础的区域持续创新的本质，引发了世界各国对区域增长新模式和新动力机制的探索。②

一　大学角色的转变

以经济发展为基础的新知识模式的出现、国际经济竞争的加剧以及冷战的结束，都促使大学的"象牙塔"角色受到质疑。大学与产业是两个相对独立且不同的机构范畴，大学正在逐渐承担以前主要属于产业的任务，产业也逐渐发挥出了以前主要属于大学的一些功能。③ 处于这两个机构范畴之间

---

① 参见方卫华《创新研究的三螺旋模型：概念、结构和公共政策含义》，《自然辩证法研究》2003 年第 11 期，第 69~72、78 页。

② H. Etzkowitz, "The Triple Helix of University-Industry-Government：Implications for Policy and Evaluation," in Working Paper, Sweden：Science Policy Institute, 2002.

③ H. Etzkowitz and L. Leydesdorff, "The Triple Helix—University-Industry-Government Relations：A Laboratory for Knowledge-Based Economic Development," *Easst Review*, Vol. 14, No. 1, 1995, pp. 14–19.

的政府机构的角色也正在朝着矛盾的方向变化：一方面为学术机构的科研提供激励措施；另一方面督促学术机构超越自身的传统职能，为创造财富做出更直接的贡献。同时，国际竞争的加剧、技术发展步伐的加快以及企业核心竞争力的提升，都使得企业更容易接受外部的创新。

在不断变化的背景下，大学越来越被视为国家和地区创新体系的参与者，不同机构范畴之间的界限被消除，并被一张关系网取代。[①] 学术机构通过分散知识产权管理和技术转让活动，逐渐将大学作为一个整体嵌入教师团体和产业对话者之间。但是，随着新组织的加入，旧的模式也在继续被利用，这在组织和角色之间造成复杂的相互作用，利益的冲突和聚集随之而来。随着大学获得工业的"影子"，工业界也承担了一些大学的价值观，包括分享和保护知识。企业内部的研究小组日益成为研究合资企业和长期战略联盟的重要组成部分，并积极地与政府实验室和大学研究小组聚集在一起，以便实现共同的战略目标。然而，在不同的学科、技术领域与工业部门中匹配和混合这些策略是另一种可能性，因为对特定领域的类型判断和干预水平具有更为重要的影响作用，所以这种战略需要大学、产业、政府共同提高制定合理的科技政策的能力。

从大学自身来看，从 19 世纪中叶开始，大学在承担教学使命的同时还承担科研使命，第一次大学革命便发生了。更大规模的大学的发展，尤其是研究型大学的发展，极大地激发了大学促进经济与社会发展的潜能。因此，当产业与商业机会出现在大学研究中时，大学便派生出促进区域经济与社会发展的第三使命，发生了第二次大学革命。正是这个第三使命使大学与产业、政府一起成为以知识为基础的社会的主要机构。[②]

二　创新体系的重构

大学-产业-政府三螺旋来源于过去的产业-政府双螺旋模式，即国家干

---

① H. Etzkowitz and L. Leydesdorff, eds., *Universities and the Global Knowledge Economy: A Triple Helix of University-Industry-Government Relations*, London: Printer, 1997.

② 张希胜：《大学推动创新型城市发展研究》，博士学位论文，同济大学，2008，第 44 页。

预主义模式和自由放任主义模式。这两种传统的社会组织模式都强调把某一个机构范畴放在首位，国家干预主义模式强调政府的协调作用，自由放任主义模式则强调作为经济与社会发展原动力的产业的推动作用。[①] 国家干预主义模式（见图 5-1）主要依靠由中央政府分层次连接起来的特殊组织，大学主要是远离产业的教育机构，公司和研究机构不能通过正式的渠道来安排事务，只有政府有能力和资源协调其他机构，且在带动以科学为基础的产业发展方面占有领导性地位。在自由放任主义模式（见图 5-2）中，大学主要是提供基础研究和培养合格人才的机构，产业只是从大学获得对自己有用的知识，并不期望能从中获得很多帮助，大公司之间也被禁止进行合作。

图 5-1　国家干预主义模式

资料来源：参见袁冬梅《三螺旋视角下"双一流"建设高校服务区域发展研究》，《教书育人》2022 年第 9 期，第 4~6 页。

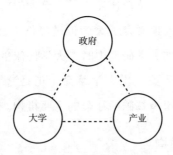

图 5-2　自由放任主义模式

资料来源：参见张文亚、丁三青《科技创新三螺旋模式中政府的适切功能与定位》，《科学管理研究》2021 年第 2 期，第 37~41 页。

---

① 〔美〕亨利·埃茨科威兹：《国家创新模式：大学、产业、政府"三螺旋"创新战略》，周春彦译，东方出版社，2014，第 8 页。

　　无论是在国家干预主义社会还是在自由放任主义社会，产业与政府的关系都倾向于保持现有的平衡而获得新的动力。① 以知识为基础的社会的出现，凸显了基于产业–政府双螺旋的社会里的一些旧的矛盾和冲突。在国家干预主义社会中，大学、产业、政府正在越来越疏远，在自由放任主义社会中三者则关系越来越密切，所以，三螺旋社会无疑是共同选择。大学–产业–政府三螺旋主要是加入大学这个新要素，通过三个机构范畴之间的相互作用形成新的创新组织和动力，这不仅是区域创新的概括总结，而且是创新理论的新发展。

　　随着知识的创造、传播以及从工业生产和政府管理的边缘移动到中心位置，"创新"的含义发生了根本的变化：从开发新产品、新工艺、新技术或者第一次商业应用扩展到了"创新的创新"，即积极重构和加强创新的组织安排，这些组织增加了知识在经济与社会发展中的应用，并构成新的创新体系。② 从创新的组织来看，这些组织安排的基本要素首先就是知识生产机构，其次是作为传统的创新主体的产业部门，这两者要在创新中发挥作用都离不开作为第三方的政府的强力支持。因此，大学、产业与政府成为创新组织安排的基本要素，它们之间通过相互作用所形成的新的组织安排和动力机制也成为三螺旋理论的核心推动力。

　　在以知识为基础的社会中，大学、产业与政府之间的良性互动既是创新的关键，也是经济增长和社会发展的不竭动力。现代社会，知识日益以科学研究为基础，创新日益以组织或机构范畴间的协作与合作为特征，创新活动需要大学、产业、政府三方共同参与，这使大学–产业–政府三螺旋相互作用成为创新系统运行的核心动力。③ 正如产业和政府曾经是工业社会主要机构一样，某些大学在 20 世纪也率先发展为社会主要机构，这也是以知识为

---

① 〔美〕亨利·埃茨科威兹：《国家创新模式：大学、产业、政府"三螺旋"创新战略》，周春彦译，东方出版社，2014，第 13 页。

② H. Etzkowitz, "Innovation in Innovation: The Triple Helix of University-Industry-Government Relations," *Social Science Information*, Vol. 42, No. 3, 2003, pp. 293–337.

③ 〔美〕亨利·埃茨科威兹：《国家创新模式：大学、产业、政府"三螺旋"创新战略》，周春彦译，东方出版社，2014，第 1 页。

基础的社会诞生的根本原因。随着知识技术的不断更新迭代，传统意义上的理论已经难以进行产业和政府地位的相关阐述，从而产生了不同主体相互合作的新理论。美国教授埃茨科威兹与荷兰教授雷德斯道夫在创新战略发展工作中先后纳入了三螺旋理论，促进大学、产业与政府的有效协调和发展。在20世纪末期，两人共同出版和发表了很多学术成果，如《大学与全球知识经济：大学-产业-政府关系的三螺旋》（*Universities and the Global Knowledge Economy：A Triple Helix of University-Industry-Government Relations*）、《大学-产业-政府三螺旋关系：知识经济发展的实验室》（The Triple Helix-University-Industry-Government Relations：A Laboratory for Knowledge-Based Economic Development），它们不仅在学术领域引起了广泛关注，而且标志着大学-产业-政府三螺旋理论的正式诞生。

第二节　基本观点

自大学-产业-政府三螺旋理论正式诞生后，它就被许多学者认为是进行创新研究的一种新范式。从根本上说，所谓的三螺旋就是一种创新模式，是指大学、产业、政府三方在创新过程中相互作用，同时每一方都保持自己的独特身份。三螺旋创新模式的要旨就是大学、产业、政府三个机构范畴中的每一个都能够表现出另外两个的一些能力，同时仍然保留着自己的独特身份和原有的功能。这种相互作用能够推动这些机构范畴中的每个螺线进一步获得彼此作用与合作的能力，从而支持在其他螺线里产生的创新，形成持续的创新流。[①]

一　三螺旋理论的逻辑依据

（一）三方机构范畴相互作用

大学、产业、政府之间的相互作用加强了三者之间的联系，使得每个机

[①] 〔美〕亨利·埃茨科威兹：《国家创新模式：大学、产业、政府"三螺旋"创新战略》，周春彦译，东方出版社，2014，第3页。

构范畴在保留原有的独立身份和核心使命的同时，还扩展了自身的功能。三螺旋理论产生于对不同社会中大学、产业、政府之间的关系以及政府在创新中发挥的不同作用的分析。随着知识在产品开发中的重要性日益提升，知识生产机构于创新而言也变得日益重要，创新元素的增加使得大学和政府成为创新过程中的重要主体。在以知识为基础的社会中，基于学术研究成果而创办的新公司的成长和以科学为基础的产业公司不断在靠近大学的地段落户发展是三螺旋关系的具体体现。

当三螺旋的螺线相互缠绕时，创新也呈现新的意义[①]。大学、产业、政府三方相互作用，当三条螺线相互交叉重叠时，在它们之间便产生了更多的相互作用，这些相互作用催生出新型的创新主体，比如孵化器、科技园、风险投资公司等。在自由放任三螺旋体制中，产业螺旋发挥主导作用，另外两根螺线主要起到支撑作用；在国家干预三螺旋体制中，政府成为主导螺线，另外两根螺线处于被控制的状态。在这些情况下，三根螺线的地位很少是平等的，但是在三方相互作用的三螺旋结构中，一根螺线可以代替另一根螺线发挥主导作用，从而成为主要的驱动力，此时原来起主导作用的螺线就成为支撑机构，大学、产业、政府三者都有可能发挥主导作用，三者之间通过相互作用实现动态平衡。这也是三螺旋理论的特别之处，它强调的是大学、产业、政府三方都可以成为创新主体，而不是强调某一个机构范畴。总而言之，三螺旋理论呈现大学、产业、政府三方之间相互作用与关系的变化。

（二）起着其他机构范畴的作用

走向三螺旋的第一步通常是合作，这主要通过相关机构范畴的传统作用来实现，发展的下一步是每个三螺旋参与者在完成自身的传统任务外，"都起着其他机构范畴的作用"，也就是这三方机构范畴自身的变化。在这些机构范畴中，每个参与者除了履行自身的传统义务外，还要发挥其他

---

① 大学、产业、政府三方相互作用，三条螺线交叉，这种情况下的创新是有新的意义的。一方面，更多新型的创新主体出现；另一方面，三方都能够成为创新主体，而不是局限于某一机构。

参与者的作用。如果在三螺旋参与者承担新任务时，核心机构已经实现了某一功能，那么参与者就成为次要机构，主要作用就是为这一功能的实现提供助力。

需要注意的是，当大学、产业、政府发挥另外机构的作用时，每个机构范畴仍要保持自己的独特身份和主要功能。比如，大学位于知识领域，其基本作用和核心使命是知识的储存和传播。因此，即使大学起到了产业和政府的一些作用，知识传播也仍是其需要担负的特殊使命。大学就是大学，不是企业，也不是政府，而是具有产业或政府的部分功能，在与产业或政府互动时，仍保持自己的独立身份和特征。① 同样，产业是物质资料的主要提供者，政府是社会运行的主要保证者，这二者在发挥其他机构的某些作用时，自身的基本作用仍然是其发挥其他机构范畴作用的基础。在参与知识资本化、引导新的大学研究与项目开发的时候，各机构范畴都"起其他机构范畴的作用"，除了参与创新活动外，还更好地实现各自的传统使命。每个机构范畴都更可能成为创新的创造性来源，从而支持其他螺线产生创造力。② 因此，大学在产业和政府的帮助下，超越了自身传统的教育和研究使命，为风险资本和孵化运动提供了支持。

（三）各机构范畴的共同进化

大学-产业-政府三螺旋关系中，各机构范畴的转变经常伴随着三者之间的共同进化，也就是各机构都重新调整自己朝着一个共同的方向转变的过程。这个过程可以通过共同变化发生，即两个或者多个机构范畴为实现共同目标而进行组织创新，此时同构是典型的直接发生的过程，而模仿是典型的间接发生的过程。实际上，同构和模仿是一个机构范畴影响另一个机构范畴的主要方式，都会导致相关机构范畴重构彼此。虽然在双螺旋或三螺旋关系中都可能发生直接关联，但是通过一个机构范畴间接地影响另一个机构范畴

① 周春彦、李海波、李星洲等：《国内外三螺旋研究的理论前沿与实践探索》，《科学与管理》2011年第4期，第21~27页。
② 〔美〕亨利·埃茨科威兹：《国家创新模式：大学、产业、政府"三螺旋"创新战略》，周春彦译，东方出版社，2014，第36页。

是三螺旋理论的特别之处。① 在美国，为了更容易接近各种知识产权来源，大学专门设立了技术转移办公室。当大学陆续建立起技术转移办公室时，技术转移能力的提高依赖的是模仿型发展模式：一方面，大学这一机构范畴内部产生的技术转移能力被引入产业范围内；另一方面，产业这一机构范畴也使技术转移办公室为整个大学范围内的研究人员提供产业内的对话者。另外，政府部门的研究资助办公室也发挥了类似的作用，它们甚至成立了政府研究委员会以便更好地与大学进行相互作用。

主要机构范畴从双螺旋向三螺旋的转变是对其本身作用和功能的超越过程，伴随着它与其他机构范畴的共同进化。第三个要素，即大学这一机构范畴的引入是时代的一个伟大变革，它以思想和技术的形式为基础，创造性地生产和传播知识。与悲观主义持有的大学将要衰落的观点相反，三螺旋理论认为大学增强了自己在社会中的作用，并把它的原有使命与新使命一起聚集到了生产关系中。

（四）机构范畴发展的动力

一般情况下，三螺旋创新机制始于大学、产业、政府三方努力形成彼此互惠关系的时候。在这个层次上，大学的学术发展状况、特殊的产业集群条件以及政府的管理控制力存在与否都影响着三螺旋的发展方向和进程。在三螺旋的合作层次上，三方相互作用，现有产业的绩效和能力的增强推动着地方经济发展。随着新知识、新技术生产地位的不断提高，三螺旋的发展情况也有所变化。在这个层次上，大学与其他知识生产机构变得越来越重要，成为基于智力资本的振兴旧经济或创造新经济的战略组成部分，这些智力资本包括来自大学、政府以及产业实验室的正式研发活动所生产的知识。三螺旋理论强调大学、产业、政府之间通过功能互补来加强相互作用，从而为创新发展提供动力。三方之间不是具有相似性质的机构范畴之间的合作，而是异质主体之间的互动，三方的互动和交流创造了持续创新的动力，提供了发展的动力机制。

---

① 〔美〕亨利·埃茨科威兹：《国家创新模式：大学、产业、政府"三螺旋"创新战略》，周春彦译，东方出版社，2014，第37页。

当新出现的知识注入现有产业时，当各种各样的新旧知识的整合成为公司形成的基础时，大学和其他知识生产机构成为创新体系的核心螺线。① 产业和政府机构范畴随后可能介入，并采取措施促进大学的发展，比如共同建立推动学术知识生产的研究中心。产业和政府的研究人员一般会加入这些研究中心，大学则主要通过合作从产业和政府获得更多的资源，从而强化其教学和科研的传统使命。各机构范畴通过相互联系和作用实现功能上的互补，三方之间的积极互动（不仅仅是合作）提供持续的创新流和发展动力，从而推动各机构范畴的共同发展。

二　三螺旋理论的核心观点

作为一个分析性的概念定义，三螺旋理论主要来源于大学、产业、政府三者之间的交流互动，三者之间彼此独立但是又相互依赖，三个主体之间的有效互动是社会创新发展的重要动力。三螺旋理论中的大学主要侧重于知识经济的发展，产业主要侧重于生产发展，政府则主要侧重于主体之间的相互交流。促使大学、产业、政府三个不同主体之间既保持一定的独立性，又实现三者之间的有效互动是三螺旋理论的关键。三螺旋理论的根本意义在于关注以知识为基础的社会，促进大学、产业、政府之间的战略合作，从而促进创新发展。由于三者之间的相互作用和联系，三螺旋中的每一个主体都可以产生一定的创新性，从而形成共同发展的新局面。

三螺旋理论的核心观点是在以知识为基础的社会中，大学、产业、政府三者之间的相互作用是改善创新条件的关键（见图5-3）。② 三方机构范畴均起着另外机构范畴的作用、各机构范畴的共同进化以及发展动力机制等也为社会的创新创造提供了最佳条件。大学、产业与政府是三螺旋中最重要最基本的组成：大学作为新知识和新技术的主要来源，是知识经济的生产力要素；

---

① 〔美〕亨利·埃茨科威兹：《国家创新模式：大学、产业、政府"三螺旋"创新战略》，周春彦译，东方出版社，2014，第45页。

② 〔美〕亨利·埃茨科威兹：《国家创新模式：大学、产业、政府"三螺旋"创新战略》，周春彦译，东方出版社，2014，第4页。

产业作为社会发展的引擎，为社会提供物质产品、资金支持以及各种服务；政府作为契约关系的来源，则主要确保大学和产业之间稳定的相互作用与交流。[①] 当三者之间在保持自己的独特身份并起到其他机构范畴的作用时，每个机构范畴的作用就都被放大了。比如，产业为了提高经营水平而对员工进行培训，这与大学有些相似，有些企业甚至还建立了自己的"大学"。

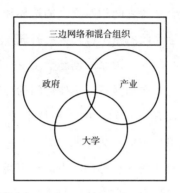

图 5-3　三螺旋创新模式和混合组织

资料来源：参见周倩、鞠法胜、庞振超《三螺旋模型理论发展和大学创新创业教育应用的适切性》，《教育与教学研究》2019 年第 11 期，第 69~84 页。

我们可以从以下几个方面对三螺旋理论的核心观点进行理解：一是三方机构范畴之间的边界方面，这三个组织机构除了履行传统职能外，各组织之间在互动的过程中还衍生出一系列新的职能[②]，三者的许多职能存在着交叉的情况，彼此之间的界限也是相对模糊的；二是三方机构范畴之间的地位方面，大学、产业、政府这三个组织之间是既相互独立又相互作用的，三者性质不同，功能互补，彼此之间是平等的合作关系；三是三方机构范畴之间的相互关系方面，实际上，三螺旋理论主要强调大学、产业、政府三者之间的协同创新关系，强调三个组织通过功能互补来相互作用，

---

① 徐涛、李璐：《基于三螺旋理论的科技企业孵化器创新工作思路》，《科学管理研究》2015年第 2 期，第 1~4 页。
② 边伟军、罗公利：《基于三螺旋模型的官产学合作创新机制与模式》，《科技管理研究》2009 年第 2 期，第 4~6、3 页。

113

形成创新动力，三方功能的互补和叠加推动着创新的螺旋上升；四是三方机构范畴之间的发展机制方面，主要是三个组织缠绕在一起，通过契约合作关系形成螺旋状的联动模式，实现各机构内部的有效发展，从而创造新的发展空间。①

可以说，三螺旋理论的核心观点是关注政产学之间的有效互动和融合，并强调大学、产业、政府三者之间相对模糊的边界和资源的循环流动。在三螺旋理论中，大学、产业、政府三个机构范畴打破了传统的组织边界，三者之间相互联系与合作，共同助力国家的创新活动。创新系统的核心是相互作用的网络和混合组织，主要在加强不同主体之间的沟通和资源整合方面发挥着重要作用，其表现形式有协同创新中心和技术转移办公室等。大学、产业、政府三个主体间的相互作用和交流加强了三者之间的联系，从而进一步推动三者协同，为国家的创新活动提供助力。作为新知识和新技术来源的大学，在推动大学、产业、政府三个主体之间协同创新的过程中，要充分发挥自身的优势，积极地与产业和政府合作，以便有效地开展各项创新活动，从而更好地推动知识经济时代下的国家创新发展。

第三节 批评与发展

一 对"三螺旋理论"的批评

虽然三螺旋理论关注到了大学在以知识为基础的经济发展中的作用，揭示了大学、产业、政府之间的相互作用和联系，被众多学者认为是进行创新研究的一种新范式，但是仍有学者对其持怀疑态度。

首先，三螺旋理论的怀疑者认为三螺旋是一个规范性的概念而非中性理论框架，并批评三螺旋模式缺乏坚实的理论基础。特里·希恩（Terry Shinn）

---

① 赵东霞、郭书男、周维：《国外大学科技园"官产学"协同创新模式比较研究——三螺旋理论的视角》，《中国高教研究》2016 年第 11 期，第 89~94 页。

指出三螺旋理论伴随着一个采取自组织和共同进化形式的理论框架，许多人对有关三螺旋理论的观点感到困惑。[①] 这可能与难以理解的理论内部术语有关，而且对三螺旋相关理论的不完全理解可能会阻碍对该模型及其内在可能性的全面理解。另外，有学者指出三螺旋理论缺乏坚实的微观基础，模型的模糊性使得理论与经验数据之间存在着一定程度的问题，里卡多·维亚莱（Riccardo Viale）和安德烈·波扎利（Andrea Pozzali）为了更深入地探索三螺旋理论的理论和经验基础，曾尝试从关注复杂自适应的文献中得出有用的建议。[②]

其次，三螺旋理论对实际问题的解释力有限。埃莉萨·朱利安尼（Elisa Giuliani）和瓦莱里娅·阿尔扎（Valeria Arza）主要通过研究来自智利和意大利的两个葡萄酒集群的数据，对"大学和产业之间的联系本身是有益的"这一假设提出质疑，他们认为由于知识传播潜力的不同，一些大学与产业的联系比其他联系更有价值，但有些并不尽如人意，并不是所有大学和产业之间的联系都是能够推动发展的。[③]

最后，三螺旋理论具有普遍化的趋势，它被广泛推广以适用于多样的发展环境和文化。本沃森（Benneworth）等人指出，如果三螺旋理论可以适用于所有的情况，那么就很难理解如何将它有区别地应用于不同的情况，从而可能会缺少一定的针对性和有效性。[④]

二 "三螺旋理论"的发展

中国学者方卫华于 2003 年在其文章《创新研究的三螺旋模型：概念、结构和公共政策含义》中，较为系统地介绍了三螺旋概念的起源和三螺旋

[①] T. Shinn, "The Triple Helix and New Production of Knowledge: Prepackaged Thinking on Science and Technology," *Social Studies of Science*, Vol. 32, No. 4, 2002, pp. 599-614.

[②] R. Viale and A. Pozzali, "Complex Adaptive Systems and the Evolutionary Triple Helix," *Critical Sociology*, Vol. 36, No. 4, 2010, pp. 575-594.

[③] E. Giuliani and V. Arza, "What Drives the Formation of 'Valuable' University-Industry Linkages? Insights from the Wine Industry," *Research Policy*, Vol. 38, No. 6, 2009, pp. 906-921.

[④] Benneworth, H. L. Smith and S. Bagchi-Sen, "Introduction," *Industry and Higher Education*, Vol. 29, No. 1, 2015, pp. 5-10.

理论发展过程中的主要事件,指出埃茨科威兹和雷德斯道夫在提出三螺旋理论后,还积极介绍和宣传三螺旋理论,特别是举行了多次国际学术研讨会议,在国际上产生了很大影响①,这就是延续至今的三螺旋国际会议。历届三螺旋国际会议的召开使得三螺旋理论随着时代的步伐不断发展,具体如表5-1所示。

表5-1 历届三螺旋国际会议一览

会议名称	会议时间	会议地点	会议主题
第一届三螺旋国际会议(Triple Helix Ⅰ)	1996 年	阿姆斯特丹(Amsterdam)	大学-产业-政府关系的概念框架
第二届三螺旋国际会议(Triple Helix Ⅱ)	1998 年	纽约(New York)	在大学-产业-政府关系研究中的未来落脚点
第三届三螺旋国际会议(Triple Helix Ⅲ)	2000 年	里约热内卢(Rio de Janeiro)	无尽的转变——社会、经济以及科学发展之间的关系
第四届三螺旋国际会议(Triple Helix Ⅳ)	2002 年	哥本哈根(Copenhagen)	突破边界架金桥——打破大学、产业以及社会的边界
第五届三螺旋国际会议(Triple Helix Ⅴ)	2005 年	都灵(Turin)	知识资本化
第六届三螺旋国际会议(Triple Helix Ⅵ)	2007 年	新加坡(Singapore)	创业型大学和大学的未来——区域多样性还是全球聚敛性
第七届三螺旋国际会议(Triple Helix Ⅶ)	2009 年	格拉斯哥(Glasgow)	三螺旋在全球创新议程中的作用:竞争力和可持续性
第八届三螺旋国际会议(Triple Helix Ⅷ)	2010 年	马德里(Madrid)	在知识城市发展、扩大社区和连接区域中的三螺旋
第九届三螺旋国际会议(Triple Helix Ⅸ)	2011 年	硅谷(Silicon Valley)	硅谷:全球模式还是独特的异常?
第十届三螺旋国际会议(Triple Helix Ⅹ)	2012 年	万隆(Bandung)	发展中国家新兴的三螺旋模型:从概念化到实施
第十一届三螺旋国际会议(Triple Helix Ⅺ)	2013 年	伦敦(London)	全球变化背景下的三螺旋:继续、突变还是解体?

---

① 方卫华:《创新研究的三螺旋模型:概念、结构和公共政策含义》,《自然辩证法研究》2003 年第 11 期,第 69~72、78 页。

续表

会议名称	会议时间	会议地点	会议主题
第十二届三螺旋国际会议（Triple Helix XII）	2014 年	托木斯克（Tomsk）	三螺旋和基于创新的经济增长：新的前沿和解决方案
第十三届三螺旋国际会议（Triple Helix XIII）	2015 年	北京（Beijing）	大学-产业-政府三螺旋模型——服务于正在崛起的发展中国家
第十四届三螺旋国际会议（Triple Helix XIV）	2016 年	海德堡（Heidelberg）	创新的三螺旋模型：应对危机时代的生态系统挑战
第十五届三螺旋国际会议（Triple Helix XV）	2017 年	大邱（Daegu）	第四次工业革命（工业4.0）、设计思维和三螺旋
第十六届三螺旋国际会议（Triple Helix XVI）	2018 年	曼彻斯特（Manchester）	三螺旋与超越——一个新的时代
第十七届三螺旋国际会议（Triple Helix XVII）	2019 年	开普敦（Cape Town）	三螺旋——变革的催化剂
第十八届三螺旋国际会议（Triple Helix XVIII）	2020 年	坦佩雷（Tampere）	创新的未来和未来的创新
第十九届三螺旋国际会议（Triple Helix XIX）	2021 年	圣保罗（St. Paul）	为可持续世界的创新：为子孙后代改善世界的科学技术
第二十届三螺旋国际会议（Triple Helix XX）	2022 年	佛罗伦萨（Firenze）	管理新的和传统的伙伴关系以促进大流行后世界的创新的发展
第二十一届三螺旋国际会议（Triple Helix XXI）	2023 年	巴塞罗那（Barcelona）	指向可持续发展的企业家和参与式大学

资料来源：https：//www.triplehelixassociation.org。

从 1996 年第一届三螺旋国际会议在阿姆斯特丹召开，到 2023 年第二十一届三螺旋国际会议在拉萨尔举办，参会者具有经济学、社会学、工程学等不同学科专业背景，遍布商业界、教育界、政界的各国人士共同讨论三螺旋理论和实践的相关问题。这不仅说明了三螺旋理论具有普遍的指导作用，而且促使三螺旋理论接受来自不同学科和不同行业应用的挑战，从而不断完善自身的理论体系，紧跟时代发展的步伐，更好地服务于社会发展，为推动社会进步助力。

（一）双三螺旋：创新和可持续

自1996年以来，三螺旋国际会议在不同的国家召开，吸引了来自世界各地的专家学者。大学研究人员、创业实践者与政府政策制定者分别代表大学、产业和政府三方，他们共同探讨各种各样的问题，包括与技术创新相关的知识产权问题、人力资本问题以及金融与社会资本问题等。2002年，在丹麦哥本哈根召开的第四届三螺旋国际会议上产生了一个争论：三螺旋能否被扩展为四螺旋。这个争论在2005年意大利的都灵会议上达到高潮，多种因素被提出作为第四螺旋，比如劳动力、风险资本、公众和非正式部分等。[①]

事实上，对是否应该引入第四个螺旋一直存在着激烈的争论。中国学者周春彦和美国学者埃茨科威兹认为劳动力和风险资本可以纳入创新三螺旋的支撑结构，但公众则需另当别论，因为公众可能积极地支持创新活动的开展，也可能因创新所带来的负面影响而反对和限制创新。无论如何，第四螺旋的引入都可能导致原有的三方相互作用的模式失去它的系统动力，所以需要一个能够包含公众这一因素的更完善的模型。因此，作为创新三螺旋的补充，他们提出了大学-公众-政府可持续发展三螺旋，以在保持三螺旋动力的同时将公众因素纳入社会创新系统中。[②]

大学-产业-政府创新三螺旋的主题是，在知识经济与社会中大学正在由社会的次要机构发展为社会的主要机构，它日益成为知识社会中跨越式创新的关键中枢，并将同公司一样成为未来经济和社会发展的重要源泉。大学、产业、政府之间的相互作用催生了跨学科研究中心、风险资本、创业孵化基地等，对于创新流动而言，这些组织创新和技术进步同样重要。此外，大学、产业、政府每个机构范畴在创新过程中除保持自身的特有作用外，还可以起其他机构范畴的作用，这三个机构范畴相互作用，形成彼此重叠的区

---

① 〔美〕亨利·埃茨科威兹：《国家创新模式：大学、产业、政府"三螺旋"创新战略》，周春彦译，东方出版社，2014，第17页。

② 周春彦、〔美〕亨利·埃茨科威兹：《双三螺旋：创新与可持续发展》，《东北大学学报》（社会科学版）2006年第3期，第170~174页。

域，即三螺旋区域。① 可持续发展理论的提出可以追溯到《寂静的春天》一书的诞生，作者蕾切尔·卡逊（Rachel Carson）认为经济与社会的发展不应该对自然环境造成破坏，人与自然的发展应当是协调的。"可持续发展"这个概念最初用于自然资源枯竭问题，之后则被扩展到经济发展、环境、食物生产以及社会组织问题中。将创新和可持续发展两个维度同时纳入经济与社会发展框架当中，不仅能保证发展，而且能保证人类、自然与社会可持续地和谐发展。

在创新三螺旋中，大学、产业、政府合作实现区域和国家层次上的创新，形成彼此互惠关系，周春彦与埃茨科威兹认为第四螺旋想法的缺陷在于无法像三螺旋模式那样形成相对稳定的系统及动力，所以提出了大学-公众-政府三螺旋（阴三螺旋），与大学-产业-政府三螺旋（阳三螺旋）一起形成阴阳双三螺旋（见图5-4）。大学、产业、政府之间的关系是以互惠原则为基础建立的，集中反映了科学技术发展和创新对自然与社会的正面影响，但出于实现利益最大化的目的，它不能反映科学技术发展的负面影响。② 随着科学技术发展带来的社会问题日益增多，公众在社会创新过程中开始起监督和约束的作用，其目的是提高生活质量，而不仅仅是提高物质生活水平。因而，大学-公众-政府三螺旋应运而生，并在创新和可持续发展之间进行平衡。

在创新三螺旋中，大学、产业、政府三个机构范畴相互作用，共同实现创新目标，其中的任何一个都可以作为创新主体，发挥主导作用。③ 大学-产业-政府三螺旋是指向推进创新的，而大学-公众-政府三螺旋却是指向抑制创新的，两者之间存在一定的张力或价值冲突。两个三螺旋彼此互补，形成社会再生产和转化的机制。阳三螺旋体现了大学、产业、政府之间不同形

---

① 周春彦、〔美〕亨利·埃茨科威兹：《双三螺旋：创新与可持续发展》，《东北大学学报》（社会科学版）2006年第3期，第170~174页。

② 周春彦、〔美〕亨利·埃茨科威兹：《双三螺旋：创新与可持续发展》，《东北大学学报》（社会科学版）2006年第3期，第170~174页。

③ 〔美〕亨利·埃茨科威兹：《国家创新模式：大学、产业、政府"三螺旋"创新战略》，周春彦译，东方出版社，2014，第19页。

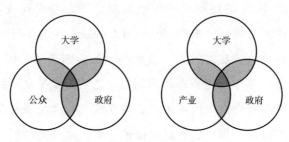

图 5-4　阴阳双三螺旋

资料来源：参见周春彦、〔美〕亨利·埃茨科威兹《双三螺旋：创新与可持续发展》，《东北大学学报》（社会科学版）2006年第3期，第170～174页。

式的合作创新，而阴三螺旋体现了对科技创新的争议和怀疑。两个三螺旋一起运行，大学-产业-政府三螺旋旨在促进创新和经济发展，而大学-公众-政府三螺旋则作为一个平衡轮，确保创新和发展能够以不损害人类生存环境与健康的方式进行。当这两个三螺旋处于非和谐的状态时，便突出了大学-公众-政府三螺旋的作用，此时公众作为主体推动螺旋的形成和进化，推动大学和政府治理或预防可能出现的科技负面影响，大学作为论据提供者支持公众，而政府则通过完善法规对产业行为进行约束。

值得注意的是，周春彦和埃茨科威兹还指出，在每个三螺旋中，都有一个主要的价值取向。创新三螺旋的价值取向是生产利益最大化，而可持续发展三螺旋的价值取向则在于抑制单纯地追求利益最大化。然而，这两个三螺旋都涉及大学与政府两个机构范围，这两个机构范围会在两个螺旋之间起平衡作用，促使它们形成相对稳定的菱形，表面看来似乎存在着一个第四螺旋，但事实上是两个三螺旋协同作用的结果。[①]

（二）四螺旋模式

随着经济全球化的不断发展，单个创新主体已经不能满足社会资源有效整合和创新能力有效提升的需要，协同创新逐渐成为创新活动的主流形

———————

① 〔美〕亨利·埃茨科威兹：《国家创新模式：大学、产业、政府"三螺旋"创新战略》，周春彦译，东方出版社，2014，第21页。

式。不同创新主体通过相互协调和合作，有效地实现协同效应。中国自"2011计划"实施以来，国家对传统"产学研"协同创新基础上发展而来的政府、产业、大学、研究机构和资本部门等多主体协同创新给予了越来越多的关注。要构建具有创造力的国家创新生态系统，必须依靠多元创新主体的全面协同，在创新生态系统内部打造知识生产、传播、利用的协同网络，以实现国家创新驱动发展的战略目标。随着研究的不断深入，学者们日益关注政、产、学、研、资之间的相互渗透，积极地探究与分析这些主体之间的互动和协同关系。资本部门作为《中华人民共和国促进科技成果转化法》（2015年修订）中重点强调的主体之一，其在多元主体协同创新中发挥的作用越来越明显，传统"产学研"和三螺旋理论强调资本部门的加入，使得构成协同创新系统有一定的必要性。中国学者吴卫红、陈高翔、张爱美指出，虽然三螺旋理论为多元主体协同创新提供了一种很好的研究范式，但其发展尚处于起步阶段，且传统三螺旋理论局限于大学、产业和政府三大主体，并没有将更多的主体纳入进来，忽视了创新系统的多元性特征。我国学者周春彦和美国学者埃茨科威兹曾在传统大学-产业-政府三螺旋的基础上，共同提出了包含"公众"主体的"双三螺旋"，并分别将其称为创新三螺旋和可持续发展三螺旋。吴卫红等人认为尽管周春彦和埃茨科威兹并未在双三螺旋中直接提出四螺旋的概念，但却指出了双三螺旋相互作用的实质就是四螺旋。[①] 因此，吴卫红等人借助三螺旋理论的特点和优势，将政府、产业、大学和研究机构、资本部门四个机构范畴融入三螺旋，从而形成四螺旋，并在范式框架下对多主体间协同创新合作的程度现状和发展态势进行研究，为多主体协同创新的更深层次和更多样化合作与发展提供一定的借鉴。

国外学者卡拉扬尼斯和坎贝尔认为，知识的创造、传播和使用过程变得日益复杂、动态化以及非线性，由此驱动的全球化将系统、网络和创新部门

---

① 吴卫红、陈高翔、张爱美：《互信息视角的政产学研资协同创新四螺旋实证研究》，《科技进步与对策》2018年第6期，第21~28页。

融合在一起，从而推动人们进行重新概念化。① 因此，卡拉扬尼斯和坎贝尔提出了包含创新网络和知识集群的知识创造、传播和使用的"模式 3"系统方法，它允许并强调不同知识和创新范式的共同存在和共同发展：知识体系的竞争力和优先性在很大程度上取决于其通过共同进化、共同专业化和共同竞争来进行不同知识和创新模式的整合的能力，是一种多边、多节点、多模式和多层次的系统方法，也是以塑造知识共同进化的社会经济、政治、科技以及文化条件为基础的系统理论视角。② 三螺旋理论对大学、产业、政府关系的螺旋动力进行了有力的描述和解释，这推动了全球知识经济和社会中的知识创新与发展，但是卡拉扬尼斯和坎贝尔指出，传统的三螺旋创新模式倾向于讨论大学、产业、政府三者之间的关系。作为对三螺旋理论的发展，卡拉扬尼斯和坎贝尔提出了四螺旋，他们将基于媒体和文化的公众作为第四个螺旋，这一螺旋与媒体、价值观、生活方式、艺术和创造力等方面紧密联系。将基于媒体和文化的公众和市民社会作为第四个螺旋具有一定的合理性：一方面，公众正在被媒体和媒体系统构建和表达；另一方面，公众也在被文化和价值影响。知识和创新政策应该倾向于反映基于媒体的民主的动力，特别是当假定传统的经济政策逐渐部分转化为创新政策，利用知识促进经济发展，从而将政治制度和经济联系起来时，创新政策应该通过媒体向公众传达其目标和理由，以寻求合法性和正当性。埃茨科威兹和雷德斯道夫在他们的引述中强调三螺旋应该有助于显示出社会结构的模式，这也为将基于媒体和文化的公众作为第四个螺旋提供了一个有用的分析工具和额外视角。卡拉扬尼斯和坎贝尔提出的四螺旋强调了要整合基于媒体和文化的公众的观

---

① Elias G. Carayannis, David F. J. Campbell, "Triple Helix, Quadruple Helix and Quintuple Helix and How Do Knowledge, Innovation and the Environment Relate to Each Other?: A Proposed Framework for a Trans-disciplinary Analysis of Sustainable Development and Social Ecology," *International Journal of Social Ecology and Sustainable Development* (*IJSESD*), Vol. 1, No. 1, 2010.

② E. G. Carayannis and D. F. J. Campbell, " 'Mode 3' and 'Quadruple Helix': Toward a 21st Century Fractal Innovation Ecosystem," *International Journal of Technology Management*, Vol. 46, Nos. 3-4, 2009, pp. 201-234.

点，推动了新兴的知识和创新生态系统的发展，为知识经济和社会发展做了充分准备。

荷兰的雷德斯道夫教授认为财富创造、知识生产和规范控制之间的整合发生在组织层面，而政治话语、市场交流和知识生产中的学术交流往往在全球范围内有所不同。他提出三螺旋的隐喻或多或少地表现出了将三螺旋扩展到三个以上螺旋的建议，并认为可以设想 N 螺旋或者二十个以上的螺旋字母表。[①] 他在对三螺旋理论的发展研究中提出了相似的四螺旋理论，认同把国际化加入原有的三螺旋理论中形成新的四螺旋理论，且随着全球化的进一步发展，人们可以期待国际与国家层面的相关性越来越大。

除此之外，国外学者马林·林德伯格（Malin Lindberg）等人指出性别差距在创业活动中普遍存在，通过分析如何将性别规范引入三螺旋创新系统，他们确定了非政府组织在四螺旋概念化中的作用。[②] 安妮·马科维奇（Anne Marcovich）和希恩基于许多国家的经济、文化、组织以及意识形态的变化，将社会纳入三螺旋关系中，此处的社会概念指的是人群、机构和知识之间的互动。[③] 另外，在经验应用中，消费者、用户以及社区等也被国外学者确定为第四个螺旋，从而在三螺旋理论的基础上形成四螺旋理论。[④]

（三）五螺旋结构

产教融合是一种现代职业教育模式，我国学者王伟丽和王平根据国内产教深度融合的现状，发现起主导作用的是政府螺线，职业院校和企业螺线始终处于被动地位，学生的最终需求和作用也往往被忽略。他们指出，学生是

---

① Loet Leydesdorff, "The Triple Helix, Quadruple Helix, ..., and an N-Tuple of Helices：Explanatory Models for Analyzing the Knowledge-Based Economy?" *Journal of the Knowledge Economy*, Vol. 3, No. 1, 2012, pp. 25-35.

② M. Lindberg, M. Lindgren and J. Packendorff, "Quadruple Helix as a Way to Bridge the Gender Gap in Entrepreneurship：The Case of an Innovation System Project in the Baltic Sea Region," *Journal of the Knowledge Economy*, Vol. 5, No. 1, 2014, pp. 94-113.

③ A. Marcovich and T. Shinn, "From the Triple Helix to a Quadruple Helix? The Case of Dip-Pen Nanolithography," *Minerva*, Vol. 49, No. 2, 2011, pp. 175-190.

④ Yuzhuo Cai and Henry Etzkowitz, "Theorizing the Triple Helix Model：Past, Present, and Future," *Triple Helix Journal*, Vol. 6, No. 1, 2020, pp. 1-38.

现代职业教育体制中不可或缺的主体，社会作为一个产教深度融合机制的监督者和最终的接纳体，也是不容忽视的，二者在产教深度融合机制中起到非常重要的作用，却基本游离在三螺旋之外。因此，消除相应的推广机制障碍，对三螺旋理论进行借鉴，可进行"五螺旋深度的产教融合模式"的构建，确保现代职业教育在深度的产教融合机制中获得最大化的效益。在创建的产教深度融合新机制中，政府、职业院校、企业、学生、社会五大主体都融入深度的产教融合模式中，合成一股力量，呈螺旋式发展，将现代职业教育的长效发展当作纽带，五者互相渗透，彼此重叠，在现代的职业教育中充分将互动作用发挥出来，确保现代职业教育在深度的产教融合机制中获得最大化的效益。政府在企业与职业院校建立合作关系方面起到了一定的推动作用，并提供了相应的法律保障环境和政策支持以及另外一些便利服务；职业院校可传播知识技能，需要以市场发展需求为引领，将深度的产教融合视作导向，从而培养适应现代产业发展需求的技能型人才和高素质人才；在技术创新改革这一过程中，企业参与其中，不仅有利于社会与职业院校的良性互动，而且能高效培养技能人才，进而为社会提供更优质的服务；深度产教融合下的核心和重点是学生，需让学生掌握职业规则，遵循社会规范，掌握一些基本技能，并充分地融入社会中，同时要给每位学生创造平等的机会，提供发展空间；社会参与到产教深度融合机制中，既能对产教深度融合机制起到良好的监督作用，又能通过社会来检验产教深度融合的实施效果，从而保证产教深度融合机制更好地融入现代职业教育中，更好地服务于现代职业教育。积极构建政府-职业院校-企业-学生-社会五螺旋的发展模式，有助于"政府主导，社会监督，学校主体，企业参与，学生受益"的产教深度融合的职业教育发展格局的形成。①

　　国外学者卡拉扬尼斯等人指出，全球变暖是一个重要的生态问题，它关系到我们所有人并会对全球知识经济和社会产生影响，所以，人类应该对此

---

① 王伟丽、王平：《基于五螺旋结构的产教深度融合新机制的创建》，《现代职业教育》2017年第10期，第86页。

负责任地思考和采取行动，并确定可持续发展的应对方案。他们认为在当前的学术讨论中，只有通过利用人类的知识资产，才能找到应对全球变暖挑战的解决方案这一点是无可争议的，且成功的关键在于使用与五螺旋相对应的新创造的且可获得的知识。五螺旋侧重于特定国家或者民族国家系统内部的社会交流和知识转移，所以可以通过应用知识和专有技术来应对全球变暖的挑战。① 卡拉扬尼斯等人认为埃茨科威兹和雷德斯道夫设计的三螺旋重点关注大学、产业、政府的关系，他们此前提出的四螺旋融合了基于媒体和文化的公众视角，而五螺旋最终是在自然环境的背景下构建知识和创新环境，且五螺旋是多学科和跨学科的，五螺旋结构的复杂性意味着对所有螺旋的全面分析理解需要整个学科范围的持续参与。因此，卡拉扬尼斯等人主张在四螺旋的基础上加入自然环境，从而形成五螺旋，并建立一个跨学科的分析框架，将知识优势、创新以及自然环境联系起来，介绍五螺旋的结构。五螺旋可以通过教育系统、经济系统、自然环境、基于媒体和文化的公众以及政治系统五个螺旋将一个国家的集体互动和知识交流可视化。五螺旋代表了理论与实践上的契合模型，给社会提供了一个了解知识与创新的联系的理论，以促进社会的可持续发展。它还强调了社会自然环境的社会生态学视角，其中社会生态学注重社会与自然的相互作用、共同发展和共同进化。随着自然环境螺旋的纳入，可持续发展和社会生态学成为社会创新和知识生产的重要组成部分，五螺旋的目标是将自然环境作为知识和创新模型的子系统，从而使自然环境成为知识生产和创新的中心和等效组成。卡拉扬尼斯等人构建的五螺旋结构提供了一个或多个有效的分析框架，一方面可以将知识、创新与自然环境联系在一起，另一方面也解决并整合了社会生态学的特征。全面理解卡拉扬尼斯提出的五螺旋，要认识到知识生产、知识使用以及知识创新必须在环境中或者经由社会的自然环境，因此五螺旋可以解释为一种符合可持续发展的方法和社会生态，且"生态创新"和"生态创业"应该按照可持续

---

① E. G. Carayannis, T. D. Barth and D. F. J. Campbell, "The Quintuple Helix Innovation Model: Global Warming As a Challenge and Driver for Innovation," *Journal of Innovation and Entrepreneurship*, Vol. 1, No. 1, 2012, pp. 1-12.

发展的方式处理才会更有利于广泛地理解知识和创新。

大学-产业-政府三螺旋理论自提出后便受到广泛的关注，历届三螺旋国际会议的召开以及专家学者们的研究极大地促进了三螺旋理论的发展，双三螺旋、四螺旋与五螺旋的提出不仅深化了三螺旋理论的发展研究，而且为三螺旋理论的发展注入了活力。

三螺旋理论的主要提出者雷德斯道夫曾指出，三螺旋理论会受到螺旋增值的影响，出现第四螺旋，甚至第五螺旋，从而朝着 N 螺旋的方向发展。于我国而言，我们已经基本理解和把握了三螺旋理论的内核，且能够将其应用到学科建设、人才培养、地区经济发展等方面。因此，更重要的是在探索出适合我国的三螺旋模式的基础上，发展具有中国特色的 N 螺旋。

第六章
大学遗传环境论

　　"一个需要理论而且一定能够产生理论的时代，一个需要思想而且一定能够产生思想的时代。我们不能辜负了这个时代。"[①]二战以后，世界各国高等教育发展迅猛，与此同时，关于高等教育的学术研究不断丰富，一大批理论成果相继产生。阿什比首次提出的"大学遗传环境论"是其中的代表之一，大学遗传环境论以"大学移植观"为基本理论基础，阿什比首次将与生态学有关的理论知识应用于高等教育领域，对大学发展的科学规律和高等教育发展模式进行了详细阐述。阿什比的大学遗传环境论为其后"科技人文主义"教育思想的提出和发展奠定了基础。

第一节　提出背景

一　社会经济发展促进高等教育理论研究的丰富

　　20 世纪 80 年代，世界格局发生重大变化，美苏两个超级大国的关系发生变化，开始由对抗逐渐走向缓和，社会经济发展趋向稳定，工业技术革命对社会经济发展影响深刻，各国之间关于人才的较量更加激烈。大学作为负责培养经济增长和技术改进所需要人才的主要场所，经历了欧洲中世纪大学

[①]　本报评论员：《这是需要理论且能产生理论的时代——新中国 70 年巨变的内在逻辑》，《人民日报》2019 年 7 月 19 日，第 5 版。

类似的发展历程，从被视为可有可无的社会附属品，转变成为影响国家甚至世界格局的重要学术机构。但是，伴随经济社会发展迫使大学扩张的压力，人们对科学技术造福人类的信心产生一种危机意识。比如，从 1870 年到 1970 年的百年间，美国高等学校的入学人数与以往相比大量增加，大约每 15 年就增加一倍，高等教育经费也不断增加，美国高等教育规划主管部门将美国国民生产总值的 3%作为支持美国高等教育普及化发展的经费，但人们广泛指责有些大学培养出来的人才不能适应经济增长或物质生活水平提高的需求，甚至还起相反作用。一部分传统主义者更希望大学一直保持原有的状态不变，而激进主义者则对大学的发展和变革有强烈要求。那么，大学自身应该如何做出选择？在选择变化的情况下该如何变化？大学必须对社会变化做出回应吗？一系列问题随着人们对世界发展规律的认识而改变，从发展的"无止境论"到发展的"稳定论"不仅仅是发展规律的转变，也是大学发展模式的转变，以及大学必然要经历的抉择。大学急于改革以尽它新的职责和增强对不断变化的社会的适应性，但这些改革可能只是权宜之计，更需要的是更有深远意义、更具价值性的变革。

在这样的背景下，关于高等教育的相关研究也大量增加，一批既有任职大学校长的经历也担任国家级教育机构负责人的学者，比如阿什比、克尔、欧内斯特·博耶（Ernest L. Boyer）和肯尼迪等人，从高等教育的学科进路和实践经验出发，对大学如何在遵循内在逻辑发展的情况下，主动进行变革，而并非在外来势力下强制变革给出了不同视角的诠释，形成了一批关于高等教育发展的理论。他们结合自身经历和实践，以更加宏观和开阔的视角，打破过去研究领域囿于高等教育本身观察和分析的局限，开始逐步扩展到高等教育在整个社会发展进程中的宏观演变，对高等教育理论的进一步深化产生了重要影响。

二　阿什比的个人经历为理论产生奠定了基础

1904 年出生于英国伦敦雷顿斯通（Leytonstone）的阿什比，有着丰富的工作经历，按照不同阶段从事的职业性质的不同，其经历大致可以分为三个阶段。第一阶段为 1926 年至 1950 年，阿什比以研究植物学开始职业生涯，研究集中在生态学领域，主要方向是植物与环境问题。1926 年到 1929 年的三年时间里，阿什比的身份是伦敦大学和英国皇家科学院的普通研究人员；1931 年至 1937 年，他从一名普通讲师晋升为英国布里斯托大学的高级讲师，在植物学领域有所建树；1938 年，阿什比到澳大利亚悉尼大学任生物学教授；1946 年，他又同时在英国曼彻斯特大学任教，担任植物学讲座教授和实验室主任。在此期间他撰写了《环境与植物生长》（1931 年）、《英德植物学术语》（1938 年）等一系列植物学领域的著作。除此之外，他还积极参与一些政府机构和英联邦国家学术机构的决策，比如 1940 年至 1942 年，他在澳大利亚国家调查委员会任职，担任主席一职，1942 年至 1943 年，又担任英国科学联络部主任，主要工作是管理与大学研究相关的政府服务基金。

第二阶段为 1950 年至 1970 年，阿什比开始从植物学领域转向高等教育领域，这与他担任一系列教育管理方面的职务有关。1950 年，他来到北爱尔兰贝尔法斯特女王大学，担任副校长一职；1959 年，又来到英国剑桥大学，在当时最古老的学院之一——克莱尔学院担任院长一职。1953 年至 1954 年，他成为英国成人教育委员会成员，1959 年至 1961 年，担任英联邦大学联合会副主席，1963 年担任英国科学进步协会主席。除此之外，他还是英国大学拨款委员会（1959~1967 年）、联邦奖学金委员会（1960~1963 年）、联邦基金评议委员会（1963~1968 年）、皇家协会理事会（1964~1965 年）、东方与非洲研究院管理委员会（1965~1970 年）等多个委员会的成员。1967 年，他还担任剑桥大学副校长一职。

第三阶段为 1970 年至 1992 年，阿什比从高等教育领域又重新回到环境科学领域进行研究，在此期间他撰写了一系列著作，包括《人与环境的协调》（1978 年）、《新森林中的秘密生活》（1989 年）等，为英国生物环境的发展做出了巨大贡献。

为表彰其取得的杰出成就，1956 年英国政府授予阿什比爵位，1973 年又封其为终身贵族。阿什比成为美国文理学院外国荣誉成员，先后共获得了 22 个国内外荣誉学位。

阿什比既有生物学领域的研究经历，也有高等教育领域的任职经历，两个领域的工作经历促进了其高等教育生态学思想的生成，也为后人研究其教育理论的逻辑基础提供了条件。在英国，政府很少过问大学的基本事务，大学的自治权比较充分，虽然二战后英国在内阁中设置了专门的教育和科学部，但对大学的事务管理仍然比较少。1919 年，英国财政部设立大学教育经费评议会，其主要负责对大学的补助金进行合理分配，用以协助大学教学和科研工作的开展，这才是对英国高等教育在真正意义上具有影响力的机构。阿什比在该委员会任职八年之久，对于英国大学深有理解，再加上生物学和高等教育的双重研究背景，阿什比创新思维方式，尝试用比较生态学的方法进行研究，致力于对世界高等教育的发展变化进行阐释，由此提出了一系列观点，出版了一系列著作。由剑桥大学出版社出版的《大学的社区》（*Community of Universities*，1963）、由伦敦魏登菲与尼寇森（Weidenfeld and Nicolson）出版社出版的《英国、印度和非洲的大学：高等教育生态学研究》、由纽约麦格劳-希尔（McGraw-Hill）出版社出版的《任何个人致力任何学习》（*Any Person，Any Study*，1971）、由伦敦约瑟-巴斯出版社（Jossey-Bass Publishers）出版的《科技发达时代的大学教育》（*Adapting Universities to a Technological Society*，1974 年）等，都是关于高等教育研究的专著。再加上阿什比当时在世界驰名学府剑桥大学任副校长一职（校长是荣誉职，副校长才是真正掌权的校长），作为这所历史悠久的著名大学的领导者，他在英国高等教育界也有一定的地位和发言权，因此，阿什比关于高等教育的言论、主张和著作，不仅在英国高等教育领域受到重视，在国外也受到高度重视。

第二节　基本观点

《科技发达时代的大学教育》是世界高等教育学领域的经典著作，阿什比自言，从某种意义上来说，这本书是他的自传的一个片段，是一个行政管理人员日常工作的"副产品"。全书共十章，第一章主要论19世纪大学的理想，原稿用德文写作，是阿什比1967年在柏林做皇家学术报告时使用的。该书开宗明义地指出："大学是继承西方文化的机构，它保存、传播和丰富了人类的文化，它像动物和植物一样地向前进化，所以任何类型的大学都是遗传与环境的产物。"① 阿什比创新性地从生物进化的角度来审视大学发展一般规律，并据此提出了具有生态学特色的大学遗传环境论。

一　溯源：大学移植观的提出

任何理论或科学结论都有自身发展的特点，体现着自身理论逻辑的延续与发展。早在1966年，在纽约一家著名公司的大力资助下，阿什比和他的一些同事对印度和非洲进行了跨越12年的多次访问，并实地考察收集了大量一手资料，在此基础上，他与历史学家玛丽·安德森（Mary Anderson）紧密合作，以高等教育生态学为研究方向完成了自己的专著——《英国、印度和非洲的大学：高等教育生态学研究》，也正是在这本书中，阿什比提到大学移植观，这是他首次将生态学理论应用于高等教育研究。

中世纪以来，大学的发展模式随着社会发展不断演进，而在这个演进的过程中，大学的发展模式呈多样化发展，其中大学的移植与扩张现象在高等教育发展史中尤为普遍。从19世纪中期开始，一直到20世纪中期，英国一共发动了两次大学的移植与扩张，第一次向其殖民地印度进行移植，第二次向其殖民地非洲进行移植，方式主要是将自己在高等教育生态学方面的相关研究成果带入殖民地大学。在第一次对印度进行大学移植时，英国选择了伦敦大学和贝尔法斯特女王大学作为移植的大学原型。然而对于这次大学移植的结果，阿什比认为"不仅种子，播种之地也是不适合的"。② 因为伦敦大学从某些方面来说是一个好的模型，比如作为一个考试机器而言，但是从教

① 〔英〕阿什比：《科技发达时代的大学教育》，滕大春、滕大生译，人民教育出版社，1983，第1页。

② 参见李兵、肖玮萍《论大学的"遗传"基因在"环境"中的变异与调适——〈科技发达时代的大学教育〉述评》，《煤炭高等教育》2002年第3期，第22~24页。

学方法、教学目的来说，它并没有在适当指导方面做出贡献。此外，伦敦大学在学术管理方面缺乏固定的系统模式，在处理与政府的关系时又比较被动，再加上作为大学承担着诸多社会功能，并没有发挥自身功能提供咨询和指导，表现之一就是严格按照政府的要求为其提供能够传播国外先进文化的合适人员，在这里，大学社会功能中的政治功能占据比较大的优势，从另一个方面来说，这种政治功能优势还受到政府的保护，因此，印度大学在某种意义上来说和它的"母本大学"有很大的相似之处。英国在传统意义上的学术特征没有保存完整，而是在印度的社会环境里遭到了比较大的破坏，究其原因，主要在于政府对大学学术研究的过分控制和影响，印度社会环境中存在特殊的特征，进一步放大了大学内部系统的缺点。印度的学习方式倾向于传统的死记硬背，这种方法不利于学生评论、观察、鉴赏等能力素养的培育和养成，再加上社会经济的压力，导致参加大学考试的人数越来越多，在这种情况下，印度大学为了满足学生需求，不断增加学校数量，在 19 世纪最后的 20 年，学校数量的增长速度最快，导致的结果是学校的教学质量和考核标准变得越来越低。在 19 世纪末的时候，大学的人才培养质量堪忧，甚至处于比较危险的境地中，表现之一就是尽管大学的考核标准一再降低，但是考试成绩不及格的学生人数却在大量增加。这种情况也给社会和政治的安全性带来不稳定因素，因为大学培养的学生过剩，学生质量过低，社会的接纳能力已经无法承受，拿不到学位的学生对社会也是潜在的危险因素，人们开始对此表示强烈不满。因此，伦敦大学作为输出的"种子"并不合适，而印度作为英国输出"种子"的生长之"地"也是不适宜的，英国向印度的大学移植和扩张没有成功。

印度特殊的社会文化环境不利于西方知识的传播，主要是因为经济上的落后和贫穷影响了改革的进一步深入，对大学移植和扩张产生了巨大的阻力。虽然在最初政府对大学的控制并不是主要的阻碍力量，但是自 1880 年起政府的控制日益增加，大学教师的权利日益减少，被尊重感愈加降低，对学生的管理也越来越松散，学生培养质量下降。印度大学移植的失败在一定程度上促进了非洲大学移植的成功。在非洲，为了促进教育发展，殖民政府设立了专门提供建议与咨询的委员会，委员会设立后，首要考虑的问题就是是否可以在非洲进行高等教育，可能性有多大，因此，英国向殖民地非洲进行海外大学移植和扩张，是经过多年反复思考和成熟论证的结果。英国一向把向自己的殖民地进行高等教育输出作为自己"义不容辞的责任"，于是在1940年左右，英国开始向非洲进行大学移植，这次移植和扩张的过程不是激烈的，而是渐进式的，移植观念一直在更新和变化，后来英国甚至接受了英美合作进行大学移植的方式。阿什比对英国高等教育思想在非洲演变的过程和结果进行了深入分析，他认为，早在20年前大学就已经开始移植，并在英国殖民地的其他一些国家里逐渐坚持下来。由于阿斯奎斯委员会对高等教育发展的远见，大学在移植的同时形成了一系列具有自身显著特征的学术标准，吸引了许多移居国外的高水平教师又重新回到殖民地学院，而这又反过来促进了大学内部教学和研究标准的日益完善。在过去，有三个方面的因素对阿斯奎斯计划产生了内在的思想上的影响：第一个是国家社会的需要，以及对国家独立产生的渴望所带来的局部影响；第二个是美国一部分高等教育学者的影响，在他们看来，美国的高等教育理念在非洲也是适合的；第三个是部分英国高等教育学者的影响，比如约翰·洛克伍德，他们提倡应充分发挥非洲高等教育的灵活性和适应性。在这些因素的影响之下，阿斯奎斯计划被彻底修改，原来的形式被改变，该计划不再作为一种高等教育模式被发展中国家所接受。英国在非洲的大学移植较为成功，究其原因，主要在于能够充分尊重当地发展的实际情况并积极进行变革，使殖民地非洲高等教育的发展既坚持了高质量标准，又与当地人力资本需要紧密相连。当非洲社会经济发展水平对高水平人力资本有需求时，大学积极学习美国经验进行改革，对高等教育多样化发展提出明确建议，包括对非洲学科的重视程度日益加深，同时将非洲的本土化研究相关内容融入本科课程，也增加了部分应用型专业学位课程，培养会计、银行家、公司秘书、保险员和运输人员等，此外，部分大学也为有需要的职后人员提供短期函授课程，他们经过考核后可以获得学位，满足学历提升需求。

最初，中世纪大学经过发展成为西方近代大学，而西方近代大学又经过发展，成为世界各国现代大学，在这些大学的移植与扩张过程中，所有的母本大学都消失了，没有一个被原原本本保存下来，这充分说明移植过程中的变异是具有普遍性的，但与此同时，所有移植后产生的新大学在办学模式等方面都与母本大学有某种共同性，也就是说，移植过程中的遗传也是具有普遍性的。这个现象比较明显，虽然一些学者早已经注意到，但从来没有人针对现象发生的原因等进行认真、系统的研究，阿什比则产生了兴趣，他对英国大学模式如何更好地适应殖民地进行了深入分析，通过研究来论证大学的发展机理。阿什比认为，一个大学想要更好地生存必须符合两个最基本的条件：第一个是"必须足够稳定地保持它在形成之初产生的理念"；第二个是"必须有足够的积极行动同支撑它的社会经济发展保持必要联系"。综合起来，这两个条件即他所说的"遗传"和"环境"。英国对印度的大学移植可以说是一次不够成功的移植，主要是因为伦敦大学这一"种子"没有与印度本地的社会环境保持联系，所以难以在印度生根发芽；而对于英国来说，其对非洲的大学移植可以说是相当成功的，这又不单单是因为它在质量上坚决按照伦敦当地的标准，还因为政府认同了移植计划的灵活性，既维护了遗传与环境的地位，又通过渐进的步子促进了二者之间的相互磨合和适应。

可见，阿什比的大学移植观是在英国大学向殖民地移植的实践过程中总结出来的，并且已经蕴含了其大学遗传环境论的思想。大学移植不仅需要选对"种子"，还要求"种子"能够与当地社会建立紧密联系，在被移植地生根发芽，这是一个缓慢的过程，需要双方的相互适应甚至妥协。这为其20世纪后半叶大学遗传环境论的提出奠定了重要的理论和实践基础。

二 遗传：关于高等教育的基因论

生物学意义上的遗传（Heredity）也称为"继承"（Inheritance）或"生物继承"（Biological Inheritance），是指上一代性状基因通过繁殖（有性繁殖或无性繁殖）延续到下一代，并使下一代获得遗传特征的现象。遗传性状由基因控制，在世代传递过程中，遗传信息的传递可以保持物种和生物个体各种特性不变，在遗传过程中个体之间的差异可以通过环境刺激下的自然选择不断积累，又使得同一物种不断进化，形成个体甚至种群之间的差异。

高等教育中同样存在"遗传基因"的继承、进化与差异。阿什比从"基因"或"遗传"的角度出发，对高等教育进行了明确表述："从遗传的角度来看，它表现为大学教师对'大学存在意义'的共同一致性理解。例如，大学应代表人类文化知识的精华，客观无私、对理性的发展、对知识固有价值的尊重等。如果大学所代表的这种共同的认识强而有力，那么就会不断形成一种强而有力的内在逻辑，而尊重这种内在逻辑就由新的大学继承下去。高等教育系统中有一些高教工作者所遵循的信条，而这些信条并非永远符合社会对高等教育体系的要求。这些传统力量就构成了所谓的高等教育体系的'内在逻辑'。"① 可见，遗传不仅是指某些传统的力量，也是高等教育发展的内在逻辑。阿什比认为，大学发展演变的决定性因素是自身在发展过程中产生的逻辑性，他指出："内在逻辑对高等教育体系的作用犹如基因对生物体系的作用，它要保持这种体系的特征，它是这种体系的内在回转仪。"②

作为中世纪社会经济发展的创造物，大学历史悠久并一直在不断发展，14世纪意大利的博洛尼亚大学和法国的巴黎大学，与20世纪50年代英国的6所"红砖大学"相比，在办学理念、教学方式等方面已经有了诸多的不同，然而还有一些方面历经许久从未改变过，深刻的相似之处一直被保持着、坚守着，那就是大学的社会目的，以及大学自身独特的内部管理方式等，这些传统的内在被继承下来。阿什比引用1434年写于巴黎大学的一段有关学校内部管理的文字，形象描述了大学的内部遗传特性："同一年的8月8日，学院按照时间表安排在圣马蒂兰进行集会，主要讨

---

① Eric Ashby, *Technology and the Academics*：*An Essayon Universities and the Scientific Revolution*, New York：St. Martin's Press, 1963, pp. 114-139.

② 〔英〕阿什比：《科技发达时代的大学教育》，滕大春、滕大生译，人民教育出版社，1983，第139页。

论两项措施。第一项措施是……首先，教师们一致同意学院的改革，要遵照法令，而且在为设立措施投票的日子，应该让大学知道学院希望一如既往地遵守法令，并且其他学院也将依此而行！"阿什比认为，这段文字虽然由来已久，但是现在读起来仍然与任何一份现代学院报告都极为相似。大学内部管理系统运作已久，长达六个多世纪，它在保持大学的稳定发展方面尤为重要，大学的发展在时间上和空间上都保留了自身独有的一些模式和特征：在今天的加纳、德国和澳大利亚，大学区别于其他社会机构的特征，与15世纪大学区别于其他社会机构的那些特征是类似的，而这种独有特征的保存和继承也是大学成功适应社会环境发展和进步的一个重要标志。

阿什比一直强调的"遗传基因"，主要是指德国洪堡时代的大学理念。"理念"来自希腊语，经过百年的流变，已经被公众理解为功能、信念、本质等含义。大学理念与大学的诞生具有重要的联系，学者们对大学以及大学理念的争论随着大学的产生和发展日益激烈，从未间断过。12世纪，意大利的萨勒诺大学和博洛尼亚大学被认为是大学的起源，它们的产生促使欧洲各种大学纷纷兴起，教育的教化功能是这些大学比较强调的，培养绅士和教会他们一些基本技能。主张这一观点的有纽曼，在《大学的理念》一书中，纽曼正式提出"大学理念"一词，亦称"大学理想"，并提出"大学是探索普遍学问的场所"，纽曼的主张鲜明体现出英国传统认知中对大学理念的看法，他反对大学的第一职能是科研或者宗教训练的看法，强调大学应该以教学为首要职能，主张知识本身就是存在的目的，并积极倡导大学广泛实行博雅教育，同时努力促使博雅教育成为英国大学的优良传统。欧洲中世纪文艺复兴之后，德国的大学理念开始产生，这种理念在当时已经较为先进，一批近代大学，以柏林大学为主要代表，把大学的作用从教授和保存知识向发现新知扩展。洪堡创办的柏林大学，被后人认为是现代意义上真正的大学起源。威廉·冯·洪堡既是一位伟大的学者，也是一位具有崇高理想的政治家，他认为："教授不是给予之人，学生亦非接受之人，两者都是研究者和创造者。教授不是为学生而在这里，学生也并非为了教师而在这里，两者都是为了学术而在大学。"① 国家不能使大学仅仅服务于眼前利益，也不能仅仅把大学当作高等古典语文学校或者古典专科学校，当然，大学自己也不能如此认为，大学作为一个独立自主的社会机构，应担负进行学术研究和培养完整人格的重要使命，不应该只是为经济、社会、国家的短暂需求服务。大学的真正作用应该在提高基础研究与应用研究水平，为国家长期战略的发展开拓更为广阔的前景。因此，德国大学积极倡导"教学与科研相结合"，并逐渐发展形成了自己的传统理念，以科研为主导模式，在专业科学研究方面奋力发展，这使大学成为与政府虽然有关但并不是围绕其发展的机构，以及代表学术研究与人格培养的独立场所，这种高等教育发展模式在促进大学发展上有一定作用，后来被各国效仿。阿什比认为，美国、英国、苏联等国的大学都受德国教育传统的深刻影响。大学的出现和发展与有机界中一些新形态的出现一样，必定要经历更新和糅合的适应过程，19世纪的大学都曾经历过这样的过程，这主要应归功于洪堡的影响。大学的传统理想决定了大学自身的办学思想和观念，决定了一所大学在办学目的和本质使命上的坚持和追求，所以洪堡时代的大学理想在西方国家的流变，也是探索关于大学发展的重要理论的线索。

三 环境：关于高等教育的力量论

如果说"遗传"是指洪堡时代的大学理想，那么"环境"就可以相应地理解为影响大学理想嬗变的政治、经济、文化、科技等因素。② 大学既是政治环境的产物，也是经济环境的产物，还是文化环境的产物。教育起初作为一种统治工具，主要是为统治阶级服务。例如在封建社会，大学的主要作用是培养封建官僚来维护政治统治；在资本主义社会，生产力的快速发展要求社会供给大量的技术技能人才。因此大学为了适应社会需求，开始对自己进行积极改造，为社会发展提供源源不断的人力支撑。随着社会的不断发

---

① 参见周志宏《学术自由与大学法》，蔚理法律出版社，1989，第15页。
② 张建林：《大学遗传环境论——读E·阿什比〈科技发达时代的大学教育〉》，《科学学与科学技术管理》2002年第10期，第16页。

展，人们逐渐意识到，与培养人才的根本作用相比，大学在科学研究方面也发挥着举足轻重的作用。首先，不同类型的人才是经济社会发展重要的人力资本基础；其次，大学进行的科学研究能够转化为生产力，同样促进经济社会的发展。此外，大学在文化传播与发展方面为社会的意识形态和人们的文化发展提供了肥沃土壤。因此不同社会形态、社会结构以及文化地域的差异，使世界各地的大学都有自己的特点，大学也在各国的发展当中成为一种社会文化的代表。

在这里，阿什比强调的"环境"主要是指"本国、本地区的社会背景"，从环境的角度来看，主要是指对大学起到支撑作用的社会体系和政治体系。在环境对大学发展的影响中，有两种因素起决定性作用，一种是学生对入学的要求，另一种是雇主对毕业生的需要。社会对大学资助的多寡，由社会对大学是否满意来决定，而大学在满足学生需求的同时满足社会对人才的需求至关重要。以美国为例，对学业有需求的学生构成了压力的主要来源，以苏联为例，社会对毕业生的抽调是压力的主要方面，而这两种力量对应的正是国家权力（政府）和市场的力量。国家权力通过执行国家意志的组织机构即政府来实现，政府的确会影响大学发展，但不会影响发展的主要方向。他们（政府首脑）在对大学进行控制方面，主要限于对大宗拨款的决定权而已，这种拨款却不附带任何对大学的限制，即使有些限制，也绝不侵犯大学的自主权，在高等教育质量保证中，这种力量往往是通过立法、行政、财政以及对评估结果的利用来实现的。市场在高等教育体制机制运行过程中发挥重要力量，对协调不同主体间的价值冲突有重要作用，而市场主要通过竞争的形式实现对高等教育质量的平衡和协调。在权力和地位上，政府、市场与大学各有其不可替代性，政府不能一味扩大其自身权力，市场也不应仅仅被看作功利主义的象征。如果政府的主导权受到市场的威胁，社会将陷入混乱，大学的恶性竞争使其无法平稳长久发展；如果市场的部分自主权被破坏，市场将会失去活力，最终必然影响大学人才培养中创造性的发挥等；如果使大学陷入被动的局面，大学的功效难以发挥，这无论对政府还是市场而言都是巨大的损失。

四　交融：关于高等教育的遗传环境论

遗传基因并不是一成不变的，在经历不同环境的洗涤后，遗传基因的形态也会发生不同程度的变化，而在新环境里经过变异后又重新回到原产地，同样也会发生新的不同变化，当一种基因进入新的环境，形态就会发生变化。那么，既然大学像有机界的生物一样不断在进化，那么大学一些新模式和新形态的出现，与有机界一些新模式和新形态的出现一样，必定要经历不断更新或反复交融的过程。

（一）遗传与环境的冲突

19 世纪初，大量赴德留学生把德国的学术精神和大学传统带回本土，但这些学术传统和精神的遗传基因从一个地方到另一个地方后，就发生了巨大的变化。究其原因，这些国家按照各自不同的社会发展背景，促使德国的学术传统来适应环境，而不是让其主动去适应。大学的发展与进步是各国政府都要面临的重要问题，但由于各国体制与国情各异，对于大学如何更好地发展、如何更好地适应有不同的解决办法。比如在英国，政府给予大学大约80%的办学经费，但实际上英国的大学并不属于政府机构，因此大学教师也并不算是国家的公务员，英国大学的财政开支并不受到国会或者政府的监督，所以德国大学的学术自由风气在英国得到了较好的继承和发展。在德国，大学教师在自己的专业领域能够实现言论自由，但如果在其他非专业研究领域，发声就需要格外谨慎，然而在英国这样的情况有了改变，大学教师在公开发表自己的主张时，对是否是自己的专业研究领域的限制就比较少。相比于教师的学术自由，学生的学习自由在英国就没有被广泛接受，众所周知的牛津大学、剑桥大学两所名校，都被称为"学生家长的代理"，对学生的管理比较多，在英国其他一些大学有过之而无不及，对教材的选编、学生课程的设置和教师的教学方法等都有严格的规定，学生在学习时自主选择空间比较小，一旦选定了专业或学院、在校期间的课程设置、学业年限以及各种考试形式，就会受到学校规定的严格限制，因此德国古典大学的理想，在与英国文化和政治体制融汇合并的过程中，产生了新的形态和变化，德国大学传统思想体系中有许多自由的因素，其中包括教师、研究者和学生选择的自由，然而这种对学科、学习方法等进行选择的自由因素在英国始终不能传承下来。德国的大学生在学业年限、课程选择、知识内容甚至考试时间等方面都能自由选择，这与德国大学目的是培养做学问的人密不可分。然而这套体制在英国却难以实行，这是由于英国大学注重对学生教养的培育，自由的学术之风势必会冲击宗教的统治地位，英国大学曾激烈抵抗过学生的自由研究精神。尽管后来英国的大学在激进的改革派推动下，也接纳了一定的自由学术理念，但此时的英国大学已经不再是洪堡时代的理想大学了，英国大学对学生传授知识的教学理念逐渐式微，培养学生的思维方式、价值观等受到重视。阿什比谈及这种现象时认为，其原因在于德国大学竞争非常激烈，而英国大学缺乏这种竞争，有竞争才有进步，合理的竞争可以促进新思想、新制度和新体制的不断生成，也为不同的学派提供了广泛的试验田，从剑桥大学和牛津大学在英国的垄断地位来看，这两所大学不仅垄断了英国的教育资源，更重要的是垄断了英国高等教育办学理念。从某种意义上说，洪堡的大学理想基因会在英国变异和进化，也是地缘变化导致的必然结果。

与英国相比，美国在接受学生学习自由理念上的开放程度，直接推动美国大学的迅猛发展。洪堡的大学理想基因在美国产生了新的变种，美国的国家精神中展现着个人主义的自由之风与实用主义的现实特征，因此对待大学的办学理念，在自由主义和现实主义相互作用下呈现一定的功利主义，这又使美国大学与德国大学产生了根本区别，美国高等教育曾被市场化，被接纳为商品，正如商品需要满足市场规律，美国大学需要满足学生的诉求。在德国，政府对国家各类考试进行统筹管理，在法国，则是由国家统一颁发证书，而在美国，却没有获得学位的统一标准，所以学生有很大的自由选择权，可以完全根据自己的喜好来选择学习什么样的课程，然后通过课程考核便可以获得学分，学分积累达到一定要求便可以获得学位。德国传统的大学教学模式和培养模式被美国大学广泛模仿，但最后的结果却是变得越来越没有"德国性"，德国引入的学术自由、学习选择自由等为美国大学所效仿，并称为学分制、选课制等制度形式的理论基础，德国栽下教学科研相统一的"树"，美国在自己发展的"枝蔓"下乘凉。1876年，美国以学术性研究为主的霍普金斯大学建立，并在全国首次设立研究生院，标志着现代研究生教育制度的正式诞生，在这之后，哈佛大学、耶鲁大学、哥伦比亚大学等知名大学也开始向学术型方向发展。在此基础上，美国更是更新了学校类型，新兴农工学院的发展促使美国高等教育更加重视满足社会发展的实际需要。但是，美国大学对专业和学术的过度理解与泛化，致使美国一度产生混乱的学科生态，比如，常青藤康奈尔大学曾经开设过12500多种学科。[①]

当洪堡的大学理想在欧美更新、融合后再度传回德国时，也对德国的教育模式产生了新的影响，柏林大学就经历过类似转变，其内在逻辑也发生了部分量或质的改变。德国当时的高等教育委员会曾提出建议，采取一定办法减少学生学习的自由，并在此基础上加强学生的品德和学业修养，这种改变逐渐催生出"牧师式"的高等教育模式，在过去，英国大学一直坚持高等院校师生朝夕相处的教育活动形式，同时认为实行寄宿制度是最有效的教育手段，这种观点在19世纪60年代德国高等教育委员会的许多报告中都能找到相关证据。

（二）遗传与环境的平衡

德国的大学理想使英国接受了教学自由，为大学在英国的发展带来新的启发，可谓"更新"，又使美国在功利主义与现实主义的社会形态下产生了研究型大学与研究生院制度，这可谓"突变"，大学基因的传承，在不同地域不同社会的更新突变中，慢慢走向成熟。在英国大学和美国大学的基因中，都有德国大学宝贵的传统存在，最后所呈现出来的各有不同，但这只不过是各个国家为了能够适应本国的社会发展实际情况，对传统进行一定的取舍罢了。正如阿什比所言，高等教育的发展体系与有机界生物发展体系相

---

① 〔英〕阿什比：《科技发达时代的大学教育》，滕大春、滕大生译，人民教育出版社，1983，第11页。

似，具体来说，两者都是内部遗传和外部环境相互作用的结果，是自然生成和人为培养相结合的产物，世界上不同地方的大学都有一般意义上的相似之处，但又都有不同之处。从外部因素来说，大学所在的社会环境在不断发生变化，大学自身也需要进行不断的调整，这样才能够增强对所处社会环境的适应力，才能跟上社会快速发展的步伐；从内部因素来说，大学在传承延续文化遗产方面的重要作用，也是大学自身需要坚持的底色，因此显示出生物学家所称的种系发育的"惯性"，在适应时代的同时，保留自身本质才能不被环境同化，如果失去本质，也将同时失去大学的社会责任。所以大学能否持续科学发展，取决于办学逻辑、与政府权力关系和毕业生发展三者之间的关系能否达到最优的博弈均衡状态，如果三者之间的动态发展不能保持平衡，那么高等教育整个体系也会面临垮台。大学的办学基因势必会受到外部环境作用的影响，但要想良性进化，就必须遵循适应环境的进化要求，而且进化也是有选择性的，既不随便跟随传统去适应，完全没有自己主见地"顺风倒"，也不保持偏执态度坚持己见，过于顽固和保守，大学的适应过程必须保持三者之间的平衡，才能做到像有机界的生物体进化一样，保持稳定、完整，循序渐进地发展，以避免被外部力量强制进行变革。

对于如何保持办学逻辑、与政府权力关系和毕业生发展这三者之间关系的动态平衡，每个国家有不同的做法。在苏联大学发展的影响因素中，人力资本的供求关系占据主要地位，同等重要的还有政府对大学发展的影响，而大学自身发展的内在逻辑并不十分重要，除了苏联科学院，因为它有许多知名学者，所以对大学自身发展的传统比较看重。在美国，大学毕业生的发展、社会对大学毕业生的要求至关重要，直接影响了大学发展规模和大学的多样化，但与苏联科学院一样，美国研究生院因为同样有较多知名学者，对大学自身发展的内在逻辑也比较看重。在德国和英国则恰恰不同，大学自身的传统、大学的内在逻辑是影响大学发展的重要因素。但无论如何，不管是在哪个国家，三者之间的关系相对来说都能够很好地相互制约，并保持一种动态的平衡，一旦平衡状态被打破，整个高等教育体系就不能很好适应社会发展带来的变化。在此基础上，阿什比对世界各个国家高等教育体系如何应对三者关系的调整进行了分析，发现了不同的情况。比如在英国，1963 年，英国高等教育委员会发布《罗宾斯报告》，报告强调教育应该首先满足人们不断增长的提升自身素质的需求，并对学生进入大学学习的标准进行调整，使合格的学生都有进入大学的机会，这就在一定程度上减轻了大学自身传统对大学发展的影响，增强了国家对大学发展的影响。在美国，大学的许多学生并没有求知若渴的求学动机，大约有 30% 的学生根本无心于学业，人们对此颇有意见。而在德国，曾经出台过一部大学管理法案，其中规定应充分保障大学委员会的自治权，委员会成员应由教授、普通教职员、学生三类人员共同组成，并且每一种人员各占 1/3，这在一定程度上破坏了大学发展传统的内在逻辑。纷繁复杂的大学内部管理制度改革，再加上社会环境的剧烈变迁，使得不同国家的大学办学逻辑、与政府权力关系和毕业生发展三者之间的平衡关系都遭到不同程度的破坏。所以，究竟哪一种因素在大学发展进步的过程中起决定性作用？以英国大学发展为例，阿什比对此进行了深入研究和分析。英国大学受政府的影响比较小，政府最主要的决定权是对大宗拨款进行管理和分配，而且这种类型的拨款一般情况下没有额外指示的限制，也不会对大学的招生、教师招聘、课程的选择和考核标准等造成干预，所以并不会侵犯大学发展的自主权，相反，大学掌握了款项使用的自主权。阿什比通过以上分析得出结论：大学的发展是按照教师意志的发展来进行的，并且是在可利用的有限资源范围之内。同时他主张，大学的发展受社会环境的影响，但社会环境的变化是无常并且多样的，因此大学的发展应该由大学内部从事高等教育的人自己来决定，这是最主要的，即大学的发展要遵从大学自身的逻辑，同时还要对不断变化的社会潮流做出一定的抵抗。

关于如何保持传统的遗传与外部环境两者之间关系的平衡和协调，阿什比还创新性地提出了高等教育发展的"双重机制"。遗传与环境因素既需要保持平衡，也需要在自然状态和人为操作状态下相互依存和相互作用，不仅为了高等教育完善体系的形成，也为了二者自身的合理存在和持久发展。大学的内在逻辑持续受到来自外在环境的压力，这种压力可以被看作一种强有力的影响，同时，遗传基因在变动的社会环境下仍然具有不可替代的作用，大学职能有扩大的趋势，而遗传基因方面的东西必须在大学中保留，作为本土化事物与环境相适应，这种适应的过程其实就是变革的过程。大学更好地适应时代发展所需要的，不仅仅是自由的选择和独立自主的发展，还包括进行一种变革，这种变革可能是洪堡时代并不太提倡和发扬的，但变革是必须的，如果大学完成变革，其他一切问题都可以迎刃而解，也就是说，大学要形成自动进行内部改革以更好地适应社会变化发展的能力。

所以传统演变产生的制度惯性将成为"双刃剑"，如果制度惯性太大，将成为改革的阻力，阻碍发展，如果改革激进迅速，将失去原有的制度优势和传统。大学的发展变化是一场大的改革，主要通过不间断的连续的小改革来累计完成，这一点与有机体的进化有相似之处，在有机体的进化中，大规模的基因突变容易带来毁灭式的破坏，大学的改革也是如此，必须遵循传统的逻辑。因此，好的大学呈现的改革发展，要像优秀的生物体在进化过程中呈现的那样，既保留理想基因，又能温和适应环境，正如洪堡的大学理想，在传统延续的基础上，增加变革的手段，这样既可以完整地保留大学的宗旨，又不会全盘照搬，最后导致和社会环境产生激烈的矛盾和冲突。

阿什比提出的大学遗传环境论对后人研究高等教育理论具有重要的借鉴意义，因为它包含了事物在发展过程中呈现出来的一般的矛盾运动规律，其中也有矛盾的普遍性与特殊性基本原理。在继承的基础上增添发展的手段，就像自然界的生物进化，要通过完善自身的生存能力来适应环境的变化。大学的发展与改革既不能为了适应环境而一味妥协，失掉本身的办学本质，又不能全盘延误内在机制以至于忽略环境作用，要在复杂的环境中不断地改革创新，用发展和创新的眼光看待问题，寻求最适合自身的变革机制。只有遵从事物发展的客观规律，把矛盾的普遍性，即大学自身的内在办学逻辑，与矛盾的特殊性，即外部社会发展环境两者进行紧密结合，才能让大学在发展改革过程中达到理想的进化状态。

第三节　延伸与发展

科技教育在文艺复兴之前就包含在人文教育之中，之后两者又经历了分分合合、各自为政的过程，随着时代的发展和社会的变迁，逐渐出现一个问题，两者片面依赖某一方面的做法是不明智的，它们之间的关系应该是趋于和谐的。科技给人类带来幸福与繁荣是不容置疑的，但是这两者之间的关系也引发了一系列令人担忧的社会问题，在片面强调科技教育的过程中，在推动历史前进的过程中，造成了人文精神的极端迷失，从而使人文教育的价值重新凸显出来。阿什比开始谋求科技与人文的结合。他认为，面对科技社会，人类有许多问题需要面对，但最大的问题并不是科技本身，关键在于人，因为人掌握着科技，并促进科技与其他知识进行紧密结合。于是，"科技人文主义"（科技教育与人文教育相互借重的一种教育思想）就诞生了。从遗传与环境的角度来看，人文知识及其教育是遗传基因，从英国古典大学继承而来；科学知识及其教育代表社会环境的力量，需要遗传基因与其相适应，而科技人文主义教育思想就是二者相互适应的结果，是继承传统与应对现实的产物。

一　科技人文主义教育思想的生成

（一）西方近代高等教育发展进程中科技教育的兴起

19 世纪之前，英国对欧洲的工业有绝对的领导地位，但在这之后，情况发生了转变。在 1851 年的万国博览会上，英国的工业产品产量仍然名列前茅，处在世界前列，但到了 1867 年的巴黎博览会，和法国、德国的工业产品相比，英国的工业产品销量远远不行，英国的领导地位开始逐渐丧失，人们对此进行了广泛批评。虽然英国工业革命很早就开始了，在原材料方面英国可以轻松获得，但是由于欧洲大陆国家科技教育的迅速发展，在许多工业技术方面，英国开始比不上欧洲大陆的一些国家。比如，由于法国的化工产业比英国发达，当时英国的纺织品都要运到法国去染色。英国当时的科学教育倾向于工匠，倾向于中下阶层，而不是统治阶层。19 世纪 50 年代到 20 世纪 60 年代，欧洲各国在对待科学教育的态度上是提倡和鼓励的，但出发点并不是因为科学精神本身，而是因为科学在帮助机器提高生产效率方面具有重要作用。当时由于科学具有功利性，人们崇尚科学。在英国，由于手工业者和中下阶层的小生产者最早从事科学活动，各种技术学院开设的科学课程主要是针对中下阶层设计的。在英国，科学并不被人们广泛认可，人们一般认为它主要用于刺激工业的发展，所以只适用于较低阶层，对于绅士阶层来说并不合适。所以牛津大学、剑桥大学这些培养绅士的大学，对科学教育一直是不闻不问的。英国亲王阿尔伯特（Prince Albert）比较支持科学发展，所以在力所能及的情况下，尽量利用自己的影响力来支持科学技术的发展，同时主张将科学技术精神与英国高等教育进行紧密结合。1845 年，英国在伦敦设立了皇家化学学院（Royal College of Chemistry），主要是为了发展科学技术，促使英国学术界加强对科学的重视。但英国这种被浓厚的古典人文主义教育氛围所笼罩的因循守旧和墨守成规的方式收效甚微。

科技教育与人文教育经过长时间的历史沿革，两者之间的关系不是简单的此消彼长，而是彼此之间更加紧密结合。阿什比曾经对高等教育领域传统人文教育向科技教育转移的过程进行了深入研究，他在著作《技术与学术》中指出，1828 年伦敦大学学院的成立和发展是一个标志性事件，当时的伦敦大学学院比较推崇洪堡一直倡导的教育理念，不仅实行新人文主义，还不断扩大招生范围，在教育教学过程中，坚持摒弃宗教标准，对公共大众开放，不仅包括文科课程比如古典学、哲学和法学等，也包括理科课程比如数学和实验科学等。1831 年，英国在不列颠举行了第一次科学推广大会，开始以政府的名义对科学教育进行大力推广，再加上工业革命的快速发展，科学研究开始逐渐应用到工业生产领域，一直到 19 世纪，英国发起了一场声势浩大的"科学运动"，科学研究在各个领域的渗透更为广泛，与此同时，科学家与工程师之间的联系也越来越紧密，科学家的出身逐渐发生了变化，之前只有家庭条件比较富裕的贵族或者富豪子弟才能成为科学家，而现在，许多工人阶级出身的子弟也可通过自身努力成为科学家，相比较来说，他们其实对如何用化学、电学等一些实用学科来促进科技全面发展更为热衷，事实上，这些学科的发展确实促进了科技教育新局面的开辟。

科学精神不是英国知识界所能接受的，而德国找到了与科学相适应的独特智力环境。这是因为，在 19 世纪早期的德国，所有符合这些环境发展的条件都已具备，科学生存的社会先决条件是经济支持、休闲时间和自由追求研究的机会，学者们聚集在一起向后继者传播他们的观点和技术。德国的大学主要是由州创建，也是由州来维持的，因此它们的优势非常明显，那就是欧洲其他国家所没有的联合体，教师和学生可以从一所大学迁移到另一所大学，并经常就自己的观点进行交流，德国大学的教师和学生与其他国家大学的教师和学生之间存在着良性的竞争，如果在一所大学受到一些顽固的赞助者的干扰，受影响的教授一般会到联合体内的另一所大学避难。

事实上，德国 18 世纪早期的大学仅仅传授空洞生硬的知识，并没有从中世纪经院主义的阴影中走出来。哈勒大学于 1694 年成立，开始让德国学术界看到新的曙光。哈勒大学在现代意义上也是欧洲第一所大学。哈勒大学因其两大特色而声名鹊起。一是采用现代哲学、现代科学；二是以思想上的自由、教学上的自由为教学的基本原则。自由主义哲学从哈勒大学创校之初就成为公认的原则：现代哲学和科学跨进大学，并不是通过其形式被正式承认为合法的理论体系，而是通过成为原则的基础，如自由思想和自由研究。这完全改变了大学的性质。大学不再是一个遵循传统教条的学校，它已经成为一个基地，成为真理的开拓者，带领整个学术界进行创造性的科学研究。

哈勒大学的成立为学校的办学格局拉开了新的序幕。在中世纪早期，德国的大学只有为数不多的几类学科，而且仅作为职业部门而存在，比如传统学科哲学、神学、法学和医学等。但是在哈勒大学，哲学系逐渐开始有了自己的知识体系，如果说之前的哲学学科主要是作为传统职业的条件而存在，那么有了自己知识体系的哲学学科，开始有自由主义和自由哲学的选择，学者们进行的哲学研究也开始改变以往的教条基础，开始在推理基础上进行研究。他们身边聚集了一些先进的学生团体。一个神奇的词——"科学"，为了实现学者的梦想而出现。

并不能完全用英文中的"Science"来解释包括所有客观知识和主要研究方法的德文"科学"（Wissenschaft）。18世纪的德国伟大科学家（和英国同行一样）大多在大学外工作，而在大学内部，"科学"则兴盛无比。德国的"科学"基础，不是靠科学家来打，而是靠人文主义学家来打，这种观念在大学里根深蒂固。德国大学适应科学并非毫无阻力，正如牛津大学、剑桥大学引入科学思想一样，在自然哲学的阻碍下，德国大学的科学思想一度走入困境。这种哲学是通过对个体的探索来追求对科学现象的认识，来设想自然界中存在某种神秘的个体。作为一个思想流派，它是在德国众多大学中强势扎根的，由谢林领导并受黑格尔影响。但在具体问题的解决上，实证主义学者是胜利的，而自然哲学的信徒是失败的，因此，用新的科学方法取代旧的科学方法只是迟早的事情。

德国大学在德国"理科"的熏陶下，出现了巨大的变化。到19世纪中叶，成为吸引各国学者的中心的德国大学已经很好地适应了科学技术时代。它们通过不断地从一个中心向另一个中心迁移的学生和教师，获得了同一性。在19世纪60年代，提倡科学教育的运动达到顶峰。德国大学的科学在当时可谓声名鹊起。德国大学里的学者可以不受传统束缚，全身心地投入自由的学习中去，投入原创性的研究中去。西方国家的大学纷纷步德国大学的后尘，科学教育在大学里获得了合法身份，获得了承认，地位水涨船高。

在科技进步和工业革命给人类带来巨大物质利益的19世纪末期，科学教育也随之膨胀，并对人类的教育产生了巨大的影响，人类的教育一度居于统治地位。科技在20世纪得到了更快的发展，人类崇拜科技已经到了无以复加的地步。作为培养科学人才、创新科学知识和增强国力的主要保障，高等教育中的科学教育日益受到欧美各国政府的支持和社会的关注。20世纪上半叶，以传授自然科学知识为主的科学教育逐渐取代了人文教育，使人们具有征服自然、改造自然和促进社会发展的知识和能力，并通过科学的知识体系、方法、精神和技术观在高等教育中取得了支配地位。

（二）西方近代高等教育中人文教育缺失

20世纪以来，在西方高等教育中，人们一直把科学教育作为最好的培养手段之一，使处于自我封闭状态的科学界人士更加理性，开始追求智力上的成就，以及比较权威的规律和真理。这种以科技与社会的相互关系为表现、忽视了科技社会意义的科学教育，对大学生的认识造成了阻碍。一是过分追求智力成绩，忽视了对大学生社会责任感和社会价值观的培养，只把竞争、成才作为科学育人的最重要标准；二是脱离社会背景发展个体，不考虑个体意识与社会意识的关系。不与社会接轨的科学教育，既培养不出大学生的自主能力、创造能力和独立能力，也不能让大学生获得社会意识。长期以来，科学教育既缺乏对人与自然的关注，也缺乏对人与人之间关系的思考，科学教育对人与自然的关注与思考是一个重要的问题。科学教育只重视科学的认知特性，却忽略了它存在的价值和伦理。表现在课程上，就是缺乏关联性和人文意识，强化了科技驾驭自然的生生不息的力量，并向自然求索。

西方现代高等教育中的科学教育只是强调科学概念的结构，而社会人文背景的缺乏则造成了大学生僵化的科学意识倾向和智力倾向的形成，这种观念的缺乏和意识的缺失不仅使大学生缺乏创造精神，缺乏直觉，面对大自然本真的本性、面对人类内心生活时敏锐性不足，甚至会使他们敬而远之。当科学被视为纯粹的智力活动时，就会用极端技术化、抽象化的语言表达出来，而这些语言与我们所感知的世界并无关联。有人认为，科学教育之所以失去人文精神，是因为科学教学的失败；还有人认为，无视价值伦理，科学教育有其意识的根源。

科学本身在某种程度上并不具备人文精神，但科学的目标会与人类的社会目标结合起来，与个人的追求结合起来，运用到社会实践中去。科学本身并没有错，只是人们所谓的技术意识产生了偏差。所以，人类不正确的技术意识导致了科学教育中的价值伦理危机。

在科技意识日益强烈地影响社会生活和精神生活之后，20 世纪的西方社会已经进入了一个崭新的科技社会，特别是科学技术已经成为人们生活中最重要的一部分。随着环境的恶化、资源的限制和战争的威胁，人们对原有的技术意识产生了怀疑，科技迅猛发展带来的负面效应在 20 世纪 60 年代后逐渐显露出来。人们开始重新审视技术，开始寻找技术的副作用，也开始寻找它副作用的根源所在。人们在重新考量技术意识和价值伦理道德危机关系时，应该从一个全新的角度，基于对技术意识的深刻理解，来理解它和人类精神之间的关系。阿什比认为，人类在科技社会中面临的最大问题，并非来自科学技术本身，而是来自掌握了科学技术的人的处境，以及与其他各种知识相结合的科学技术知识。今天的科技之所以被指责，很重要的原因就是人们把科技和科技意识混为一谈。科技意识是很多人用过的语言里反映出来的一种心态。科学本身具有很强的理论推理逻辑，但在实际过程中，科学的理论推理逻辑被错误地应用了，一些学者将其用于许多社会概念之中，这种被误用的概念又被当作研究基础，这就是技术意识的基础来源。而技术意识则是以这种被误用的概念为理论基础，从而导致人类所有的行为都被这种异化的逻辑所解释的科学的理性推理逻辑异化。当失去人文精神的理性推理逻辑开始威胁社会发展的时候，人们把这种威胁归咎于科技。

在西方现代高等教育的科学教育领域中，人们过于强调科学技术与其他领域的不同，而忽视了科学技术与其他领域的联系，因此，西方高等教育中的科学教育与其他领域的科学教育存在着一定的差异，西方高等教育中的科学教育与其他领域的科学教育之间的技术意识本身就带有人文主义的意味。为了保证技术意识中人的文化，避免技术意识中人文精神的缺失，必须通过价值伦理教育加以调节。20 世纪以来，西方高等教育中的科学教育忽视了存在于教育中的价值和道德。大学的科学课程缺乏关联性，缺乏人文科学意识，强化了社会上对科学技术的支配力，因此，大学的各个科学课程之间缺乏联系。在物质生活层面上，科学教育所带来的问题，就是它所关注的主要现实价值。以知识内容为中心的科学教育，由于片面强调知识学习的重要性，日益显露出严重的弊端，对功利主义在科学教育中的价值取向产生了越来越多的质疑和责难。然而，由于人类道德精神和价值领域中野蛮、贪婪等特性的日益发展，科学教育屡屡使科技成果用于邪恶的目的，于是，人文教育又重新受到人们的重视。

科技人文主义教育理念的形成，也与阿什比息息相关。阿什比在对比英、德两国高等教育发展现状后，对洪堡领导下的柏林大学所浸润的新人文主义精神大为赞赏。在他看来，新人文主义教育强调扎实的基础训练对学生的培养，提倡科研，注重功利性、实用性的科学特色；同时，新人文主义也强调人的个性化发展，强调科学地完善心性和品性的功能，不脱离人文教育的旨趣，这些理念的形成与英国古典人文主义的教育传统并没有什么联系。

同时，阿什比也意识到了快速发展的科学技术产生的消极影响。他指出，人们对科学和发明的一种谴责是核武器的发明使整个世界陷入了人类毁灭的恐怖之中，而由科学发展带来的战争恐怖一直在威胁着人类，战争的恐怖在于不仅会消灭个人的家庭，还会消灭整个种族和所有文化，核武器的发明会使地球成为人类的坟地、人类的死亡之地。另一种谴责是，大量生产破坏了一些传统的生产技术和独特的样式标准，传统的文化价值被颠覆，使人们陷入低级庸俗的生活。发达的科技摧毁了传统技艺，贬低了独树一帜的传统特有风格，大规模生产和传播媒介使得欧洲变得低级和庸俗。于是，阿什比引用老普林尼的一句话说，"人对人的恻隐之心"对人文精神的回归发出了强烈的呼唤。

二　科技人文主义教育思想的基本论点

（一）强调科学教育要与人文精神融会贯通

·阿什比反对把科学教育简单地理解为一种有关科学知识的高等教育。他说，大学里有关人文主义的主张成功地表明，学生们或哼唱西贝柳斯，或阅读艾略特的诗歌，或将毕加索的作品摆在自己的房间，他们既有可能成为物理学家，也有可能成为艺术家。阿什比认为，即使科学课程（如齿轮机械课程）仍渗透着浓厚的人文主义精神，这也是一个不能被忽视的事实。在阿什比看来，科学教育和人文教育的区别在于指导思想和方法的不同，而不是教育内容的不同，即使是同一学科内容的教育，也是既有人文的一面，又有科学的一面，应该在两种指导思想下采用不同的方法进行教育，所有在同一学科内容下的教育的区别只在于人文含量的不同和科学含量的不同。

当然，科学教育在现代高等教育中地位的提升，是与经济、物质、功利等价值理念相联系的现代科学技术所产生的巨大经济效益。科学从高等教育的边缘走向中心，它的主要动力是科学的功利性。在功利性价值观的笼罩下，现代社会高等教育体系中的科学教育已经丧失了人文精神。然而，阿什比的科技人文主义教育思想的目的是培养具有健全人格的"人"，通过将高等教育中的人文精神融入科技教育，来缓和科技发展对人性的扭曲。理科的教学起到的作用，不仅仅是让这个世界变得更加熟悉，更重要的是，它让大家提高了一个层次，对人的理解能力也提高了一个层次。阿什比认为，在培养人文精神的同时，在个人心灵上也存在一种旨在征服和改造自然、推动社会发展的高等教育科学教育。两种教育发挥着各自的作用，目的不同。科学教育和人文教育虽然是两种不同的教育，服务的目的也不尽相同，但两者之间是相通的，也是相互促进的。阿什比提出了"科技人文主义"这一科技教育人文化的观点，以解决高等教育中科学教育缺乏人文精神的问题。"科技人文主义"就是要树立以人为本、以技术为根本、以人文为宗旨的理念，在对大学生进行科学教育时，把人性化的内容赋予科学。因此，阿什比强调，大学的科技教育不应是"纯粹的科学教育"，而应是"科技教育"，将科技与人文黏合在一起，是科技教育融入人文精神的载体。因为技术和纯科学是不一样的，是分不开人与社会的。纯科学方法的实质是：必须消除人的因素，消解人对价值的各种反应，把注意力集中在所有观察者一致认同的现象上，以消除描述、测量和区分人类对多样性判断的方法。技术不像科学，讲究的是对人的需求运用科学，对社会运用科学。因此，技术与人文主义不可分割。

一个技术专家，无论是否喜欢，一定要处理好和人有关的问题。阿什比给出了这样的例子：一名普通的工程师希望在非洲热带地区的原始部落修建一条公路。他或许觉得公路对内地原始村落的影响不必考虑，但实际上，在社会人类学上，这条路的修建却是个难题。尽管不需要做专业的人类学家，但和人有关的问题对于工作的影响，他也无法全然不顾。他是技术专家而非纯粹的科学家，所以他从事的工作所产生的社会影响是他事业的组成部分。阿什比举了另一个最古老的科技的例子：医学。他认为，家庭生活的模式因化学治疗和预防性药物及避孕药而发生了很大的改变，而医学的进步使得下一代的寿命将比上一代更长。这样的情况导致了一系列的问题，新的学科出现了，叫作老年学。现在关于老年学的问题已经不仅仅是科学问题了，还是亲情问题、集体忠诚问题、社会公正问题，这些问题都牵涉人类的长远问题。

正因为阿什比在科学教育中注意到人文精神的缺失所带来的一系列危害，他认为在高等教育中用科技人文主义的思想来弥补科学教育人文精神的缺失才是最好的办法。他认为，必须在科学教育中加入人文科学，没有人文科学这个重要成分，没有社会科学，理工类大学的课程根本不能适应社会的需要，科技发展与文化传统之间的矛盾是可以协调的。这个论断不只是针对发达国家，也适用于发展中国家。

（二）提倡科学教育的完整性

有人认为，西方社会的精神生活越来越分裂成人文知识分子和科学家两个对立面，双方互不理解，互不交流。这种现象在英国尤为明显，对专业化教育的狂热推崇是造成英国出现分裂的一个重要原因。大学应加强学科间渗透，特别是加强文理学科的渗透，克服存在的弊端，防止专门化过多过早。阿什比认为，在课程设置上，最明显的是英美本科高等教育。美国每个学位授予机构的学生在第一学年和第二学年都会接受人文学科、自然学科和社会学科课程的教育，大部分美国数学院都在推行这类通识课程，以弥补科学教育中人文精神的缺失。例如，芝加哥大学就为通识课程提供了不少宝贵的课本。利用现代物质条件解决现代问题的哈佛大学和哥伦比亚大学的教师，在大学体制极度膨胀的情况下，使某一学科的专业研究最大限度地起死回生。为了培养学生的人文素养，英国也在调整过于职业化的课程。进入 20 世纪中叶，英国和美国的大学都借鉴了 19 世纪苏格兰大学的经验，因为苏格兰的高等教育传统适当地为普通公民提供一种通才教育，而苏格兰大学除了医学、法学和宗教等专业教育外，更接近今天美国和英国的大学通识教育，因此，苏格兰大学的教育与英国的普通公民教育相适应。20 世纪中后期，西方国家在通识课程方面采取的措施大致有以下两种：一是加强基础教育，以文理兼容的普通基础知识教育为主，多以必修课程形式开展，如美国大学通常不分科，第一、二学年全部学习包括人文学科、社会学科、自然学科在内的普通基础知识课程，以加强通识教育；二是开设学科交叉的课程，推动文理交叉渗透，使理科教育与人文教育有机融合。

但阿什比认为，仅仅将自然学科、人文学科和社会学科简单松散地捆绑在一起，缺乏内在的整体性，这些通识课程方案仍有不尽如人意之处。这一方案仅仅解决了人文精神在科学教育上的缺失，而非治本之策。特别是西方国家的大学在大力强调专业课程时，人文精神因为过分强调科学教育而丧失殆尽。例如，美国在医疗、工程等职业服务的技术上成绩斐然，但美国大学过于强调社会需求，因而在课程设置上偏重科学教育，从教师聘用到课程设置都是如此。阿什比强调对科技"诚信"的理解，正是其技术人文主义教育思想的精髓所在。这种整体性要求大学生不能片面强调对科学知识的学习，也要学习人文学科的相关知识，做到融会贯通，使科学教育成为一个整体。只有能在社会上融入技术的学生，才能宣称自己受过通才教育，不然也谈不上技术方面的合格专家。难的不是大学不能成功地将科技时代的短期性要求充分体现出来，而是人文精神的丧失会使大学陷入科学教育的残缺不全，从而使科学教育的应有之义丧失殆尽。阿什比强调，把大学里的人文精神作为自己的一份责任保留下来，用于科学教育，这一点应该向一些文科老师建议。

（三）提出"核心辐射"课程模式

阿什比的科技人文主义教育思想主张将人文精神融入科技教育的"核心辐射"课程模式，对此，阿什比提出的一个可行性方案是，将与此密切相关的人文社科课程设置为向外辐射的学生专业。阿什比举例说，如果让一个想当物理学家的学生花时间研究西方文化遗产，他也许会感到急躁。如果让他讨论历史上物理的影响，以及物理与伦理学的关系等，以物理学为学习中心的话，会让他产生兴趣。阿什比还设想，一个学生如果决定从事酿酒研究，他获得关于酿酒的一般知识的方法不是把酿酒专业的课程分散到普通的关于建筑、社会历史和伦理学的讲座中去，而是作为一个核心的研究来研究酿酒专业。一个人必须有热情深入持久地研究一个专业，才能获得某一方面的专业知识。所以首先一定要保证这个学生真正想要酿酒，这是一个自然的步骤，凡是搞研究的学科，都不是拿来练技术的，都是拿来悟思想、悟观点的。这位学生因为学习有动力，在啤酒市场经济学、公共建筑等方面都能通过教学产生浓厚的兴趣；或对饮用啤酒的历史，以及从埃及早期碑刻时代开始的社会史感兴趣；或因过度饮用啤酒而产生不良的道德效应，从而对宗教、伦理产生浓厚的兴趣。

阿什比提出了四个选择人文学科课程的标准，以选择紧密相关的人文社会科学课程，这些课程都是学生应该学习的。第一，不能把应该在中学里面教的科目都写进去。第二，要按照真正的人文课来讲授，就是要深入探讨这些活动的价值评估问题，特别是涉及人类创造性的社会活动，涉及对与错、善与恶、正义与自由等方面的看法。第三，要按照与现代世界和技术相联系的方法来教授（这并不意味着我们一定要发明一门新设计的人文科学课程），不再有亚里士多德的《政治学》（更多的是与当代世界相关的著作）。四是要加强对学生个性发展的引导，以取消兴趣与个性不一致的行动，增加社会熵的倾向，增加教学层次的人文主义。下面是阿什比设计的一个人文课程的例子。

1. 法学和伦理学综合课程，主要内容是对法律和正义原则进行讨论（此类课程应由法律学家和哲学家提供）。

2. 17 世纪之后关于欧洲工业在社会历史背景下不断发展的课程，主要目的是强调技术发展对社会改革的重要影响。

3. 关于政治理论、政治机构、行会和贸易组织的历史的课程（这是为中世纪同时也是为当代历史学家提供的一个机会）。

4. 关于工业心理学的课程。

5. 关于社会学和社会人类学的课程。

6. 关于技术发展过程的课程，包括与科学和技术有关的经典著作（这或许要对现在所有的技术课程进行批评，因为即使没有读过一本经典著作也可以获得一等荣誉学位）。

7. 关于语言的课程和与他人进行交流的课程（为伦敦大学学院的交流研究中心做出的贡献）。此类课程并不要求每个学生都必须进行学习，学生可以根据自己的时间和需求，在两年时间内选择一门课程进行学习，但主要用阅读和论文写作的方式，以及按照此类课程所严格要求的课程标准。实际上这远比学生在选择了多门课程后漫无目的地追求业余时尚要好得多，而且最重要的是这门课程的最终目的是锻炼学生与他人进行交流的能力，无法将一件事情表达清楚是技术专家的通病，课程教学也是为学生提高能力提供一个学习平台，通过简单的预防疗法就可以进行很大的缓解。

阿什比认为，社会上存在许多因素左右大学的发展，其中既包括学生在学校感受到的压力，也包括社会发展带来的产业结构升级，或者职业专业化对更高素质毕业生的吸引力，还包括大学内部传统学术逻辑对大学发展的张力。这些因素的形成有多种原因，大学发展的规模大小和发展形式都起着重要的作用，除此之外，大学课程的具体内容也有较大影响。阿什比将以培养面向市场需求、具有实践能力的狭义职业内涵的课程教育为目的，必须具备干事业的能力，必须会经营、会做人、会规范，旨在发展科学技术和促进经济发展的高级专门人才的课程称为"职业（专业）教育课程"，这类课程在学生的压力和社会发展的吸引力主导下形成，但与此同时，又是在"张力"即大学内部传统的学术逻辑牵制下进行的。事实上，后现代工业社会不断发展，带来科技的进步和生产力的提高，又反过来不断促进传统产业更新，同时催生新的产业，这就对劳动者能力和水平提出了更多要求，在技术水平上要掌握高超的技艺，在素质水平上要提高运用多种技能的能力，不仅要具有专业性，还要具有能动性和创新性，在熟练掌握工作能力的同时能够适应职业岗位的不断转换。阿什比提出的整合性职业（专业）课程在促进大学发展和进步、实现高等教育普及化方面具有很大的价值，因此备受瞩目。

阿什比对与职业有关的专业化教育课程进行了创新，他提出了具有可操作性的综合课程知识的建设方案，比如在净化河流污染的课程中，需要开设测量课程，还需要开设与化学原理相关的课程及与数据统计相关的课程，因此，就需要整合生物学、经济学、化学和统计学等相关学科课程。如果学生抱怨自己所学的学科没有关联性，某种程度上也说得过去。因为只有想成为学者的学生才能从所学的课程中获得必要的知识，而其他学生如果抱怨自己所学的学科没有关联性的话，也是有一定道理的，因为他们之前所学的课程中，就不可能有应对世界现实问题的方法。选修制度确实使学生可以选择自己想要学习的学科，但要应对世界现实问题，从选修课程中获取知识提供智力支持也是一件非常困难的事情。阿什比坚持认为，学科教学是大学的基础，因此要想发挥大学的社会服务功能，就必须坚持学科教学。但大学不应只拘泥于学科教学的常规，而应与时俱进地增设通识教育课程，即大学里的课程既要设置给将来走上学术道路的学生，又要照顾到对大量满足社会需求的实践性人才的培养。

第七章
多元巨型大学理论

高等教育界普遍认为，中世纪大学的出现是现代意义上高等教育的起点。从中世纪大学开始，到现代大学逐渐成为社会的轴心机构，这一过程中出现了两个重要的大学观，它们分别是由约翰·纽曼提出的传统大学观和由弗莱克斯纳提出的现代大学观。纽曼在他的代表作《大学的理念》中深刻阐述了自己的大学理念，主要内容包括大学的性质、目的、职能等，他的这一理念对英国大学的发展产生了重大影响。但随着民主革命与工业革命在西方的兴起，传统大学观开始与社会发展脱节，取而代之的是现代大学观。弗莱克斯纳在《现代大学论——美英德大学研究》一书中详细阐述了自己的大学理念，对解释和评价当代大学具有极其重要的价值。

克拉克·克尔是美国当代著名的高等教育家，被美国教育界誉为"当代美国高等教育改革的设计师"和"美国教育界的巨人之一"。克尔认为，上述两种大学理念的视野不够开阔，它们只是人为地把大学限制在僵化的框架之中，大学的作用被降到了最低限度。1963 年，克尔对美国现代大学的发展与现状进行了详细的考察与分析，随后他在哈佛大学校园内做了关于"大学的功用"的一系列演讲。在演讲中他展示了自己对大学独到的见解，并首次系统阐述了他的大学理念，他的演讲内容随后就被汇集成《大学的功用》（*The Uses of the University*）一书出版。"Multiversity"一词首次出现在这部著作中。他在演讲中，并未对"Multiversity"进行严格界定，这曾引发学术界的猜测和争论。1993 年，陈学飞等人翻译并出版了《大学的功用》，将该书中的"Multiversity"翻译为"多元巨型大学"。

大学的"巨型"说，为我国高校扩招和扩大校均办学规模提供了理论支撑，产生了一定的积极作用。[①] 当下我国大学发展所面临的问题与美国大学 20 世纪 60 年代所面临的问题有很多相似之处：经济迅速发展；人口剧增，渴望接受高等教育的人越来越多；社会对人才的需求量增大；大学规模不断扩大；大学开始不断融入社会等。鉴于这些问题的相似性，了解克尔的多元巨型大学理论对我国大学的未来发展有重大意义。

第一节　提出背景

1963 年，作为加州大学校长的克尔在哈佛校园发表的演讲不仅震动了整个校园，也震动了美国的高等教育界。他提出"多元巨型大学"这一概念并非偶然。第二次世界大战之后，世界政治经济局势动荡，美国社会的各个方面也随之发生了剧烈的变化，因此美国迫切要求大学进行改革。与此同时，美国政府的国防军事需求与大学科研紧密联系，大学不再是象牙塔里的神圣艺术品，它开始融入社会，并与政府、社区以及市场产生紧密联系。由此可见，大学的发展越来越能够适应现代社会的发展，这是多元巨型大学出现并继续存在的根本原因。

一　社会的思想与观念发生转变

克尔提出"多元巨型大学"这一概念时，美国社会正处于急剧变革与文化转型时期。面对当时社会与日俱增的问题与矛盾，流行于二战后的"新自由主义"思潮日渐衰败，"反主流文化运动"（Counter-Culture Movement）作为一种社会文化运动，将美国社会带入一个狂乱时代。反主

---

① 张炜：《从单一职能大学到现代研究型大学的演进——克拉克·克尔关于"Multiversity"的语义与特征探析》，《中国高教研究》2021 年第 5 期，第 29～35 页。

流文化运动是 20 世纪 60 年代美国社会大规模的青年运动，它与美国国内的民权运动、学生运动、反战运动、妇女运动互相交织，成为美国的一大浪潮，影响了美国的政治、文化与道德观念。总体来说，反主流文化运动的主要目的是要求社会对人进行重新肯定。反主流文化运动的参与者所追求的价值目标是从极端个人主义和享乐主义出发的，直白地说就是要使个人私欲得到放纵。反主流文化运动在对美国社会产生巨大影响的同时，也影响了美国的高等教育。对高等教育的影响主要体现在大学开始重新活跃，大学生的社会责任感再度被唤醒。

此外，第二次世界大战后，美国社会的各个领域开始急剧变革，社会结构和各种制度都发生了变化，且社会思想与观念也开始发生转变。与此同时，多元主义、实用主义等开始显现。实用主义是现代西方流传最广的哲学流派之一，产生于 19 世纪 70 年代，并于 19 世纪末 20 世纪初正式成为一个受美国资产阶级格外青睐的哲学流派。实用主义者反对思辨哲学，强调认识和实践的统一，主张发挥人的主观能动性。实用主义也是美国文化的核心，它渗透在美国社会的各个领域，影响美国国民的思想与精神。尤其是二战后，大学开始由社会边缘走向社会中心，与社会之间的关系愈加密切。一些实用主义者开始将实用主义带入大学的定位与价值中，因此美国高等教育的教育理论与实践主要受实用主义影响。克尔是一名典型的实用主义者，他提出的多元巨型大学理论蕴含着浓厚的实用主义色彩。

二 政治变革促生高等教育理念

第二次世界大战后，美国的政治处于急剧变革中，毋庸置疑，这会给高等教育带来影响。战后初期美国经济、军事的扩张，使得美国在全球称霸，美国企图将资本主义制度强加给世界各国。"杜鲁门主义"提出后，美国与苏联正式进入"冷淡期"，后来"马歇尔计划"使得朝鲜分裂。以麦卡锡为代表的反共反民主逆流，对青年人的思想造成巨大冲击，使青年变成了"垮掉的一代"。反共反民主逆流对学校的冲击也不容小觑，校园里的学生不再积极向上，他们用恶劣的方式表达对社会的不满以及对自由的向往。一些学校中的知识分子也积极地对美国的政治、经济和社会制度开展批评。不过值得一提的是，二战期间形成的军事-工业综合体对美国社会和高等教育产生了巨大影响。该综合体支配美国政治经济长达 20 年，致使美国工业界工人阶级的生活和消费水平明显提高。美国为了维护国家安定和保持社会发展，进一步成为世界霸主，不得不在经济、军事和科学技术领域展开激烈的国际竞争。美国政府开始意识到经济和军事实力的较量不仅仅取决于科学技术的进步与应用，更取决于智力储备，而这一切归根到底取决于教育，特别是高等教育。因此克尔基于其丰富独特的教育与管理实践经验，提出多元巨型大学理论，满足美国的现实需要。

三　产业增长对人才需求高涨

由于二战的需要，美国对科学研究加以重视，因此美国国防和经济的发展在战后更加突飞猛进。联邦政府对科研和开发的重视，推动了电子产业、航天工业、汽车工业的进步，使美国社会对科学人才、专业技术人员需求高涨。战后美国科学技术的迅速发展，使"知识产业"在 20 世纪 60 年代急剧膨胀。面对这样的状况，克尔明确指出大学已然成为实现国家目的的主要工具，以后知识产业会成为国家发展的焦点，而大学则是知识产业的中心。换句话说，经济的发展使美国的高等院校不再仅仅发挥培养人才的作用，而是成为发展知识产业的前哨和培养科学技术人才的基地。在这样的社会情况下，对教育问题有独到见解的克尔提出适应当前状况的多元巨型大学理论不足为奇。

四　大学观念需要新的理论引导

二战后，联邦政府开始关注高等教育，在此之后的一段时期里出现了四种理论：国家危机论、高等教育民主论、人力资本理论和高等教育轴心论。这些理论普遍把高等教育看作应对国家危机的"工具"、实现社会平等的"手段"、有效投资的"产业"和社会发展的"轴心组织"。同时，极大提高了政府和公众对高等教育性质和地位的认识水平，促使政府制定了一系列法律和政策。战后美国颁布了一些与高等教育有关的法案，比如《退伍军人权利法案》，该法案要求社会对二战期间的服役人员进行报偿，以避免战后可能会出现的失业率高的情况。在这一法案的激励下，1947 年在高校注册学习的退伍军人数量高达 116 万人，占据当年美国高校在校学生总数（233 万人）的49.8%。《退伍军人权利法案》使由于战争而失去教育机会的青年得到接受高等教育的机会，为美国培养了成千上万的人才，使战后美国的高等教育观念发生转变，极大地促进了美国高等教育的发展。再比如《国防教育法》，该法案的颁布，意味着美国首次以法律的形式将教育置于国家发展的重大战略地位，美国的高等教育改革与发展迈上了一个新的台阶。随后，美国政府又制定颁布了一系列法案，极大地推动了高等教育大众化的进程，美国高等教育进入发展的"黄金期"，具体表现为入学人数急剧上升、规模迅速扩大、条件极大改善，高等教育日益成为联邦政府优先资助的对象和发展的重点。

大学要重视学生的教育，又要兼顾科学研究，还要做好社会服务。美国大学在继承德国大学重视研究、英国大学重视教育传统的基础上，力图展示自身的特色。由于环境在不断变化，大学观念也会随之发生改变，这就需要新的观念引导。大学发展成为更多人关心的重点，身处高等教育实践一线的克尔敏锐地捕捉到这些变化和需求，并对之进行深入思考，从而产生了对当代大学的新认识，提出多元巨型大学理论。

多元巨型大学的出现，标志着大学从"纽曼模式"下的"乡村"，经过"洪堡模式"和弗莱克斯纳心目中的"市镇"，发展成为当代"克尔模式"下的巨型"城市"——有着自我性格的社会服务站。多元巨型大学的出现，将会为政治、经济、文化等社会中的各个领域提供优质的服务，以满足社会各个阶层对高等教育的需求。

第二节　基本观点

一　多元巨型大学理论的内涵

结合上述美国的观念、政治、产业、教育等方面的现实背景，克尔意识到现代的美国大学已然不是象牙塔式的牛津大学和剑桥大学，也不是仅关注教学科研相统一的柏林大学，它是一个朝向新方向发展的新型机构——多元巨型大学。法利斯（G.Fallis）认为，克尔所描述的大学，部分是中世纪大学及类似行会的结构，主要专注于专业培训，部分是纽曼所描述的大学及本科自由教育。克尔描述的大学也有德国大学的影子，包括对研究生教育以及科学院研究的关注。[①]

关于多元巨型大学的内涵，克尔表示：巨型大学是一个"多元"的机构。首先，它有若干个目标，不是一个；它有若干个权力中心，不是一个；它为若干种群体服务，不是一种。其次，它包括若干群体——本科生社群和研究生社群；人文主义者社群、社会科学家与自然科学家社群；专业学院社群；一切非学术人员社群；管理者社群。再次，它的界限是模糊的，它延伸开来，牵涉历届校友、议员、农场主、实业家，而他们又同其中的一个或多个群体相关联。最后，它具有若干个灵魂，其中有些灵魂是比较好的，尽管人们对哪些灵魂值得拯救的问题争论不休。

克尔指出，"多元巨型大学"成为一个很容易被误解的词语。他界定了多元巨型大学的外延：它不是指单纯的多校园大学，而是指一种单一的校园。多校园大学的发展虽然与多元巨型大学有某些联系，但基本上无太大关联。可以看出，与之前的大学不同，克尔所提出的现代大学观念更加突出了"多元"与"巨型"，不同的群体在不同的观念影响下，可能会产生不同的结构，碰撞出不同的火花。弗莱克斯纳认为大学处在一个"有机体"中，也就是部分和整体紧密联系在一起。与弗莱克斯纳的观念不同，克尔则提出多元巨型大学"很多部分可以增加也可以取消，但对整体无多大影响，甚至不为人所注意，或者不会遭受任何损失"[②]。

多元巨型大学这些异于传统大学的表现使其在二战后的美国社会中迅速发展，并逐渐成为现代大学发展和改革的新兴模式，由于"它在维护、传

---

① G. Fallis, *Multiversities*, *Ideas*, *and Democracy*, Toronto：University of Toronto Press, 2007.

② 〔美〕Clark Kerr：《大学的功用》，陈学飞等译，江西教育出版社，1993，第13页。

播和考察永恒真理方面是无与伦比的；在探索新知识方面是无与伦比的；在整个历史上的所有高等学校中间，在服务于先进文明的如此众多的部分方面也是无与伦比的"①，克尔认为它是当时美国社会中运转、适应与发展得最好的机构。

二 多元巨型大学理论的核心观点

（一）多元巨型大学的六大目的

一个大学的目的通常指引着大学自身的发展走向，大学的目的成为大学理念中的根本性问题。对于克尔提出的多元巨型大学来说，要想谋求长远发展，首先就应明确大学的目的。克尔对促成自己大学目的观形成的因素进行了分析，以此为基础，提出了适应多元巨型大学发展的六个目的。

1. 为学生的教育和发展提供具有建设性的环境

大学生活对学生来说，是个人生活的一个重要组成部分，同时会影响他们的一生。因此可以说，大学时期"在他们的发展中，是一个非常自由的选择的时期"②。所以，大学有一个基本的责任，即为学生提供各种各样的教育机会，包括：发展学生对社会的理解能力；使学生获得在自己选择的领域的学术和技能的能力；培养学生达到适当的学术行为标准；激发学生学习文化的兴趣和提高文化技能。要给学生提供具有建设性的环境，以此进一步促进学生的身心发展。

2. 促进整个社会的人的能力逐步发展

人力资本的投入会使社会财富越来越多，大学可以通过多种途径进入促进人的能力发展的过程。比如：提供新思想和更好的技术的科学研究，并传播到各行各业；发现和帮助有才能的人，最大限度地开发他们的潜力并把他们导向社会所需要的领域，以此吸引更多的人；为公众提供教育、医疗、文化、生活等领域的保障和支持。对此克尔提出，大学在促进社会个人能力的

---

① 〔美〕Clark Kerr：《大学的功用》，陈学飞等译，江西教育出版社，1993，第29页。
② 〔美〕克拉克·克尔：《高等教育不能回避历史——21世纪的问题》，王承绪译，浙江教育出版社，2001，第228页。

发展方面有着不可推卸的责任，具体表现在：发展和得到新的思想和新的技术；培养和训练人才，并指导人才使其更加有用；提高广大公众对信息的理解能力和增加公众对文化的鉴赏机会。

3. 保证中学后年龄组学生的教育公平

当时美国对实现社会公平有迫切的需求，大学在过去从来没有像当前这样被要求成为实现公平的一个工具。因此克尔认为："高等教育有一个联合和帮助社会的其他机构为中学水平以上寻找教育机会的人们提供教育机会的义务。"① 教育的公平并不意味着所给的等级和所获得的学位的一种结果平等，而是学生的个人能力和兴趣所带来的一种合理的机会均等。机会均等并不等于结果均等，大学只需要保证机会均等，即让那些具有不同能力和兴趣的学生拥有同等的入学机会，并不要求和强调最后要取得同样的教育效果。

4. 支持智力的和艺术的创造性，实现纯粹学习

大学并不总是一个卓越的纯粹追求学问的场所，它现在已经变成一个在自然、社会和人文学科，创造性艺术和社会思想等领域进行创造性思考的富饶的环境。克尔提出，虽然基础研究意义上的纯粹的学问可能导致应用研究，但是它有属于自己的目的。因此，大学有责任"保存、传播和阐明过去的智慧；发展和分析过去的史料；为目前的科研和智力创造性提供一个环境；和为未来保证经过训练的心智和持续不断的兴趣，以便人类知识的存储可以保持扩展——所有这一切都超出参照任何当前的实际应用"②。

5. 通过个人思考和说服，提高个体评价社会的能力

克尔认为，美国社会正在面临种族、民族和性别歧视等这类具体问题，除此之外，还面临着如何保持制度的灵活性与适应性的问题。大学可以通过培养学生的批判与评价能力，激发学生个人的思考，以此对社会进行批判性检验，促进和保障社会的自我更新能力。因此，大学不仅可以为教师和学生

① 〔美〕克拉克·克尔：《高等教育不能回避历史——21世纪的问题》，王承绪译，浙江教育出版社，2001，第239页。
② 〔美〕克拉克·克尔：《高等教育不能回避历史——21世纪的问题》，王承绪译，浙江教育出版社，2001，第242页。

提供个人思考和说服他人的机会，还可以为他们提供自由评价社会的机会。他们可以自由地批评，这也是学术活动的一个重要组成部分。

6. 帮助社会从比较实利主义的消费转到比较文化的消费

实利主义的消费大量地利用稀有的物质资源，且常常实现不了自己的目标；相反，文化的消费就不那么大量地利用物质资源，具有比较多的、较少竞争的享受形式。其目标是"对环境较少费用，获得较大的满足"①。对此，克尔提出大学更应该集中注意学校课程的文化丰富程度，注意周围人口的文化设施情况。

综上所述，克尔对于多元巨型大学目的的分析与阐述建立在对之前大学目的的深刻反思之上，并且他结合美国社会发展的现状，提出了多元巨型大学的六大典型目的，这些目的具有多元、实用的特性。多元巨型大学与以往一元性质的大学不同，其目的不止一个而是多个，涉及人的发展、教育公平、批判社会的能力等多个方面。不过克尔认为，随着大学积累越来越多的知识和新的技术，随着社会发展成为一个具有复杂的活动和关系的网络系统，大学对社会的需要做出贡献的可能性也会发生变化。这些目的对大学来讲是阶段性的。因此，克尔认为应该针对不同时期的情况，定期对大学的目的进行重新评价。

（二）多元巨型大学的三大职能

大学在根据社会发展调整目的的同时，其职能也在随之改变。从传统意义上来说，大学的职能一共有三种，分别是：人才培养职能、科学研究职能和社会服务职能。而随着社会的发展，大学的内部结构日益复杂，克尔认为当下多元巨型大学的职能更加复杂。无论是对大学职能的实际批评，还是对大学职能的拓展，都不能用简单化的三维分类体系予以评价。因此，他将大学职能划分成包含生产职能、消费职能和公民职能的职能体系，并认为如此划分可以更好地适应多元巨型大学的发展。

---

① 〔美〕克拉克·克尔：《高等教育不能回避历史——21世纪的问题》，王承绪译，浙江教育出版社，2001，第216页。

1. 生产职能（Production Functions）

生产职能是指那些潜在的，可能会增加社会商品和服务产出的职能。多元巨型大学的生产职能具体体现在以下三个方面：一是人才选拔，要求大学从社会各界选择、指导、评价和安置学生；二是人才培训，可以为学生提供职业型、技术型、专业型的技能培训；三是社会服务，即通过正式和非正式的建议和咨询为社会提供服务。所有这些职能最好都应该由专家执行，并通过组织严密的项目一步一步来执行。[①]

2. 消费职能（Consumption Functions）

消费职能是指与学生当前对产品和服务的消费相关的职能，以及那些与改变个体的品位、敏感性、技能和机遇相关，可以使个人的生活更充实、更完美的职能。多元巨型大学的消费职能具体体现在以下四个方面：一是普通教育，这可以帮助学生更加深刻地理解本国和非本国的文化遗产；二是校园社区生活，通过提供社区式的生活，可以扩充学生的兴趣，培养良好的人际交往能力；三是学生管理，包括为学生提供住宿、食物、医疗护理和个人咨询等；四是维持性平台，是指当学生对自己未来的选择产生迷茫时，学校是一个可以提供考察机会和做选择的地方，以扩大他们的选择范围，延长做出这些选择的时间，从而提高学生的选择质量。

3. 公民职能（Citizenship Functions）

公民职能是指与学生、校友和教职工在履行公民责任方面相关的职能。多元巨型大学的公民职能具体体现在以下三个方面：一是社会化，包括让学生了解政治、经济和社会生活的性质和规则；二是评价，大学要培养学生评价既定的社会宗旨和行为的能力，并为他们提供表达反对意见和提出建议的机会；三是补救，即为来自不同家庭、不同社区的学生提供补偿教育，以便弥补这些学生的缺陷，将他们之后的竞争置于更加平等的基础上。

（三）多元巨型大学的管理模式

多元巨型大学是一个庞杂的实体，它的内部结构相对复杂且矛盾，因此

---

① Clark Kerr, *The Great Transformation in Higher Education*, *1960-1980*, Albany, N.Y.: State University of New York Press, 1991, p.58.

通过对多元巨型大学进行管理可以实现其整体利益的最大化,以谋求长远的发展。以往的一元管理模式在多元化巨型大学中显然都已不适应,取而代之的是一种全新的、由学生、教师、政府、代表各种利益的公众团体以及行政机构构成的多元管理模式。

1. 学生

学生曾经拥有一切权力,博洛尼亚学生行会就是一个很好的例子。在第一次世界大战之前,就出现过大学生管理的浪潮,学生在课外活动领域中的权力被一直保持下来。在多元巨型大学中,"学生们对学术问题的影响比通常认为的要远为重大"①,学生与课程的关系可以类比为消费者与商品的关系,消费者的喜好往往会决定一些商品的受欢迎程度,之后受欢迎的商品会被大批量生产出来,不受欢迎的商品就会被淘汰。与此同时,学生对老师也有一定的制约,体现在学生对老师和教授的选择上。学生的选择意味着对教师能力的肯定,未被选择的教师将没有参与教学工作的机会。"在规模大的学校中,教师中的四分之一可能是由学生选择的,他们承担着一半甚至更多的实际教学工作;学生们还可以'挑选'百分之十或更多的教师,使之几乎不参加任何教学工作。"② 从学生对课程与教师的选择上可以看出,学生可被看作多元巨型大学的管理者之一。

2. 教师

在以往的巴黎大学,乃至后来的牛津大学和剑桥大学中,教授这一角色发挥着强大的控制力,耶鲁大学则最先将权力转让给教授。教授在现代的多元巨型大学中仍然拥有权力,他们的权力涉及招生、课程设置、考试以及授予学位等方面。同时,他们还深深影响着教师的任命,个别教授在研究机构和研究赠款方面的影响也是相当大的,甚至起决定性作用。这些权力既保证了教授们科学研究活动的正常开展,也为多元巨型大学的未来发展带来了生机。

---

① 〔美〕Clark Kerr:《大学的功用》,陈学飞等译,江西教育出版社,1993,第14页。
② 〔美〕Clark Kerr:《大学的功用》,陈学飞等译,江西教育出版社,1993,第14页。

3. 政府

当今社会，大学逐渐由社会边缘走向中心，教师、学生和师生行会自产生以来已经走了很长的路。"一般来说，权力中心已从最初的师生社群内部转移到外部。"① 政府权力部门开始同大学联系，甚至影响大学的管理。在法国，拿破仑首先把握控制大学系统，他重建了大学体系，使大学成为由国家管理的法国教育体系的一部分。随后，近代德国、英国、美国等国家也开始通过设立非专家委员会维护政府权力在大学中的影响。这种现象在美国最为明显，"在各州立大学，除了非专家委员会（指大学董事会）之外，还有州财政部、州长和州议会也越来越趋向于对学校工作进行详尽的审查"②，由此可见，政府对大学的管理权进一步扩大。不过，这一趋势也确实更加符合多元巨型大学的发展。

4. 代表各种利益的公众团体

这类团体大体分为两种，第一种是私立大学中的校友、捐款人、基金会、联邦机构、各种专业和企业集团；第二种是公立大学中的农会、工会和公立学校等。当校园的边界变为国家的边界时，学校内部与外部的界限也会变得模糊起来。因此除了对大学享有管理权的学生、教师和政府部门之外，还有一些正式和非正式的代表各种利益的公众团体。这些团体从不同方面，通过不同的手段和方法行使着对大学的管理权，从而成为多元巨型大学管理体系中的一个新型角色。

5. 行政机构

社会的多元化发展虽然对大学提出许多挑战，但也带来了更多的发展机遇，大学也在为不断适应社会发展而谋求自身更大的发展。起初，中世纪大学还未产生独立的行政管理机构，不过随后这种机构很快产生。一开始在教师和行会中选出一位校长，随后产生了系主任，逐渐又出现学院院长，这是早期行政机构的雏形。克尔所强调的多元巨型大学不论是规模还是结构都是

① 〔美〕Clark Kerr：《大学的功用》，陈学飞等译，江西教育出版社，1993，第17页。
② 〔美〕Clark Kerr：《大学的功用》，陈学飞等译，江西教育出版社，1993，第16页。

复杂的。"由于机构变大了，所以行政管理作为一种特殊的职能变得更为程式化，并独立出了行政部门；由于机构变得更为复杂，行政管理的作用在使大学整体化方面变得更加重要了；由于学校同过去的外部世界的关系更加密切了，行政管理就承受了这些关系所带来的负担。"① 这些行政机构的代表如校长、系主任、院长就自然而然地参与到大学管理中。

可以看出，多元巨型大学的管理模式是由学生、教师、政府、代表各种利益的公众团体和行政机构共同组成的。在大学中，这些群体代表不同的利益，他们共同行使对大学的管理权，每个群体的权限会受到其他群体的制约，最终各个群体在不断地竞争和制约下实现共赢，促使多元巨型大学不断发展。这种管理模式在多元巨型大学中确实会起到很大的作用，也符合多元巨型大学的本质属性。因为大学中存在若干社群，如果只有单个权力中心，势必会导致权力完全集中于一个利益群体，就会造成大学的管理失衡。因此，这种多元化管理模式不仅有利于防止专制，还有利于实现管理民主。但事物都有两面性，这样的管理模式在体现自身优势的同时也暴露了一些劣势。虽然具有多个权力中心可以更好地体现民主，但是缺乏适当的权力集中会造成管理决策效率低下。

（四）多元巨型大学校长的角色

行政管理已经成为多元巨型大学的显著特征，作为行政管理的代表，大学校长将成为管理大学内部、协调大学外部的重要人物，校长的角色也在不断变化中。克尔认为，多元巨型大学的校长通常具有多面人格。他认为大学校长应当是这样的人："既坚定但又不失礼貌，对别人敏锐，对自己迟钝；既能看到过去又能展望未来，且牢牢地扎根于现在；既富于幻想又明智稳重；既和蔼可亲又深思熟虑；既深知金钱的价值，又承认思想无法用金钱买到；既勇于幻想又谨慎从事；既是一个有原则的人又能胆大作为；既有广阔的视野又能有意识地寻根究底；既是一个善良的美国人又能毫无畏惧地批判现状；在不过于伤害别人的感情的情况下追求真理；当政府的政策尚未反映

① 〔美〕Clark Kerr：《大学的功用》，陈学飞等译，江西教育出版社，1993，第18页。

到学校时，他就是这些政策的传播者。他在民主社会是一个边缘人物——这种人物还有很多——处在许多集团、许多观念、许多努力、许多特征的边缘。他是一个边缘人物，但又处于整个过程的核心。"① 由此可见，多元巨型大学的校长，实际上会扮演多重角色。

首先，校长是维持校园和平的"调解者"。随着大学规模的不断扩大，大学会受到外部权力的制约，相应地，校长这一职位也将承担更多的责任。随着大学开始变成多元巨型大学，校长职位的本质也在发生变化。大学内部具有多个团体，比如学生、教师、董事等，他们都有各自的利益范围，大学内外需要调和的因素越来越多，这就会导致被领导的人越来越少。因此，校长的职责就是负责协调好各个利益集团之间的关系，使大学生团体内部、教职员内部、董事会内部以及各个群体之间和平共处，共同发展。克尔在《大学的功用》一书当中强调了大学校长"调解者"这一角色的重要性，他认为在多元巨型大学中"调解者"这一角色的存在是必需的，也是必然的。

其次，校长是促进团体进步的"指引者"。除了使大学在矛盾中实现内部团体的利益平衡这一任务外，致力于团体进步是大学校长的另一大任务。对多元巨型大学来说，当前的状态不利于同时应对知识爆炸和人口爆炸等社会问题，要进一步谋求大学的发展。所以大学校长便被要求成为一个"促进进步的指引者"，他需要对卓有成效的革新很敏感。②

最后，校长是校园和自身形象的"形象创造者"。克尔在《大学的功用》1972年版的后记中，又强调了大学校长的另一重要角色——"形象创造者"，即"创造一种令人喜欢的学校形象及其自身作为学校突出象征的形象"。③ 他给大学校长下这样的定义的原因在于两个方面：第一，人们以前大多是通过面对面接触来了解大学，而现代社会由于大量传播媒介的介入，人们更多地通过大学所树立的形象了解大学，所以校长必须关心自身和学校的形象；第二，由于现在已经有对大学持批评态度的学生和教师，他们或用

---

① 〔美〕Clark Kerr：《大学的功用》，陈学飞等译，江西教育出版社，1993，第19页。
② 〔美〕Clark Kerr：《大学的功用》，陈学飞等译，江西教育出版社，1993，第24页。
③ 〔美〕Clark Kerr：《大学的功用》，陈学飞等译，江西教育出版社，1993，第101页。

服饰，或用语言等方式表达自己的立场，校长就必须通过塑造自己的形象同他们做斗争。与此同时，校长应该努力平衡利弊，做一个合格的"形象创造者"。

除以上三种角色以外，多元巨型大学的校长还充当领导者、教育家、创新者和掌权者等其他角色。由此可见，把以上角色同时赋予一个人，大学校长将面对更高的要求和挑战。

（五）多元巨型大学的生活群体

克尔认为，传统大学是一个居住僧侣的村庄。现代大学则是一座城镇——一座由知识分子垄断的工业城镇，多元巨型大学是一座充满无穷变化的城市。[①] 和村庄相比，它有较少的社区感，也有较少的局促感；和城镇相比，它有较少的目的感，但是达到优越条件的途径却比较多。随着自身发展，大学越来越成为人类文明中不可缺少的部分。与此同时，大学进入或脱离周围社会的速度也在大大加快。

多元巨型大学的学生群体同其他学校的学生群体相比，年龄更大，有的也许已婚，因此职业倾向会更加明确。他们来自不同的阶层和种族，拥有不同的经历和背景，因此他们也许会感觉自己置身于一种强大的竞争氛围中，甚至形成了不同的群体——男大学生联合会和女大学生联合会；体育运动等专业的"大学生群体"；认真钻研"学术"的大学生群体；追求为特殊职业而进行训练的"职业大学生群体"；政治活动家、有进取心的知识分子以及放荡不羁者的"不信国教者群体"。[②] 不过，多元巨型大学对于学生来说又是一个相对混乱的地方，虽然学校给他们提供了广泛选择的机会，但这些机会常常会令他们摇摆不定。

对于大学的教学人员来说，生活也在改变。多元巨型大学事务纷繁，除了教员和研究人员之外还有咨询人员和管理人员。对绝大多数教学人员来说，教学越来越不是重点，研究越来越重要。这就导致以往的教师队伍出现

---

① 〔美〕Clark Kerr：《大学的功用》，陈学飞等译，江西教育出版社，1993，第 26 页。
② 〔美〕Clark Kerr：《大学的功用》，陈学飞等译，江西教育出版社，1993，第 27 页。

了一种三重阶层结构——专门从事研究的人员、专门从事教学的人员（它们大部分担任辅助的角色），以及既从事研究又负责教学的人员。[①] 而后随着很多教学人员拥有研究助手和教学助手，也有各自的系和研究所，他们逐渐成为行政管理人员。与此同时，教师的工资和地位也有了显著提高，教学人员越来越成为社会的完全参与者，而不是置身于社会之外的人了。随着研究机会的增加，大型学校中的教学人员都具有一定的新的独立意识，他们不受行政部门或其同事支配，因此有很多行政工作会被对应地分散到教授个人身上。

教授则可以根据自己的兴趣选择那些从未担任过的角色，如果不愿意，也有决定去或留的权力。与此同时，教授拥有若干种生活方式，因此可以说，教授实际拥有更大的自由。正如克尔所说，有的教授甚至可以成为在多元巨型大学校园内拥有家庭办公室和基本雇员的专家，但他的顾客有可能分散在世界各个地方。

（六）多元巨型大学与外界的联系

多元巨型大学作为一个界限日益模糊的组织集体，其社群、管理者以及服务对象都与社会有着不可分割的关系，大学越来越成为社会发展不可或缺的组成部分，它在社会中所处的地位也越来越重要。高等教育的目的与功能也日趋复杂，政府、企业界出于自身利益的考虑，越来越主动地介入大学事务，从外部对大学施加各种影响。所以，多元巨型大学要不断调整自身与社会之间的关系，这样不仅可以回应外部变化，也有利于自身目的与职能的实现。

1. 大学应保持与政府之间的联系

在大学从"知识的象牙塔"发展到"社会发展的动力站"这一过程中，学校与政府应该保持怎样的关系这一话题一直被社会上各界人士所热议。在美国，这个问题出现得更早，也更加突出。通过分析美国大学与政府关系的演变，克尔认为，政府对大学的影响一直存在于从独立战争之前的"无意

---

① 〔美〕Clark Kerr：《大学的功用》，陈学飞等译，江西教育出版社，1993，第27页。

识"阶段到二战后"联邦拨款大学"的诞生阶段。且美国这一独具特色的体系的建立是由于受到两次冲击。第一次是土地拨赠运动，1862 年美国总统亚伯拉罕·林肯（Abraham Lincoln）签署了《莫雷尔法案》（Morrill Land-Grant Act），这标志着土地拨赠运动的开始，是"对上世纪中叶在美国形成的工农业迅猛发展势头的反映"。① 它试图向各个阶层所有合格的年轻人敞开大门，打破了大学造就精英的传统，更多地服务于创造一个相对没有等级的社会。第二次冲击则始于第二次世界大战期间联邦政府对于科学研究的资助，那一时期大学开设了各种科学实验室，这些实验室成了战后得到联邦财政资助的研究中心的先例。政府对大学的科学研究给予了大量的财政资助，以谋求大学相应的科技支持。这一举措促进了大学与政府的往来，克尔坦言："联邦政府与高等教育，特别是与联邦拨款大学的伙伴关系，在扩大科学思想和科学技能方面取得了巨大的成效。"② 同时，克尔还为进一步加强这种关系提出了建议：联邦研究中心应与大学结合、继续为大学的科研和研究生教育提供资助、鼓励博士后和科研教授进行教学活动、为科研人员提供空间和设备、设立各种机构为大学的利益服务等。

因此，多元巨型大学应当重视保持与政府之间的联系。

2. 大学应加强与企业之间的联系

多元巨型大学与社会的联系无疑是日益密切的，除了受政府的支持以外，也受各类企业的影响。随着大学职能范围的进一步拓宽，大学在发挥人才培养职能的基础上，增加了进行科学研究与社会服务的职能，并且多元巨型大学的职能仍处于不断变化之中。这一变化促使大学进一步增加与企业的合作，这使各类企业意识到，它们要依靠大学培养的科学技术人才解决实际问题，如此才能实现更高的投资回报。知识前所未有地处在整个社会活动的核心位置，"就大学来说，目前的基本现实是人们普遍承认知识是经济与社会发展的最重要的因素"③。因此，在知识社会，可以说大学掌握着知识命

---

① 〔美〕Clark Kerr：《大学的功用》，陈学飞等译，江西教育出版社，1993，第 33 页。

② 〔美〕Clark Kerr：《大学的功用》，陈学飞等译，江西教育出版社，1993，第 56 页。

③ 〔美〕Clark Kerr：《大学的功用》，陈学飞等译，江西教育出版社，1993，第 5 页。

脉，商业和工业企业等都无法完全摆脱对大学的依赖。例如，波士顿周围的第 128 号公路以及旧金山湾区和南加州巨大的发展中的工业联合体反映出这些地区存在众多的大学。这种大学与企业之间的合作，为大学的发展注入了新的活力，也带来了很多机遇。

因此，多元巨型大学应当重视加强与企业之间的联系。

第三节　批评与应用

一　批评

克尔的高等教育思想无疑开辟了美国大学观发展史的新阶段，并且充实了二战后美国的高等教育理论体系。可以说，它为美国树立了多元化大学的榜样，并使"多元化、高质量、普及与规划"成为美国高等教育的统一纲领。[①]

然而，有学者在研究了克尔的《大学的功用》一书后，认为多元巨型大学是一个具有高度选择性而不是包容性的标准，它甚至是具有悠久历史和许多未被承认的实用主义形态的后期延伸。[②] 克尔将多元巨型大学比喻为自助餐，它支持对所有有抱负的学生进行卓越的指导。但是，克尔关于多元巨型大学的论点并没有讨论到如何通过公平分配资源来解决矛盾和竞争性因素的问题。他将注意力集中在他这一代人独特的历史假设上：他对学校内部的基本信心和对外部压力的非政治担忧。他通过拒绝过去的大学模式以及任何继承的决策模式，实现平衡。《大学的功用》一书明确包含了：（1）美化古老的土地授予的传统；（2）在不放弃卓越的情况下建立新的服务方向；（3）教学和研究之间的启发式联系；（4）承认外部联邦的利

---

① 朱景坤：《多元巨型：克拉克·科尔的大学观解析》，《徐州师范大学学报》（哲学社会科学版）2012 年第 1 期，第 133～138 页。

② Paul H. Mattingly，"Clark Kerr：The Unapologetic Pragmatist," *Social Science History*，Vol. 36，No. 4，2012，pp. 481-497.

益，而不过度担心其破坏性的后果；（5）为大学作为现代世界独特资源的修辞进行辩护。不过需要意识到，列出这些问题和建设性地参与问题解决是两回事。

保罗·马丁利（Paul H. Mattingly）认为克尔并没有描述一种新的高等教育类型，而是对加州大学伯克利分校的单一机构进行了简单描述。[①] 此外，罗伯特·保罗·沃尔夫（Robert Paul Wolff）在《大学的理想》一书中阐述了克尔的大学观的不足。他直言不讳地说《大学的功用》采取一种"描述-庆祝"的表达方式，是一种事实描述和标准化辩护之间的模糊的混合。克尔本人坚持自己是在描述当代大学的现实，而克尔的语气带有一种庆祝情绪。因此，不管用"观念"或者"理想"都无法准确表达克尔所描绘的多元巨型大学。它之所以介于观念与理念之间模棱两可，克尔对多元巨型大学的态度之所以存在难以厘清的模糊性，都与多元巨型大学本身的尴尬命运息息相关。克尔提出的新大学模式，在当时的美国社会并没得到普遍信奉。在学术圈中，对多元巨型大学的反对看上去似乎仅仅是因为知识分子的势利。[②] 沃尔夫曾说："人文学科和纯科学看不起那些在多元巨型大学中轻松自在的学术上的暴发户……学术精英与多元巨型大学的关系就像 18 世纪拥有土地者与拥有资金者的利益关系，或者就像稍后的新币和旧币的关系。"[③]

还有学者认为，多元巨型大学会破坏学术内部的政治组织，大学教育的数量在逐步增加，使得权力的委托不可避免。在这样的情况下，大学机构理应朝向更小、拥有更完整的自治的单位发展，而多元巨型大学拥有多个机构，活动也具有差异性。多元巨型大学中牵涉的主要问题如财政和发展等的真正决策权在校长手中。而多元巨型大学的校长和美国总统一样，

---

① Paul H. Mattingly, "Clark Kerr: The Unapologetic Pragmatist," *Social Science History*, Vol. 36, No. 4, 2012, pp. 481~497.

② 徐丹：《内在的崩溃：克尔"多元巨型大学观"述评》，《清华大学教育研究》2007 年第 6 期，第 21~31 页。

③ Robert Paul Wolff, *The Ideal of the University*, New York: Routledge, 1992.

行使对方不在场的统治权，这与民主社会的传统理念没有任何关系。① 如果说克尔的多元巨型大学是拓宽边界、涵盖一系列学科与目的的机构，那么当前正在出现一个新机构将它掩盖过去，并且我们需要一个新术语描述它，去展现与克尔在 20 世纪 60 年代早期所观察到的截然不同的特征。克尔提出的多元巨型大学受到地理位置的限制，因此它实际上促进了全日制与寄宿制学习。目前，大学自身也在发生变化，凭借丰富的文化、体育和学习资源，许多大学是非学生社区的叠加，即使他们不参与正式的学术课程，也可以加入大学。②

关于克尔的多元巨型大学理论，中外学者的褒奖与赞扬较多，批评与反思较少，本书仅摘取部分观点。

二　应用

克尔所提倡的大学模式与之前的大学模式主要区别之一是，多元巨型大学有许多中心思想而不是一个，在过去 30 年里，多元巨型大学最重要的作用之一就是转让技术和科研成果，以促进工业和经济增长。③ 正是当时美国社会不断发展，对人才的质量提出更高要求，美国大学才开始意识到知识所发挥的重要作用。随着知识经济的出现，大学的职能变得越来越重要，人们日益认识到大学作为国家创新体系的一部分，对经济增长、竞争力和工业创新具有很大的推动作用。克尔在写《大学的功用》一书时，几乎没有大学在研究和科技转化方面做出实质性的努力。不过，克尔提出的多元巨型大学理念无疑具有里程碑意义，在他的书籍出版 50 年后，"是时候评估科学技术转化怎样适应克尔的模型，以及广泛出现的'技术转化部门'（以下简称

---

① 徐丹：《内在的崩溃：克尔"多元巨型大学观"述评》，《清华大学教育研究》2007 年第 6 期，第 21~31 页。

② Jay Halfond, "In My Opinion: From Multiversity to Transversity: The New Uses of the University," *The Journal of Continuing Higher Education*, Vol. 52, No. 2, 2005, pp. 41-42.

③ Kristjan T. Sigurdson, "Clark Kerr's Multiversity and Technology Transfer in the Modern American Research University," *College Quartely*, Vol. 16, No. 2, 2013, https://files. eric. ed. gov/fulltext/EJ1016502. pdf.

TTO）如何改变当代大学和社会的结构和功能"①。大学 TTO 具体负责专利与知识产权，以及其他与大学知识产权管理相关的活动，包括创建和孵化衍生公司等。

克尔在讨论多元巨型大学的治理时指出，它拥有多个不同内部社区的机构，其边缘是"模糊的"，且大学会接触到立法者、农民、商人等，他们都与一个或多个内部社区有关。"多元巨型大学与外部利益相关者接触的最重要的方式之一是传播研究成果，久而久之，传播日益意味着向产业转移，而 TTO 是这一重要传播类型的主要工具。"② 20 世纪 80 年代以来，美国的研究型大学都普遍存在 TTO，不过各个大学在技术转化方面的经验仍差异显著。尽管如此，在某些情况下，它们也是变革的有力推动者，对大学及其在社会中的作用产生重大影响。克尔对多元巨型大学的定义是包容性的，足以使许多美国大学实现商业化转变，这种转变可以从技术转化的重要性中体现出来。"克尔设想的多元巨型大学似乎为 TTO 提供了空间，他可能对这种现象的出现并不感到惊讶。"③ TTO 的运作会影响到大学与社会之间的互动，因此我们还应意识到 TTO 可能会扭转大学内部许多社区之间的权力平衡。

随着政府对大学的投资日益增多，人们开始建立起大学是现代经济核心的共识，公众对工业和市场的潜在期望也在增长。美国的立法和司法变革不仅使大学作为知识生产者的地位合法化，还激励大学开发、保护和利用知识产权。1980 年，美国国会通过了《Bayh-Dole 专利和商标修正案》，该法案被称作美国大学与产业关系的分水岭，它赋予了大学对联邦资助的研究成果申请专利和许可的权利和义务。除了 Bayh-Dole 法案，法院判决也增加了可

---

① Kristjan T. Sigurdson, "Clark Kerr's Multiversity and Technology Transfer in the Modern American Research University," *College Quartely*, Vol. 16, No. 2, 2013, https：//files. eric. ed. gov/fulltext/EJ1016502. pdf.

② Kristjan T. Sigurdson, "Clark Kerr's Multiversity and Technology Transfer in the Modern American Research University," *College Quartely*, Vol. 16, No. 2, 2013, https：//files. eric. ed. gov/fulltext/EJ1016502. pdf.

③ Kristjan T. Sigurdson, "Clark Kerr's Multiversity and Technology Transfer in the Modern American Research University," *College Quartely*, Vol. 16, No. 2, 2013, https：//files. eric. ed. gov/fulltext/EJ1016502. pdf.

以申请专利的类别，包括生物体研究和一些基础科学发现。

　　综上，克尔的多元巨型大学理论存在一定的局限性，但它丰富了西方大学的理论体系，也开创了大学理念发展历史上的新时代。因此，该理论可以被称作高等教育界的经典理论，并且不可否认的是，当许多国家的大学面临相似问题时，克尔的大学理论具有很高的借鉴价值。在我国，习近平总书记指出，"必须扎根中国大地办大学"①。世界上没有完全相同的历史文化与制度，一个国家的高等教育发展必须符合本国的实际。克尔对于多元巨型大学的描述和分析不仅引起我国学者对大学理念的思考，而且为我国大学的发展提供借鉴。但关于我国高等教育"为谁培养人，培养什么人，怎样培养人"的问题，还需要结合我国的实际情况进行深入探讨。

---

① 习近平：《在北京大学师生座谈会上的讲话》，人民出版社，2018，第10页。

第八章
创业型大学理论

"Enterpreneurial" 一词源于古时法语当中的 "Enterprendre"，有 "做事、从事" 的相关意思，《安卡塔世界英文字典》（Encarta World English Dictionary, 1999）将其定义为 "创造或资助新的商业企业以获取利润的人"，"企业的组织、管理、承担经营或企业风险的人" 是由《梅里亚姆-韦伯斯特大词典》（2003年）定义的，而《牛津英语词典》（2003年）则给出另外的释义，是指在特定的政治和经济领域 "经营企业的责任者"（Enterpreneur），占有、经营企业的管理者，"积极承担获利或者亏损的尝试者"。

"Enterpreneurial University" 一词在专门的英文字典中没有相对应的中文释义，不同学者在翻译时仍有争议。国内知名学者王承绪教授在翻译著作 *Creating Entrepreneurial Universities：Organizational Pathways of Transformation* 时，将其翻译为 "创业型大学"。"创业型大学" 这个翻译同时也能与国内高教学术界的 "教学型大学" "研究型大学" 等一些翻译相呼应，而且能够突出这类大学 "创业" 的显著特点，所以，在这里我们就把 "Enterpreneurial University" 统一翻译为 "创业型大学"。

克拉克与埃茨科威兹两位知名学者都被学术界称为创业型大学的理论创造者，两位学者分别在起点问题、研究角度和理论基础等许多方面，对美国和欧洲的创业型大学进行了比较系统的理论性研究，虽然他们的理论见解各有各的不同，但还是在某些方面达成了共识。如两个人都认为创业型大学代表着高等教育领域深刻变革的重要趋势，都认为只有通过教师的变革和转型发展才能带来大学的变革，都主张促进科研成果的应用和转化，都主张通过学术上的创业来彻底摆脱大学的依附地位，并且认为这才是创建和发展创业型大学的目的等[①]，他们丰富的研究成果为后人研究创业型大学理论、概念等问题奠定了基调。

第一节　提出背景

一　高等教育大众化、多元化不断发展的需求

第二次世界大战以后，高等教育的规模越来越大，越发大众化的发展趋势导致了大量不同年龄阶段、不同类型的学生出现，社会经济发展和产业升级对毕业生的专业性要求也越来越高，学生对入学机会的要求和毕业生在社会上的需求发生了变化。许多毕业生面对大量竞争对手，觉得自己在理论知识方面存在局限性，并认为如果能够将实践经验与理论知识相结合，自己在就业市场上的竞争力就可以提高，所以迫切希望能够通过参与企业生产过程的实践锻炼，来不断增强自己的动手能力，与此同时也希望自己能够实地接受具有创新创业素养能力的专业老师指点，能够与行业建立更紧密的联系，同时通过以业务为导向的课程学习，使自己的理论水平得到提高，创业意识得到增强，能更好地适应社会发展。在这样的情况下，大学开始面临一系列问题，比如学生资源、教育资源、专业产业型师资力量的竞争以及学生和社会不断增长的新需求等，伴随这些问题同时出现的，是大学资金来源逐渐不能够支撑运行、自身需求负担加重，以及大学内部运行机制僵化造成的大学对社会发展进步的反应能力不足等一系列难题。深陷生存危机与发展危机的大学，需要灵活地跟随社会发展，对人们需求的"创业型"做出积极的回应。

[①] 付八军、李炎炎：《创业型大学内涵的溯源性解读》，《高等工程教育研究》2018 年第 3 期，第 165~170 页。

以英国的发展为例，随着英国高等教育规模的不断扩张，创业型大学应运而生并不断发展。根据马丁·特罗对高等教育发展进行的三阶段理论描述，对于英国高等教育来说，其在 1950～1970 年经历了从精英高等教育向大众高等教育的转型发展。在 1945 年的时候，英国的高等教育毛入学率只有 3%，而到了 1970 年，毛入学率已达到了 15%。第二次扩张以后，英国的高等教育毛入学率在 1992 年达到了 31%。生源的不断增长推动大学不断发展。1963 年，英国大学的数量只有 24 所，到了 20 世纪 60 年代末，能够自主决定内部组织结构体系、课程标准体系、教学科研制度和考试制度等的 10 所新大学建立，其中也包括英国的华威大学（University of Warwick）。同时，英国开始实行双轨制，大力发展多科技学院（Multi-Technology College）和教育学院，这些学院主要负责职业培训，英国希望以此来缓解精英高等教育和大众高等教育之间存在的矛盾。但是到了 1992 年，英国政府开始限制并逐步取消双轨制，将大多数多科技学院升格为大学。英国的高等教育随着不断增长的毛入学率迅速发展，截至 2000 年，英国高校数量达到 166 所，其中包含了 112 所大学和 54 所学院。

20 世纪 60 年代，由于中央政府对高等教育的持续投入以及大学收入中公共经费比例的提高，英国高等教育得到了快速发展。但是到了 70 年代，经济全球化不断发展带来经济社会的变化，在这样的情况下，为了积极应对这种变化，英国中央政府开始逐渐减少对企业部门的税收，同时尝试把其他一些公共资源项目转移到经济社会发展上来，比如社会福利项目等，并不断进行军事或民用发展项目，这些项目有利于刺激经济增长。同时，英国中央政府开始尝试压缩政府开支，将开支改为国债，并把压缩的开支用在社会保障、医疗卫生、初级和中等教育等方面。但高等教育受到排挤，最明显的表现就是中央政府不再视高等教育经费为投资而视其为消费。因此，英国从 1979 年撒切尔夫人执政开始，就大幅削减高等教育公共经费，并在 1981～1984 年实施了第一轮大学体制内的预算大幅削减，三年削减幅度在 17% 左右，并允许各大学拨款委员会区别对待，在拨款时予以裁减，裁减幅度为

20%～30%。① 在此期间，中央财政对大学的拨款比例从 62.6% 降至 46.8%。进入 20 世纪 90 年代以后，英国中央政府对高等教育的拨款进一步减少，这使得许多大学陷入非常困难的局面。中央财政的大幅削减，迫使英国大学不得不通过各种方式创业，以缓解对政府资助的依赖，保证自身的生存和持续发展。

与此同时，英国对大学的科研政策也进行了不断的调整，英国政府将科研投入的重点从基础领域不断转移，优先方向集中到科技研发等领域，因为这些领域内的产品能够快速提高市场竞争力，比如新材料、通信和计算机技术及遗传学等领域。在学校课程设置上，人文学科和社会学科在学生学额分配上均有所下降，原因是科技领域获得的资助变得较多。例如，英国对社会学科和人文学科学生的拨款削减了 30%，减少为 1300 英镑/人，而理工科实验室课程所获费用则增至 2772 英镑/人。② 因此，对于英国人文学科、社会学科等领域的教职员工来说，通过创业获得资金支持会有更大的动力，比如开设个人、家庭和公司都愿意付费的课程，提供时间灵活的学习方式来维持和促进这门学科的发展，以此来促进在大学当中地位的提高。

在进一步推动英国大学向创业型大学转型的同时，英国中央政府开始出台一系列鼓励大学与产业合作的相关政策，这些政策也在加强大学与产业之间的合作与联系方面发挥了重要作用。在 1983 年的时候，英国政府成立了专门的委员会，主要任务是调查大学与工业发展的关系，调查委员会在调查结束后发表了题为《促进高等教育与工业的科研联系》（Science Connection of Higher Education and Industries）的报告。调查委员会在报告中强调，虽然产学研合作的意义已经尽人皆知，但产学研合作的进程却非常缓慢。行业必须不断加强与高校之间的合作，才能从科研活动中获利。调查委员会在最后一致认为，大学和行业要建立更加紧密的联系，而这种联系虽然主要以大学

---

① 〔美〕伯顿·克拉克：《建立创业型大学：组织上转型的途径》，王承绪译，人民教育出版社，2003，第 15 页。

② Jo Holliday，"Maoist Britain The Ideological Function of Vocationalzing the Higher Education Curriculum，" *Curriculum Studies*，Vol. 1，No. 3，1993，pp. 365-381.

为依托，但是企业和大学之间的合作应该是主动和积极的，"企业积极主动地配合大学"①。1986 年，英国工业和高等教育委员会成立，它的主要任务是积极鼓励大学和工业之间为了更紧密的合作而做出贡献，1987 年，委员会发表了一份报告，主题为"走向合作"，报告进一步阐述了大学与产业结合的重要性。同时，1987 年，英国高等教育白皮书《高等教育：迎接新挑战》中明确指出："高等教育必须与产业界建立更加紧密的服务于经济发展的有效关系，必须在促进各项事业发展上下功夫。"② 再一次强调了大学、政府和工业三方合作的必要性。此外，英国科学与工程研究委员会也出台了一项计划，为鼓励高校与产业界的科研合作提供资助。③ 英国政府在《未来的英国高等教育》报告中特别强调，大学与产业发展之间不仅仅是简单的知识、技术和技能的转换，大学还应该通过培育和组建新的公司，在区域经济发展中扮演领导者的角色，与工业共同发展。

二 地方政府的宏观调控和引导

从 19 世纪中叶开始，美国政府为了让大学的研究成果推动国家经济持续发展，开始探索把大学的基础理论教学和社会实践结合起来。美国政府首先尝试了农业领域，然后积极地扩大到工业领域。1862 年，美国国会通过了著名的《莫雷尔法案》，规定各州为培养工农业紧缺人才，至少要拨出 3 万英亩土地，用来资助建立一所大学，这种大学被称为"赠地学院"（Land-Grant University），赠地学院的发展促进了农业技术的研究和发展，并促使知识不断产业化。此后，美国开始不断引进欧洲先进的科技理论，推动工业领域的科研工作持续发展。

由于二战期间美国联邦政府对技术的需求大幅增长，美国的创业型大学

---

① 〔英〕肯·约翰：《产学合作：英国经验》，周晏雯译，《上海高教研究》1991 年第 4 期，第 19~21 页。

② 参见国家教育发展与政策研究中心编《发达国家教育改革的动向和趋势》（第二集），人民教育出版社，1987，第 676 页。

③ Mary Tasker, David Packham, "Industry and Higher Education: A Question of Values," *Studies in Higher Education*, Vol. 18, No. 2, 1993, p. 132.

得到了一定程度的推动和发展。美国联邦政府开始允许大学承担大量科学技术项目，以满足战时对技术的大量需求，麻省理工学院（MIT）、芝加哥大学和加州大学伯克利分校等高校成为第一批承担美国联邦政府科研项目的高校。二战结束后，时任美国科学研究与发展办公室的负责人范内瓦·布什向美国总统提交了一份报告，报告名为《科学：无尽的前沿》。他在报告中建议，联邦政府应该积累产业所需的核心知识，通过提高科研经费、向大学下放科研权力、引导科研产业化等措施推动美国经济发展。这份报告对促使美国联邦政府在大学科研方面加大拨款力度发挥了重要作用。利用联邦政府的科研资助，美国大学在进行基础研究的同时，也注重研究成果的转化和应用，大学的研究成果不仅仅是用来改造旧工业，更重要的是推动新工业的形成和发展。而大学师生也开始充分利用自己的科研成果，重新向大学输入自己创业的收获，让高校的科研成果和企业家精神得到普遍认同。

随着美国联邦政府对高等教育的重视程度不断加大，二战后美国高等教育发展迅速，高等教育毛入学率也随之不断提高。同时，随着知识经济时代到来，知识的地位和作用得到不断提升，并日益成为经济社会发展的动力源泉。许多发达国家逐渐认识到这一点，于是将科技创新和技术成果转化的任务寄予大学，特别是对于研究型大学来说，迫切希望它们能够积极发挥自身更重要的作用，以不断的产出来回应日益激烈的世界经济竞争。美国高校在高等教育快速发展的过程中不断变化，开始根据学生的需求来制定差异化的课程教学体系，以此来应对高等教育市场中的变化，这也是美国高等教育能够得到不断发展的重要原因。同时，大学科技园的出现，使得在一定地理区域内形成知识密集型产业，传统大学向创业型大学转型的速度加快。20世纪50年代，美国成立了第一个大学科技园，即斯坦福大学科技园。大学科技园大多数在大学的周边，这样使得大学与产业界的合作有了更加便利的条件，同时促使大学在与产业界合作开发新技术的过程中，能够发挥自身更大的专利授权作用。通过联营、租地等形式，科技园为大学带来了大量收入，而大学教师也可以直接在园区工作。再加上卓越的研究中心、工业集团，以及大学和工业的各种合作关系不断深入，为新技术的研发和应用提供资金和技术支持，大学开始通过各种不同的形式进行自主创业。

三　大学与企业双向的主动选择

20世纪70年代，在西方资本主义国家大规模遭受世界经济危机严重冲击的情况下，各国政府为了减轻沉重的财政负担，开始逐步减少对大学的财政投入，大幅度削减对高等教育的拨款，并提出具有竞争性的研发政策，改变了一直由政府资助大学的模式。高校开始自己去主动寻找新的出路，比如尝试与企业合作，借鉴企业的运营管理模式，在大学内部运行，通过不断对学校进行变革来加强学校的管理和运营，同时利用自己所创造的大量知识来形成成果，通过创办大学科技园，引入资金成立高科技公司，把大学的研究成果直接投入科技转化中来，不仅促进学校原创科技成果加快转化，也将大学的科研成果直接转化为学校的科研成果，同时进一步反哺大学的教学和科研，并利用衍生企业、专利和其他学术创业行为所获得的收益，促进高校的教学、科研和成果转化高效且良性地运转起来，为孵化和兴办一个新的行业创造基础。另外，在外部也积极与其他利益相关者建立良好的合作伙伴关系，如政府、企业、校友、社会团体等。

此外，知识经济时代快速发展，对经济产业的进一步迭代升级也提出了更高的要求，企业需要更多的高层次科技人才和技术技能人才，因此，知识密集型产业促使企业必须获得更多的技术和人才，因而对创业型高校的需求不断增加。知识密集型产业也被人们称作"技术密集型产业"，主要是指企业在生产过程中，对技术和智力等人力资本要素的依赖持续增强，大大超过对其他生产要素的依赖。因此，在地理密集、人才输出对知识密集型产业起到至关重要作用的知识经济时代，必须加强创新型大学的建设和发展，并促进其与更强的行业、企业进行知识整合。

在20世纪初，美国就开始出现了大学与企业进行合作的案例，美国一些大学的教授到企业兼职做高级顾问，他们围绕企业的课题开始进行学术研究，把企业的一些问题交给学生去解决。大学的教授们通过这样的咨询活动，一方面可以从中得到课题资金经费的支持，另一方面也可以促进学院教授与学术界、企业界紧密联系，创建创业孵化器及与其相关的风险基金公司。20 世纪 70 年代以来，全球石油危机导致美国联邦政府财政状况恶化，经济发展步入"滞胀"时期。里根总统上台后，美国联邦政府一直在不断减少对大学科研活动的资助。联邦政府的拨款比例在 20 世纪 80 年代初期开始大幅下降，大约只剩下 1/3 的资金用于大学的研发经费。1980年，在美国的高等教育经费中，联邦政府、州政府和地方政府拨款共占48.3%，与经费下降相伴随的，是从政府获得的高等教育经费下降到41.2%。联邦政府经费的急剧缩水，迫使美国高校必须开发技术转移机制，将研究商品化，并陆续成立了技术转移机构，比如联络与专利办公室、大学产业合作研究中心（University Industrial Research Center）等。同时，美国政府出台了一系列法律，以促进大学与工业的合作。比如 Bayh-Dole 法案（1980 年）、《史蒂文森-威德勒技术创新法》（1980 年）、《国家合作研究法案》（1984 年）等。1980 年，美国颁布了著名的《贝多法案》（Bedoact Act），该法案又称"大学、小企业专利程序法案"，主要分为两个部分。第一部分对政府资助的大学科研项目专利权使用问题进行了专门规定，促使资助者在专利权使用上更具有自主性，同时也明确了资助者和被资助者合作的方式，要通过签订正式合同的方式保证双方权利，这样的规定对提高大学在获取专利权方面更有积极性发挥了重要作用；第二部分主要对政府资助的专利、专利权不属于政府的研究成果和发明的申请和授权进行了详细的规定，包括每年收取的费用，如小型企业、大学等非营利性实体。对大学研究所的收入分配规则也做出了明确规定，目的是促进收益的公平分配，一般情况下是发明人占 1/3，院系或者科研单位占 1/3，而剩下的 1/3 归大学所有。大学是知识产权的绝对拥有者，因此大学如果向公司进行知识产权转让的话，需要与公司进行同等额度的交换，而不用额外支付授权费。在美国大学知识产权转让以及出售方面，《贝多法案》提供了法律保障，使政府资助的科研成果在所有权上有了根本性的改变。作为美国专利法的一次重大变革，《贝多法案》的颁布至关重要，它积极推动了高校科研成果商业化，为大学提供了制度保障，大学、产业、政府三个方面的主体共同致力于将政府资助的科研成果用于技术转移和商业化应用。在此之后，美国的许多大学开始积极与产业界合作，获得的专利数量不断增多，技术转移事务所、技术授权事务所等技术转移管理机构也相继成立。这些机构的成立也同时推动了美国创业型高校的不断壮大。

1984 年出台《国家合作研究法案》，企业间的相互合作在这个法案出台前是不合法的，同一个行业的公司也不被允许在科研方面合作。然而，这个法案出台之后，政产学进行合作就有了法律支持，科研开发的传统被打破，大学的研究可以由政府和产业界来进行资金资助。该法案的出台使得美国大学申请专利和许可证的人数开始大幅上升。数据显示，1979 年至 1997 年间，美国高校专利申请量增长了 10 倍，每年专利收入从 1991 年的 1.6 亿美元增长至 2001 年的 12 亿美元，越来越多的大学也在自行组建技术转移类的部门或者办公室，1980 年拥有此类办公室的大学只有 25 所，1990 年已经达到了 200 所。大学将专利和许可证转让给企业，能够反过来促进大学研究能力的增强和研究水平的提高，以民营企业为代表的大型社会团体将大量资金投入大学实验室。该法案不仅调动了美国大学管理部门和科研人员的积极性，促使他们在美国大学转型中发挥重要作用，也激励他们把自己的科研成果在商业上进行应用和开发。

"创业"逐渐成为大学的新使命，而所谓创业也已经不再局限于为社会提供一般意义上的人力资源和知识储备。在转型大学的先驱者中，既有像 MIT、斯坦福大学这样的研究型大学，也有像英国的华威大学、思克莱德大学这样的地方性大学，还有发展中国家的大学，如智利的天主教大学、乌干达的麦克雷雷大学等。就拿 MIT 来说，1997 年波士顿银行发表了一份报告，题为《麻省理工学院：冲击创新》，这份报告中显示，MIT 的许多校友和教师都创办了公司，如果将他们创办的公司作为一个独立的"国家"，那么这个"国家"的经济实力将排在全球前 30 位。事实上，在全球范围内，MIT 的众多毕业生和学校教师创建了超过 4000 家企业，这些企业还提供了超过 110 万个就业机会，企业的年销售总额为 2300 多亿美元。除了 MIT 之外，其他一些国家的大学也纷纷效仿欧美的创业型发展理念，开始走创业型大学的道路，比如新加坡理工学院、印度理工学院、乌干达麦克雷雷大学、智利天主教大学、澳大利亚莫纳什大学、德国慕尼黑工业大学等，也纷纷提出了创办创业型大学的发展战略，各国掀起创建创业型大学的高潮。

第二节　基本观点

创业型大学在全球的发展吸引了学术界众多学者的目光。作为其中的代表人物，克拉克以个案研究为基础，研究了 5 所创业型大学，提出了 5 条转型途径，并提出创业型大学发展的新概念，后来又加入 5 所创业型大学的追踪研究，强调大学正迈向自立自强的创业之路。埃茨科威兹则借用生物学上的三螺旋理论，提出建立创业型大学的大学-产业-政府三螺旋模式，主张从三个主体所起的作用及相互之间的关系出发，来探讨创业型大学的内涵、特色等一系列问题。由于前面章节对"三螺旋"理论已经进行了详述，在此主要阐述埃茨科威兹（又译埃兹科维茨、埃茨科维兹）基于"三螺旋"理论的创业型大学观。

一　创业型大学的"五要素"论

主要从组织转型的角度对创业型大学进行研究的加州大学洛杉矶分校退休教授、比较教育学家克拉克，早在 20 世纪 70 年代就以"组织的观点"对高等教育进行了开创性研究，他认为，"组织的观点"是高等教育研究中一个重要的、普遍性的研究视角和方法。同时强调要利用"组织的观点"进行研究的特点：强调高等教育体制的内部分析，能够透视高等教育的本质特征，也能够从高等教育领域的诸多方面对高等教育进行深入的分析。

1998 年，克拉克出版了首次系统分析创业型大学产生背景的专著《建立创业型大学：组织上转型的途径》，为后人研究创业型大学提供了借鉴。克拉克先是确定他要研究的大学，和几位积极研究高等教育的欧洲同事进行了详细的讨论，让他们从过去 8~10 年或者更长的时间内自己所任教或者了解的大学当中提名。他们在进行综合考虑后，首先确定英国的华威大学、荷兰的特文特大学两所学校为研究对象。后来经过反复的研究，克拉克又选择了三个研究对象，分别是英国思克莱德大学、瑞典查尔默斯科技大学和芬兰约恩苏大学。这 5 所高校都在 80 年代到 90 年代初期对如何创业先后进行过多次尝试，并且在尝试的过程中发展成为比较有魄力的创业型高校。在欧洲传统环境下，那些积极寻求从严格的政府管制和规范的部门中脱离出来的大学才是真正有能力的大学。它们在特殊机构中寻找个性；它们铤而走险，标新立异；它们深入市场和产业中积极探险。它们秉持这样一种信念：与其选择单纯维持传统形式和实践的风险，不如选择根据大学自身的特点进行实验改变的风险。

由于时间、精力还有科研经费的限制，克拉克教授认为从不同的国家背景中选取五个个案就足够了。克拉克教授的研究包括在 1994 年下半年、1995 年和 1996 年进行的两次一到两个星期的访问。具体而言，克拉克教授在每次访问时分别与教授、行政工作者还有学生进行多次录音谈话，每次谈话一到两个小时。他还收集了与这几个国家相关的重要文献，还有一些会议记录等，来提取出这些创业型大学的共同要素，希望能回答是什么因素在根源上促使大学朝着一个持久的创业型形态转型。

克拉克对欧洲的这 5 所大学进行了长达 15 年的研究，发现这 5 所来自不同国家、不同教育和社会文化背景的大学在一些方面拥有共性，这些共性在寻求自身发展的过程中得以明显的展现。它们秉持的信念是：要积极承担在大学基础特性上面对的改革风险，而不是单纯维持传统的形式和做法。从这几所大学的转型历程来看，克拉克总结了向创业型大学转型的必备条件：具有较强的领导核心能力；积极向外围延伸；多种渠道的资助体系；不断激活的学术内核；融合的创业文化。

2004 年，克拉克出版了《不断转型的大学：延续个案研究和理念》一书。这本书对克拉克早期的研究进行了扩展和延续，在创业型大学的发展历程和演进特征方面进行了更为深入和详细的分析。克拉克发现，如果对大学发展的整个历史体系进行分析，往往得不到想要的论断，在对大学转型发展的系统特征进行研究的过程中，更是无法得到关键性特征。这是因为在陈述相关政策的过程中，易直接沦陷于国家导向，大多数系统的分析是模糊的。他以原来的 5 所大学为基础，积极开展课题研究，然后又加入非洲乌干达的麦克雷雷大学，拉美智利的天主教大学，澳大利亚的莫纳什大学，美国的斯坦福大学、密歇根大学、加州大学洛杉矶分校、北卡罗来纳州立大学等多所高校，为人们阐述这些创业型高校的成功经验。克拉克认为这些大学的转型有最卓越的系统动力：自立门户的精神、对学校声誉的追求。克拉克总结说，通过对新的创业型大学的案例进行研究可以发现，大学里往往有一个共同的现象，那就是不论是大学的院系，还是大学学科交融的研究性学术中心，又或者是大学的学院，甚至学院的教职员工，最后到整个大学，各个方面的创业团队都是在不断地扩大、不断地积累，创业团队的成立和发展不是靠某一个人或者某一个团队的积极参与，而是靠大学内部各个层面的积极参与，这也同时体现出学术价值的基石——管理价值在其中起到了重要作用。

（一）创业型大学的内涵

在克拉克看来，创业型大学是一种大学形式的创新，实质上是大学自身在组织形式上的积极转变，最终目的是大学能够适应经济社会发展需要，获得事业上更好的发展。他认为，"创业型"有广泛的含义，作为社会体制众多特征之一来说，所有的大学都具有这样的特征，不仅如此，还包括大学内部的学院、学术中心等，都有"创业型"的特征存在。总的来说，"创业型"特征里蕴含了"专业"的含义，具体表现在需要大量的专业性活动投入、旺盛的精力支撑、持之以恒的努力等，主要依靠自身内部的力量，积极探索如何把事业做好、创建好的创业型大学。大学创业，此时被视为过程与结果并存；大学的转型，不是一种偶然，也不是一种很大程度上的附带结果。高校之所以转型，原因不在于设置了几个高校内部的创新型专业。相反，大学的转型总是先由几个志趣相投的大学基层和几个真正意义上的大学集合起来，经过几年的努力，对大学的结构和方向进行有组织的创新和改革。

（二）核心观点——五要素论

克拉克也关注美国以外的地区如欧洲、非洲、拉美和澳大利亚的创业型大学的发展，十分重视对欧洲的创业型大学的研究。他的两部著作反映了关于创业型大学的研究成果，分别是《建立创业型大学：组织上转型的途径》和《不断转型的大学：延续个案研究和理念》。在组织转型的道路上，克拉克教授认为，创办一所创业型大学，需要具备五大要素，并归纳出五条基本路线，只有遵循基本路线，才能依靠创业行动使自己成功转型，这也是创业型大学的五大典型特征：领导核心强，能以传统学术价值协调新的管理价值；发展性外围的扩展，即容易跨越传统大学界限的单位，如校外办公室的发展，研究中心的发展，以及与外部的联系；资金来源多样化，能够保障自主权；激活学术中心地带，主要是系部和各种跨学科的研究中心；由创业精神、信念、行动、制度等一系列要素构成的一种融会贯通的创业文化。

1. 强有力的驾驭核心

传统的欧洲大学，长期表现出很弱的驾驭能力，因此必须加强管理能力，因为复杂性增加，改革步伐加快，大学不能依赖较弱的控制能力使自己生存，而需要更有条理的方法来重塑自己制订计划的能力，从而使自己免于游走于高等学府的边缘。中心管理集体和部门必须纳入其中，并成为强大控制核心。必须使新的管理价值与传统的学术价值相协调才能发挥作用，既然不能忽视传统的学术文化，不能把它往一边推，那就一定要把它做起来。硬性管理主义的关键一步是让引导教授积极参与校部工作成为可能，从而可以避免学术人员自上而下的过多命令。强化的管理核心，无论何种模式，都是由人组成的，物色资源，为整个大学保驾护航，这一管理核心赋予了大学更大的集体能力，使其在诸多知识领域中做出艰难选择；这样做可以形成进入的可能，也可以形成职业市场的接轨。强而有力的控制核心的形式可以不一样。例如，英国的思克莱德大学在大学发展过程中强调管理群体的重要作用，认为他们处于领导核心地位；而在芬兰，约恩苏大学则把院系的权力全部下放。学校资源的分配工作，应该是通过一些核心委员会的相互联系来开展的。

2. 拓展的发展外围

创业型大学与校外的组织和团体联结起来，比传统的系所更容易跨越大学的界限。这几个单元的基本形态有两种。一种是专门从事知识转让、产业联络、开发知识产权、继续教育、筹资筹劳、校友事务的校外办事机构。另一种是与系所并肩成长的研究中心，侧重于跨学科的研究项目。这些研究中心把许多试图在校外解决重大现实问题的研究方向带进了大学。研究中心因为成立比较容易，解散起来也比较容易，所以比较灵活。跨越学科界限的研究中心处于院系与外界的中间位置，它们能够定性地塑造一所大学的特性。因为一个发展外围的单元延伸、跨界和界限模糊，它们可以开发出接近于有用问题的新能力，可以创造出有助于分散资金募集的收益，它们回应的是跨专业努力的诉求。但是，如果不从学术上的价值、管理和预算方面的利益出发对它们在一所大学的合适性做出判断，它们能够把一所大学推向一个只限行人活动的商店区。一个有联系的和集中的外围的构建，要求具有根据教育价值做出决定的集体的制度上的能力。

3. 多元化的资助基地

大学如果要转型，不但需要比较雄厚的财力，还要有自己的经费处理权，在一所大学设立多元资助基地，以分担赞助者的压力，使支出日益增加。在这里，克拉克归纳了创业型大学的资金来源，主要分为三类：一是政府的财政拨款；二是科研委员会为筹措资金向政府科研单位争取的资助或承包项目；三是其他形式的来源资助，不仅包括社会来源，也有政府来源，比如当地工厂企业的资助、一些慈善基金会的赞助、地方性政府的资助，还包括校园服务的收入、知识产权方面的学费和其他来源的资助等。这代表了高校资金的真正多样化。自单一政府财政投入经费以来，多元化的经费来源体系帮助创业型大学积累了更多办学经费，提高了经费使用的自主性。作为研究对象的这几所大学的经费收入由原来完全依赖政府财政的第一渠道，转变为更为多元的第二、第三渠道，尤其是第三渠道。如 1980～1995 年，华威大学第一渠道的经费收入占比由原来的约 70% 下降到不足 40%；第三渠道的收入占比由原来的 20% 左右上升到现在的接近 50%；第二和第三渠道的收入加起来大概占总收入的 2/3。

4. 激活的学术心脏地带

传统的学术价值根植于学术的心脏地带，这才是最牢固的学术价值所在。这些学术心脏地带主要是针对一场重大变革的转变，而散布于大学运作层面上的具有接受或反对意义的研究和教学场所的基本单元。如果这些机构反对革新转型，那么大概率大学还是会沿袭旧制运行。而大学要真正达到转型的目的，就要把改革抓在手上，同时把学校更多地扩展到校外，把第三渠道的收益重新规划，重新拉关系，重新发展。不得不承认，个人和社团组织在管理行列中的权力更大，上至校部官员，下至科研所所长。比如在芬兰，有超过 70% 的土地是森林，大学就利用这种得天独厚的优势，建立欧洲森林研究所、森林研究中心和城市森林研究站等，同时还与其他大学合作，共同进行森林与木材技术等相关研究。芬兰的约恩苏大学物理系是同行中的佼佼者，是学术组织上的塔尖，又发展壮大了林学院，它成为共同带动其他学科发展的一大重要学术制动器，促进整个芬兰的森林科学研究不断发展。

5. 整合的创业文化

创业型大学发展涵盖变革的文化，很像高新技术产业中的企业。在一所大学的整个机构中取得进步的想法，一定要在众多的参与者中间传递，要和其他的想法联系在一起。相关的理念在无数的结构和过程中表现出来，这样才能持久，我们可以把它们看作整个机构的信念（Belief），它强调与众不同的方式。强调改革意志、能及时传播的成功整体机构的信念，成为一种新的文化。最初可能作为单纯或孩子气的想法、提供统一身份来维持自我的事物，成为共同的世界观。一个蜕变后的文化，包含着历史的斗争意识，甚至可以适时地成为传奇，讲述自己的成功经历。价值观和信念在大学转型的过程中，可能会引导或跟随其他元素的发展。不能以一种独立的看法来看待高校的转型。

简而言之，克拉克从高等教育内部入手，通过对欧洲 5 所大学的组织特性转化过程的长期跟踪调查，总结出 5 所创业型大学的共同特点。在欧洲，这 5 所大学发展历史都相对较短，因此学校规模都不是很大，都是以技术为发展导向，在整个欧洲高等教育体系中处于相对边缘的位置，因此面临比较大的生存压力，这些因素促使它们产生了强大的发展动力，从内部激发了它们的企业家精神，寻求转型之路。克拉克教授在后期的研究中将目光投向了更广阔的空间，所选取的案例也不再局限于欧洲的高校，这使得他的研究成果更具有普遍性的意义，广泛包含了发达国家和发展中国家的高校。更为重要的是，克拉克教授的研究针对的是大学内部管理过程中引入企业家精神，注重高效率，大学要尽可能获得最大的效益，投资最少，大学也要不断适应外部发展环境的变化，时时刻刻都在变化，在变化中求发展。

二　基于"三螺旋"的创业型大学观

较早关注创业型大学的学者是埃茨科威兹，他以其重要的"三螺旋"模式为基础，提出了创业型大学的观点。"三螺旋"是指大学、产业、政府三方在各自保持独立身份的同时，在创新中紧密合作、相互影响，主要用于对大学、产业和政府三者之间的关系进行研究。"三螺旋"在高等教育领域的应用最大的成果就是创业型大学。埃茨科威兹认为，政府对创业型大学持鼓励支持的态度，创业型大学的管理人员、教职员工等越来越热衷于从中获利，主要形式是从知识的转化中获得收益，在这种情况下，创业型大学虽然是一种学术机构，但在实质上与公司的性质更加接近，他认为创业型大学的特点包括几个方面，这也是创业型大学的五大标准或特征：知识资本化，以满足社会需求，在三螺旋模式中发挥独特作用，通过创业活动推动社会进步，开展高水平的研究；和实业、政府是互相依托的关系；独立性比较强；从本质上来说其内部结果带有混合生成组织的性质，比如大学内部的"孵化器""科教园区"等研究中心；最后是为了更好地发挥大学社会服务的第三职能，随着大学与当地政府和产业的关系不断发生变化，大学内部的管理机构也在不断进行革新和重构。

1983 年，埃茨科威兹结合自身前期研究，开始发表文章对创业型大学的出现和创业型相关研究者进行探讨。1989 年，他又把研究对象转为研究型大学是如何进行创业型转换的，以及在转换的过程中具体的发展模式是什么。1997 年，埃茨科威兹等人出版了《大学与全球知识经济》，这本书于 1999 年在我国出版，引起了很大反响，在书中，埃茨科威兹与荷兰阿姆斯特丹大学的雷德斯道夫教授共同对何为创业型大学进行了更深入的探讨，并在书中第一次明确了创业型大学的概念和具体特征。政府对创业型大学增加了政策支持和鼓励，于是大学和其教职员工越来越倾向于通过知识成果的转化来获取利益，这种倾向与单纯的对知识本身的渴望不同，它对知识的兴趣与知识的转化和利益回报息息相关，因此大学的这种倾向使学术机构和企业之间的界限开始变得模糊，这就是埃茨科威兹对创业型大学"资本专门化"所持有的观点和看法。

2002 年，埃茨科威兹出版了专著《第二次学术革命：麻省理工学院和创业型科学的崛起》（*The Second Academic Revolution：MIT and The Rise of Entrepreneurial Science*）。该书从两次学术革命的视角，以美国麻省理工学院和美国斯坦福大学两所大学为例，探讨了在新的社会发展变革环境下，大学的职能从教育教学、科学研究到促进社会经济发展的扩展和转变，作者认为，这是一部关于大学职能问题的著作。大学-产业-政府三螺旋的互动关系，是国家经济成功发展的基础；在传统意义上，大学如果想要适应国家经济社会发展的需要，就必须提升自己现有的科学研究的方略，改变持有的将科研成果进行转化的价值观，将大学内部的价值观转化为外部的价值观，即大学的科学研究必须与人民生活水平相适应，与未来发展相适应，不断满足人民群众日益增长的对教育的需求，大学发展应该是朝着创业型大学这样一个目标来发展的。两次学术革命使大学职能从最初的教育教学扩展到科学研究，再从科学研究扩展到促进社会经济发展，大学的使命由此而来。与此同时，大学的发展模式也逐渐由单一变得多元，发展为教学型模式、研究型模式和创业型模式三种。埃茨科威兹在他的书中指出，五大因素促使创业型大学崛起，这五大因素分别是：（1）有研究团队；（2）具备研究之本；（3）具备一定的将研究作为知识产权转移的组织机构；（4）具备组建一家公司的条件和能力；（5）新的组织模式的整合和合成，如大学-工业研究中心等学术和商业要素。

2005 年，埃茨科威兹在他的《三螺旋：大学·产业·政府三元一体的创新战略》一书中，将创业型大学视为大学-产业-政府三螺旋中的重要角色，认为创业型大学不仅是促进国家创新驱动的重要载体，也是未来大学适应经济社会发展需要的必然趋势。创业型大学既能对知识空间的形成起到重要的推动作用，又能对形成创新的空间起到助推的作用。埃茨科威兹在书中还提出了将固定知识进行资本化、与经济社会发展相互依存又相对独立、具有一定的混合形成性和自我反应性等多个创业型大学模式的标准。

2007 年，在第六届三螺旋国际会议上，埃茨科威兹提交了主题论文《区域创新引擎——创业型大学在不同的三螺旋模式下的作用》（Regional Innovation Initiator：The Entrepreneurial University in Various Triple Helix Models），对多元三螺旋模式背景下创业型大学所发挥作用的不同进行了阐释。2008 年，埃茨科威兹在《创业型大学之路：全球一体化》（Pathways to the Entrepreneurial University：Towards a Global Convergence）一文中认为，尽管各国采用不同的方式（从上到下或从下到上）向创业型大学转变，但创业型大学是向知识型基础经济转变的一部分，两种方式表现出相似的内在动因。通过考察各国学术机构的发展轨迹和转型，他发现一个全球性的融合正在形成：在知识经济的发展中，大学正逐渐超越中央政府的重要程度，市场正在发挥作用，知识经济的发展越来越成为一种新的趋势，而在这一点上，中国的学术机构正在发挥重要作用，并对其在转型为创业型大学过程中所发挥的作用及发展的模式进行了探讨。

2009 年，埃茨科威兹在《创业型大学与创新的三螺旋模式》（The Entrepreneurial University and the Triple Helix Model of Innovation）一文中认为，通过提供"知识空间"、"共识空间"和"创新空间"，创业型大学在知识经济发展中的作用越来越大，他着重探讨了大学在许多方面所做的努力和取得的一些成果，包括把学生作为知识专业的代理人，把自己的核心职能从教学科研延伸到经济社会发展，在创新动力学方面发挥关键作用等。

三 两种创业型大学观的异同

克拉克和埃茨科威兹的创业型大学观点有一定的不同，但也有相同的地方。他们都把创业型大学的理论溯源作为主要目标，在创业型大学本土化的研究和实践中，两人能够达成基本内涵共识。

（一）两种观点的不同之处

从研究的角度看，克拉克是从转型大学组织体系的角度出发的，而埃茨科威兹则是从合作高校和产业界的角度来选择的。[①] 克拉克提出"五要素"的观点，用来作为创业型大学理论框架的一种解释，着眼于大学自身的组织改造，旨在为获得自身发展的资源而适应环境变化的组织改造；埃茨科威兹则通过三螺旋理论，阐明了在创业过程中，大学、产业和政府三方之间既彼此依存又在利益关系上各自为政的局面。与克拉克的"适应论"不同，埃茨科威兹认为创业型大学不是为了适应社会而进行变革，而是以变革来引领社会发展。

在研究对象上，克拉克认为各个层次和类型的大学，如研究型、教学型等，都可以转型为创业型大学。克拉克在《大学的持续变革：创业型大学新案例和新概念》一书中，考察了欧洲、非洲、拉美、澳洲、北美各个层次、各个类型的大学向创业型大学转变的过程。但在埃茨科威兹看来，研究型大学要走"创业"这条路，处于"创业型大学的过渡阶段"。[②] 埃茨科威兹将创业纳入研究范畴，混淆了"大学创业"和"创业型大学"的深层内涵，将创业作为大学研究的延伸活动。所以典型的研究型大学，比如 MIT、斯坦福大学，从某种意义上讲，不能算是创业型大学，而仅仅是有某种学术上的企业家精神的大学。克拉克在新建院校中将"大学-产业"关联的创业活动作为主要发展业务，因而忽视了创业的教育和研究基础。从根本上说，

---

① 张卫国：《三螺旋理论下欧洲创业型大学的组织转型及其启示》，《外国教育研究》2010 年第 3 期，第 53~58 页。

② 参见张应强、姜远谋《创业型大学兴起与现代大学制度建设》，《教育研究》2021 年第 4 期，第 103~117 页。

无论是作为创业型大学核心的大学三大职能的本质关联活动，还是对大学在教育和研究领域为社会所做的贡献的漠视，都没有正确地处理好这两条理论路线。这表明，当前建设创业型大学在理论层面仍存在局限性。现有理论模式受传统认识论惯习的影响，将创业型大学定位于主要进行创业功能的机构，忽视教学和研究变革的作用，创业型大学接近于新自由主义下强调市场力量的经济结构。[①]

从概念定义上来说，我们很难从克拉克的研究中找到完全清晰的内涵和外延来作为对创业型大学的定义。他曾考虑将"创新"作为这些学院的通称，建立在最初考察欧洲五所以教学为主的高校的基础上，但他最终选择了"创业型"，而不是"创新"作为它们的组织理念，因为"创业型"的行动意蕴更加强烈，这些行动都经过了深思熟虑，才导致了组织姿态的改变。由此可以看出，"创业型"更能体现一所高校在推动一项事业发展的全局中，特别是着眼于组织转型与变革的积极性和持续努力。在分析克拉克对创业型大学的内涵时，国内学者还指出，"创业型"有"事业"的含义——执着地努力建立一所学校，需要投入大量的特殊活动和精力。"后来，当它的研究对象扩展到全球更多所创业型大学时，克拉克提出'创业型'是指大学的态度和程序，这种态度和程序是最可靠的，它的含义很丰富，但却是有的放矢的词汇，导致了现代的自力更生和自我控制。"[②] "可见，克拉克旗下所描绘的创业型大学，确实与国内学者从概念本身所诠释的'进取型'、'引领型'、'内涵相同、特色突出'的'前进型'大学有异曲同工之妙。"[③] 同样，埃茨科威兹对创业型大学的内涵和外延并没有做出明确的规定，但是，从他的很多表述中，我们可以判断出埃茨科威兹研究中所谓的创业型大学，是注重知识转化和经济发展的大学，是基于传统的教学和科研建立起来的。

---

① 欧阳光华、沈晓雨：《创业型大学的功能模型与组织建设》，《重庆高教研究》2021年第9期，第14~23页。

② 〔美〕伯顿·克拉克：《大学的持续变革：创业型大学新案例和新概念》，王承绪译，人民教育出版社，2008，第9页。

③ 浙江省哲学社会科学工作办公室：《浙江省哲学社会科学规划课题论文选编（2015—2019）》（下），浙江工商大学出版社，2020，第257页。

"研究型大学主要是为了平衡教学与科研的关系，而创业型大学则因为需要保持一种创造性的张力，从而在三种学术使命之间，增加了经济发展的任务。"① "创业型大学的扩展包含了研究型大学，通过把非线性动力学引入经典线性模式促进了研究型大学的发展"②，"一种积极主动的态度是，创业型大学在创建学术知识的过程中，要把知识运用到实践中去，要加大投入"③。国内学者在解读埃茨科威兹的创业型大学观点时也指出："创业型大学改革发展的本位应该是从学科向市场转移，围绕市场进行科学研究，建立符合市场经济运行规律的运行机制和组织模式，使大学和科研机构能够有自我发展的能力，能够自动为经济建设的活力服务，这是建立在大学和科研机构能够自动为经济建设服务的基础上的。"④ "传统研究型大学主要是保持一种创造性的张力，在教学、科研和经济发展三大功能之间，把主要精力放在教学和科研的关系平衡上，有限的功能真正实现服务于经济社会，突出的特点是创业型大学，以创新创业为根本的创业型大学。"⑤

在价值预设方面，克拉克把很大的希望寄托在创业型大学的模式上，让很多大学走出了自己的办学困境。克拉克在《建立创业型大学：组织上转型的途径》一书中开篇肯定了创业型大学建设的价值和意义，该书被誉为欧洲大学革新的《圣经》。在他看来，在 21 世纪，大学必须进行组织上的转型，必须不断进取和变革，而创业型大学是一个必然的趋势。克拉克对创业型大学的肯定与赞扬，在《大学的持续变革：创业型大学新案例和新概念》一书中的很多地方可见一斑。比如，克拉克在面对学术界关于创业型

---

① 〔美〕亨利·埃兹科维茨：《麻省理工学院与创业科学的兴起》，王孙禺等译，清华大学出版社，2007，第 27 页。

② 〔美〕亨利·埃茨科威兹：《三螺旋：大学·产业·政府三元一体的创新战略》，周春彦译，东方出版社，2005，第 52 页。

③ 〔美〕亨利·埃茨科维兹：《三螺旋创新模式》，陈劲译，清华大学出版社，2016，第 269 页。

④ 张秀萍、迟景明、胡晓丽：《基于三螺旋理论的创业型大学管理模式创新》，《大学教育科学》2010 年第 5 期，第 43~47 页。

⑤ 陈笃彬、李坤皇：《三螺旋视角下的创业型大学发展范式——以莫纳什大学为例》，《科技管理研究》2014 年第 4 期，第 43~47 页。

大学在创业文化和学术文化之间难以逃脱矛盾冲突的问题时指出，"结束似乎证明采取更多具有创新性的做法是正当的"，"我们并没有牺牲学术核心价值，事实上，似乎和可能发生的情况恰恰相反"。再如，克拉克最后还总结道："在 21 世纪的快速前进环境中，国家主导的道路显然不是一条复杂的大学变革之路，它适合快速发展。""大学的前途要靠自己闯。"其实，鉴于王承绪先生与克拉克教授的国际友谊和学术情缘，再从王先生晚年亲自翻译克拉克的两本关于创业型大学的著作中，也能间接感受到克拉克对创业型大学的偏爱和执着。据徐小洲教授介绍，从 80 多岁开始学计算机的王承绪老师，在 90 多岁的时候，把这两本书在计算机上一字一句翻译出来，徐教授建议王老师请学生帮忙翻译的时候，王老师说："这个东西非常重要，我必须亲自翻译。"同样，埃茨科威兹也以"学术生活的新阶段"来高度评价创业型大学，认为这是大学发展的最高形式。[①] 他对 MIT、斯坦福大学等研究型大学进行了深入考察研究，认为"MIT 是 19 世纪中期建立的第一所创业型大学"，并指出"MIT 开创了大学与企业联合的模式，并向其他机构推广，成就了其百年美国学术中的独特地位"。MIT 模式，这种将基础研究与教学和产业创新相结合的新型模式正在取代哈佛模式（Harvard Model），成为学术界的楷模。"把大学当成企业家——在一些学者眼里略显贬义的一种观念——正逐渐变成一种积极的学术特质。"[②] 很多时候埃茨科威兹关于创业型大学的论述，背景都是三螺旋创新模式。一方面，正如埃茨科威兹和雷德斯道夫所言："大学越来越多地被要求承担起发展经济、服务社会的第三种使命，这就是建设初创型大学的理论依据，这是基于传统的教学和科研而产生的。这一使命的产生，是根植于大学、产业、政府螺旋式的关系之上的。"[③] 另一方面，创业型大学也成为螺旋式关系发展中

---

① 〔美〕亨利·埃茨科维兹：《三螺旋创新模式》，陈劲译，清华大学出版社，2016，第113 页。

② 〔美〕亨利·埃兹科维茨：《麻省理工学院与创业科学的兴起》，王孙禺等译，清华大学出版社，2007，第 27 页。

③ L. Leydesdorf, H. Etzkowitz, "Emergence of a Triple Helix of University-industry-government Relations," *Science and Public Policy*, Vol. 23, No. 5, 1999, pp. 279-286.

的一个推进器。① 这一点，从埃茨科威兹的描述中就可以看出，三螺旋创新模式下的创业型大学将是"区域创新组织者，无私的观察者，社会批评家，以及在寻求真理、美丽和财富方面能够融合多重功能，并能协调明确对立的两个目标的大机构"②。

在发展的起点上，克拉克极其完整地理解了创业型大学的内涵，创业型大学也有相当广泛的外延，其中既包括先前考察过的欧洲 5 所以教学为主的高校，也包括后来重点考察过的研究型高校。换言之，在克拉克看来，可以直接转型为创业型大学的是教学型学院和研究型大学。他最终认为，从不断扩大的观察对象范围就可以看出，不同办学层次的大学都可以向创业型大学转型。《大学的持续变革：创业型大学新案例和新概念》一书除继续以欧洲 5 所教学型大学为案例外，还介绍了非洲、南美、欧美等 16 所转型发展的大学，如 MIT、斯坦福大学这样的研究型大学。在研究克拉克的创业型大学观点时，国内一些学者将克拉克建设创业型大学的路径分为三种：第一种是研究型大学进取和变革的路径，比如美国的斯坦福大学；第二种是本土综合型大学进取和变革的路径，以澳大利亚莫纳什大学为代表；第三种是职业大学进取和变革的路径，比如芬兰的约恩苏大学。我们可以看到，克拉克认为，教学型大学不仅可以转型为创业型大学，也可以转型为研究型大学，但是它们的进取之路和各自的变革之路并不是一脉相承的。但对埃茨科威兹而言，他对创业型大学的理解主要是基于研究型大学的改造和发展，基于原创性的高科技成果的改造和应用，而不像克拉克那样把教学型大学当成一个创业型大学的出发点。他认为创业型大学是研究型大学中较高层次的发展形式，通过学术上的创新来推动经济和社会的发展，这一点可以从他的论著中找到不少佐证。他举例说，他做了一个关于创业型大学的研究，认为它的变

---

① 张卫国：《三螺旋理论下欧洲创业型大学的组织转型及其启示》，《外国教育研究》2010 年第 3 期，第 53~58 页。
② 〔美〕亨利·埃茨科维兹：《三螺旋创新模式》，陈劲译，清华大学出版社，2016，第267 页。

异首先是转化成了研究型大学。[①] 在埃茨科威兹看来，大学的第一次学术革命至少从 19 世纪中期就已经开始了，它实现了从大学的第一个使命到第二个使命的扩展，即从教学和知识保护到科学研究的扩展，后来又在科学研究的基础上引发了第二次学术革命，即大学开始承担起推动经济和社会发展的使命，通过培养人才，促进经济和社会的发展，也就是大学最初的学术革命。"大学陆续向研究型大学转型，后来又作为保护和保存中世纪知识的机构向创业型大学转型。"[②] 从这些论述中不难看出，如果说第一次学术革命的载体是研究型大学，那么第二次学术革命的载体则是创业型大学。正是从埃茨科威兹的创业型大学观点出发，国内不少学者在研究创业型大学时认为，只有研究型大学才能向创业型大学转型。比如"一切以企业家为本的大学都属于研究型高校，但不是所有的研究型高校都属于创业型"[③]。

在建设路径上，克拉克在《建立创业型大学：组织上转型的途径》一书中，提出并分析了大学如何依靠创业行动转型的五大要素，并用概念分析和校史描述相结合的方法，阐明了作为传统院校向创业型大学转型的理论框架的"五要素"是如何建设创业型大学的，具体而言，克拉克进一步重申了这五个要素，并继续以此为基础对这些创业型大学的案例进行分析，其依据是《大学的持续变革：创业型大学新案例和新概念》。但是，克拉克分析这些大学的"五要素"，并不是说这几个要素的地位和作用都是一样的，只是建设创业型大学需要我们考虑这几个要素而已。激活学术心区，即最终激活一线教师的创新精神、创造能力和创业动力，就是这五个要素中的核心要素、关键要素和目标要素。就像克拉克一再重申的那样："大学中的变革需要用渐进的词语来理解……变革并不是因为一个委员会或者一位校长坚持一个新理念而发生的。操作的

---

① 〔美〕亨利·埃茨科威兹：《三螺旋：大学·产业·政府三元一体的创新战略》，周春彦译，东方出版社，2005，第 38 页。

② 〔美〕亨利·埃茨科维兹：《三螺旋创新模式》，陈劲译，清华大学出版社，2016，第 259 页。

③ 冒澄、操太圣：《走出象牙塔：西方创业型大学的实践及启示》，《全球教育展望》2009 年第 3 期，第 46~51 页。

单位、系和科研中心，仍是完成科研、教学和服务的场所：他们做什么和不做什么最终成为主要问题。当变革发生在战壕里时，变革就来到了。"① 对于埃茨科威兹来说，他的思想博大精深，根据其关于创业型大学的四根柱石②，我们至少可以发现一些埃茨科威兹关于培养学术带头人、建立成果转化平台、培养学术创业文化、保障大学办学自主权等建设创业型大学的举措。③

（二）两种观点的一致性

1. 创业型大学在价值方面代表着高等教育变革的一个重要趋势

两位学者对创业型大学价值预设的观点高度一致，都认为它们代表了高等教育未来变革的一个重要趋势。那么，创业型大学长期处于负面舆论旋涡中的原因，是不是两位学者意识到了传统惯性乃至抵制学术创业？应该说，两位学者之所以对创业型大学的理论探索不遗余力、一如既往地倾注心血，外在原因恰恰在于社会各界对创业型大学价值和意义的重视程度还远远不够，个人原因则在于对创业型大学前景的信心和期许。第一次学术革命出现在 19 世纪，研究型大学由此诞生；第二次学术革命出现在 20 世纪中期，创业型大学由此诞生。从教学型高校到研究型高校，其间观点尖锐对立，实践摸索已久；从传统院校到创业型大学，必须经历比大学第一次转型更多的质疑和更长的磨合，才能从象牙塔内知识的生产、传承发展，到象牙塔外的知识应用。"现在大学里一边承担教学和科研工作，一边当教授，这已经是一个水到渠成的事情了。"④ 学术创业引入高校，自然如克拉克所言，"一所公立大学可能会对创业型模式羡慕不已，甚至会承认自己的成功，但在自己那

---

① 〔美〕伯顿·克拉克：《大学的持续变革：创业型大学新案例和新概念》，王承绪译，人民教育出版社，2008，第 116 页。

② 〔美〕亨利·埃茨科威兹：《三螺旋：大学·产业·政府三元一体的创新战略》，周春彦译，东方出版社，2005，第 31 页。

③ 〔美〕亨利·埃茨科威兹：《三螺旋：大学·产业·政府三元一体的创新战略》，周春彦译，东方出版社，2005，第 31 页。

④ 〔美〕亨利·埃兹科维茨：《麻省理工学院与创业科学的兴起》，王孙禺等译，清华大学出版社，2007，第 43 页。

里做得很好，未必就是心服口服"①。但无论如何，对于大学发展而言，创业型大学都是不可逆的定位。②"知识的资本化已经成为科学的规范化，而不是忘我。"③"既是学者，又是发明家"，"知识就是财富"，在大学老师那里已经成为现实④，我们不能"把天亮的时候误当黄昏"⑤。

2. 从方式上看，在积极推进科研成果转化的同时多形式促进教师转型

教师的转型可以带来大学的转型。一所高校从传统走向创业，学校的师资力量要从传统走向整体创业，这是基础，也是前提。可以说，大学转型与变革的着力点就是大学教师参与的热情与条件。无论是克拉克还是埃茨科威兹，他们都把这一点作为核心问题来考虑，在规划建设一所创业型大学的蓝图时。克拉克创业型大学建设"五要素"中，不仅各要素地位不同、作用各异，而且都指向促进教师转型发展，进而加速学术成果转化，实现办学资源的转化，毫无疑问，大学最终还是要靠师资力量来实现转型，办学经费要筹措。没有教师的主动参与和有效服务，仅仅停留在大学组织层面的理念乃至制度上，是起不到任何作用的。"以创业型院系为基础建立的创业型大学——哪里有动力吸引教授、学生，哪里就有资源提供者。""他们想怎样就怎样，他们一定可以成功；凡是坚决反对的，都要缓一缓，要么就顺藤摸瓜，一扫而空。管理团队不带动教授及其系统，从一开始就单枪匹马往前走，这是试图转型大学最容易犯的毛病。"⑥ 在讨论建设创业型大学的路径时，埃茨科威兹始终没有离开探讨大学转型的两个基

① 〔美〕伯顿·克拉克：《大学的持续变革：创业型大学新案例和新概念》，王承绪译，人民教育出版社，2008，第230页。

② 李培凤：《基于知识图谱的创业型大学国际研究动态分析》，《比较教育研究》2015年第4期，第51~56页。

③ 〔美〕亨利·埃茨科维兹：《三螺旋创新模式》，陈劲译，清华大学出版社，2016，第148页。

④ 〔美〕亨利·埃茨科维兹：《三螺旋创新模式》，陈劲译，清华大学出版社，2016，第193~195页。

⑤ 〔美〕亨利·埃茨科维兹：《三螺旋创新模式》，陈劲译，清华大学出版社，2016，第438~442页。

⑥ 〔美〕伯顿·克拉克：《大学的持续变革：创业型大学新案例和新概念》，王承绪译，人民教育出版社，2008，第236页。

本点：教师转型和成果转化。在埃茨科威兹的许多关于创业型大学的论述中，都是以个别教师为典型案例加以介绍，进而上升到普遍的、具有普适性的法则。比如埃茨科威兹在介绍了 MIT 的创业型学科之后，提出了"全美学术科学家都是企业家"的观点。再比如，"基因泰克的融会贯通，让不少大学老师的学术生涯有了一个很好的选择机会。……大学教师创建公司，一部分建立在科研工作的基础上。此前，只有 MIT、斯坦福大学等少数高校的教师做到了这一点，但在过去的十多年中，高校教师也越来越多地效仿这一行为。"①

3. 从目标上追求学术创业，脱离了大学的附着性

学术界普遍认为，创业型大学的诞生，跟与知识经济的时代召唤、区域经济的发展需要等有着直接关系的高等教育财政紧缩政策不无关系。② 事实上，在克拉克和埃茨科威兹重点研究的案例大学变迁史中也有所体现。克拉克重点调查的华威大学诞生于 20 世纪 60 年代，第一任副校长杰克·巴特沃思（Jack Butterworth）在最初推行亲工商路线时，遭到该校师生的强烈反对，他自己也一度被赶下台。然而，当 20 世纪 70 年代英国政府不断削减大学经费预算时，不少高校都出现了严重的办学经费危机，但最终还是让华威大学有惊无险地逃过了一劫。从那时起，巴特沃思先生的办学理念才开始受到重视，发展到今天成为华威大学的一种文化，并最终在国际上取得了声望。埃茨科威兹所考察的 MIT 诞生于 19 世纪 60 年代，在经济大萧条时期，MIT 几乎被哈佛大学合并，直至一战开始，"一度被提议为哈佛的附属机构"③。MIT 持续推动战后成果转化，积极投身社会服务，最终成长为"世界顶尖的科技大学"。这两所经典的创业型大学的成功之道，都是依托独特的学术资源优势，以经济为手段，筹措办学经费，达到学术推广的目的，最

---

① 〔美〕亨利·埃茨科维兹：《三螺旋创新模式》，陈劲译，清华大学出版社，2016，第36页。

② 付八军：《学术资本转化：创业型大学的组织特性》，《教育研究》2016 年第 2 期，第 89~95 页。

③ 〔美〕亨利·埃兹科维茨：《麻省理工学院与创业科学的兴起》，王孙禺等译，清华大学出版社，2007，第 33 页。

终摆脱对政府资源的严重依赖，走上自立自强的发展之路。这一点同样可以反映在两位学者的具体论述上。比如，克拉克认为这是一个重要的标准，用来分析创业型大学的建设成效，看看政府核心资助的比例有没有下降，下降到什么程度。克拉克在分析华威大学时指出："华威大学从政府核心拨款教学和科研机构获得的收入从20世纪70年代占学校总收入的70%下降到1995年的38%，之后在2000年又进一步下降到27%。"① 克拉克在分析思克莱德大学时指出："该校对政府核心资助的依赖程度从1975年的80%下降到1995年的45%。"② 克拉克在对智利天主教大学的分析中指出，政府的拨款已经从1973年的90%锐减到2000年的17%，而且还在不断减少。③ 又如，埃茨科威兹将MIT的创新创业模式视为高等教育领域的典范，其根本原因在于该模式可以实现大学的自主经营，并认为"这更多的是大学从接受救济的过程或者是慈善机构的形象中摆脱过去获得社会其他部门的支持"。④

4. 从要求上看，在社会创新体系中，创业型大学成为平等的主体

在克拉克的创业型大学观点中，衡量创业型大学的重要依据之一是降低政府核心资助比例和增加多元化办学收入。这其实是说，创业型大学要成为一个法人机构，由社会来独立办学。也只有这样，才有可能让创业型高校变成自立门户的高校。克拉克在其著作的许多地方也强调确保大学独立办学的重要性，甚至认为这是传统型学院迈向初创型大学的先决条件。不过，大学的志向与意志，对后者是一种鼓舞。⑤ 如果政府干涉过多，甚至可能造成

---

① 〔美〕伯顿·克拉克：《大学的持续变革：创业型大学新案例和新概念》，王承绪译，人民教育出版社，2008，第4页。
② 〔美〕伯顿·克拉克：《大学的持续变革：创业型大学新案例和新概念》，王承绪译，人民教育出版社，2008，第37页。
③ 〔美〕伯顿·克拉克：《大学的持续变革：创业型大学新案例和新概念》，王承绪译，人民教育出版社，2008，第143页。
④ 〔美〕亨利·埃兹科维茨：《麻省理工学院与创业科学的兴起》，王孙禹等译，清华大学出版社，2007，第208页。
⑤ 〔美〕伯顿·克拉克：《大学的持续变革：创业型大学新案例和新概念》，王承绪译，人民教育出版社，2008，第39页。

"赏赐"和"惩罚"的结果。① 在分析美国部分州立大学转型为创业型大学时，"更多的公立大学已经摆脱了全部由州领导的传统姿态，向非营利部门的大型且不断发展的私立大学靠拢"②。埃茨科威兹将大学相对独立的地位阐述得更加明确和坚定，以构建创业型大学的理论构想。埃茨科威兹对于创业型大学模式在知识资本化、相互依存、相对独立、混合形成性、自我反应性这五个方面有一个基本的要求，即大学一定要成为一个相对独立的社会机构。③

第三节　争议与发展

一　对创业型大学理论的争议

创业型大学发展至今，学界对其仍有如下争论。首先，克拉克和埃茨科威兹是创业型大学相关概念的提出者与相关理论的奠基者，两者虽然在肯定创业型大学促进高等教育和经济社会发展的价值上保持高度一致，但是在研究视角和研究基础、创业型大学的发展起点和具体路径等许多方面存在分歧。例如，埃茨科威兹将研究型大学作为观察对象，认为研究型大学是创业型大学的起点，研究型大学持续发展才能成为创业型大学。但对于国内许多学者来说，研究型大学、教学型大学不能直接成为创业型大学。不仅仅是克拉克，很多学者都是以教学型高校为案例，在中国本土的普通本科院校中，也有高举创业型大学大旗的，而且还是属于教研型的大学，甚至属于教学型的大学。其次，创业型大学在学界处于两个极端，一方将其视为"学术界

---

① 〔美〕伯顿·克拉克：《大学的持续变革：创业型大学新案例和新概念》，王承绪译，人民教育出版社，2008，第232页。
② 〔美〕伯顿·克拉克：《大学的持续变革：创业型大学新案例和新概念》，王承绪译，人民教育出版社，2008，第224页。
③ 〔美〕亨利·埃茨科威兹：《三螺旋：大学·产业·政府三元一体的创新战略》，周春彦译，东方出版社，2005，第51~52页。

的榜样"，另一方则将其等同于创收型大学①，认为"创业型大学的本质是反大学"②。学术界之所以对创业型大学的判断如此大相径庭，是因为对其内涵认识的分歧。最后，创业型大学奠基者开创的理论模式并不是不容置疑的金科玉律，而是跟随社会环境的发展处在不断地发展和完善之中。埃茨科威兹的创业型大学理念是建立在他的"三螺旋"创新理论之上的，然而，有的学者提出将中介机构纳入进来③，还有学者正在研究加入市民社会等，这些都是对埃茨科威兹理论基础的进一步发展和完善。同样，克拉克以"五要素"理论为创业型大学理念的基础，但有的学者认为，这五大要素并不适用于所有传统院校，不属于向创业型大学转型的共同特征和必经途径，因而用"基本要素"来进行概括和总结失之偏颇。例如，马苏等人主要以比利时布鲁塞尔自由大学为基础对创业型大学进行研究，他们认为，促进创业活动的决定性因素是强大的控制核心、资金来源的多元化，特别是外围的拓宽，学术心脏地带的激活和创业文化的融合这两个因素并不是决定因素，对创业活动只起到一般性的辅助作用。马雷克·科威克（Marek Kwiek）教授对欧洲一些私立创业型大学进行了研究，他发现，在克拉克的"五要素"中，这些创业型大学只需要体现 2～3 个要素，即强大的控制核心和融合的创业文化（有时也包括激活的学术心脏地带）就可以了。④ 从中国语境解析克拉克"五要素"，可以发现这五者并非同等重要，其中"激活的学术心脏地带"是五大要素的中心与目标，其他各要素要么为此服务，要么由此延伸出来。⑤

---

① 彭宜新、邹珊刚：《从研究到创业——大学职能的演变》，《自然辩证法研究》2003 年第 4 期，第 44～48 页。

② 王建华：《我们需要什么样的大学》，《高等教育研究》2014 年第 2 期，第 1～9 页。

③ 张秀萍、迟景明、胡晓丽：《基于三螺旋理论的创业型大学管理模式创新》，《大学教育科学》2010 年第 5 期，第 43～47 页。

④ 参见张卫国《三螺旋理论下欧洲创业型大学的组织转型及其启示》，《外国教育研究》2010 年第 3 期，第 53～58 页。

⑤ 付八军：《创业型大学本土化的内涵诠释》，《教育研究》2019 年第 8 期，第 92～99 页。

二 创业型大学理论的发展

随着对创业型大学研究的不断深入，从"学术资本主义"角度研究大学内部变革的希拉·斯劳特教授、从学校管理角度研究大学的西蒙教授等一大批杰出学者也相继崭露头角。此外，基于创业型组织的观点，发展中国家的一些学者也在研究他们国家的创业型大学。如《发展中国家创业型大学的发展》（2005 年）的作者安德森·博纳斯科尼，主要探讨 1888 年成立的智利天主教大学如何实现从教学型大学向研究型大学的转变，改变了以往政府作为高等教育主要经费来源的现实，使市场成为替代者。同时描述了智利天主教大学的政策与策略，分析其转型创业型大学的成功与限制因素，得出大学在私有化压力下，将获得更大的生存与成长空间，而非市场导向的知识创新。另外，他认为，尽管发达国家的创业型大学是以知识生产来推动经济发展的，但在本国的学术或学科研究中，创业型大学在发展中国家只是一种模式的探索。在《创办创业型大学：印度的应对》（2007 年）一书中，印度德里大学教授阿莎·古达介绍了印度鼓励高校创业的具体措施。印度政府推动创业型大学的形成，通过建立教育园区、科学园区、科技企业孵化器和企业集聚区，在学科和国家界限之外的不同学院设立加强国际交流的创业项目，在农业、化学、医药、食品加工、纺织、信息、生物科技等方面，通过产业集群的方式与企业开展合作。同时，也提到了创业型大学在发展过程中面临的一系列问题，比如知识产权问题、学术自由与公共责任之间的矛盾、大学的教学和科研问题、科研和商业活动的关联性问题等。

斯特劳和莱斯利在论著《学术资本主义：政治、政策与创业型大学》（1999 年）中探讨了学术资本主义与创业型大学之间的关系，他们主要运用学术资本主义的基本理论，在阐述学术资本主义的概念与影响的基础上，对大学持续发生的变化进行了分析，包括学术资本主义对创业型大学产生的动力影响。在书中，他们对学术资本主义进行了定义，即大学学院和教职工在争取发展所需的外部资金的过程中所进行的一系列与市场有关的活动，或者其他具有典型性特征的市场活动。与此同时，他们也对创业型大学进行了概念分析，认为企业运作方式是创业型大学的基本特征，这里的企业运作方式是各个方面的，包括大学内部的管理组织、具有市场化特征的数量型指标体系、学校课程设置的市场化导向、人才培养目标的订单式培养、为争取外来资源所进行的一系列营利性活动。同时，加强产教融合建设合作中心，促进技术成果转化，成立技术创新开发平台，扩大招生规模，创新招生模式，获得更多外部资源等，大学采用这些方式的主要目的是适应经济社会发展的需求，同时通过加强应用研究来获得私营部门对大学的更多投入。

还有一些学者，他们在研究创业型大学时认为，研究型大学的形成条件已经比较成熟。在《知识型社会的创业型大学》中，作者认为，在全球尤其是欧洲，现在的大学面临着一系列非常复杂的局面：利益变得不确定的生存环境、高等教育系统需求继续分化、社会产生了对高校的新期待、知识的制作与传播日益割裂，以及与工业和更广泛的经济世界联系越来越紧密、越来越有效等。斯托克里恩和简妮库夫拉在《大学时代的改变》（2005 年）中提出，创业型大学的地位和价值观发生了冲突。还有学者认为，创业型大学兴起的外部条件包括：全球化和知识型社会对大学的压力、欧洲高等教育的持续发展、大学面临的各种要求等。也有学者认为，创业型大学是与美国高等教育的不断变化和发展紧密相连的，并指出，包括塔夫茨大学在内，大学向创业型大学转变的外部条件已经转变为不断发展的多元文化和支持行动、越来越严重的高等教育财务危机、越来越膨胀的学生单边主义，美国高等教育面临的诸多挑战都在不断地发生着变化。

日本学者北川富美在《创业型大学与地区社会经济发展：知识欧洲视角》（2004 年）一书中认为，欧洲政策框架内的多层次管理结构所运用的政策工具、治理和财政等问题，影响了欧洲创业型大学的创业活动和参与地区发展的程度。由于不同国家的管理体制和高等教育管理体制有所不同，欧洲国家的地区政策、科学和创新政策，以及本地区的产业结构和经济状况等影响了创业型大学对区域发展的贡献程度。他同时认为，创业型大学应该通过大学与产业互动，与其他机构合作，通过培养和吸引高技能的"知识型"劳动者来吸引外部资源，推动区域经济发展。阿里森·布拉姆威尔和戴维·沃尔夫以加拿大安大略省的滑铁卢大学为例，探讨了创业型大学与当地经济发展的关系，他们认为，创业型大学通过建立知识转移机制，例如，通过提供正式或非正式的技术支持，生产商业知识，与合格的研究型科学家合作，为当地经济培养和吸引人才，促进当地经济的发展，而滑铁卢大学则成为当地经济和高新技术产业的重要支柱，通过孵化企业，支持科研活动，为当地培养人才，并与当地和国际科研机构保持联系。同时，他们还强调创业型大学是带动地方经济发展的根本，因为其既有世界一流的教学科研，又有富有企业家精神的师生。

《创业型大学的再认识：冲突与角色分离的重要性》（2007 年）的作者在阐述创业型大学的内外运作形式时提出：大学教师的研究员角色与企业家角色分离的不足，是传统学术活动与创业活动冲突的症结所在。因此，最重要的是在推动大学商业化创业的同时，通过对大学体制核心部分角色的割裂，保证大学教师两种角色的彻底割裂。菲尔波、特凯文等 2010 年通过对重点大学跨学科教授的访谈，在对潜在学术压力的调查中发现，高校内部各学科教授在对待大学使命的问题上存在分歧，而这种态度上的分歧，造成了学术领域广泛存在的不和谐，最终导致大学基本功能和任务的完成受阻。并认为，这种从上到下推进创业型大学的改革，从整体上看实际上会把大学与大学之间互相交叉的创业活动破坏掉，所以对创业型大学的内部运作会有很大的帮助，通过加强对创业过程的了解，找出一些创业过程中的关键障碍，最终实现目标。亚历山大 2010 年以某理工类高校的 10 个研究中心为案例，认为在传统学术研究的兴趣点和产业目标不断协商调整的创业型大学内部，目标和宗旨总是此消彼长，在目标和宗旨既对立又互补的变化中不断受到影响，所以，创业型大学不稳定，大学的作用和目标总会被知识社会左右。从"学术资本主义"的概念出发，美国学者希拉斯·劳尔特认为，外部环境的变化导致了政府政策的变化，使学术人员的劳动性质发生了变化，最终导致了传统大学向创业型大学的转变。英国曼彻斯特大学工程与科技政策研究中心对欧洲 21 所著名大学进行了深入的分析，主要内容包括大学的发展体系与所在地区产业界的关系，双方之间产学合作的现状及问题，大学转化科研成果的现状和研究成果的开发利用状况等，并得出了一些结论：作为高校研究成果商品化的例证，创业型大学要摒弃自主经营的传统，与其他科研单位或企业联合办学；创业型大学走上国际舞台和走向世界的将越来越多，无论是在产学合作还是在研究成果的商品化方面；高校衍生创业公司具有一定的普适性；等等。

第九章
高等教育矩阵理论

矩阵理论是关于高等教育组织模式的一种洞见，它是组织分析在高等教育研究领域的重要成果。矩阵理论认为由学科和事业单位构成的总体矩阵（the Master Matrix）是高等教育系统的核心。克拉克是高等教育矩阵理论的代表性人物，马丁·芬克尔斯坦（Martin Finkelstein）、别敦荣等则丰富与发展了矩阵理论。

第一节　理论视角

组织分析是一种重要的社会科学研究视角，诸多学者基于此视角对高等教育进行了深入的研究，获得了大量有价值的研究结论，丰富了人们对于高等教育系统及其各级组织的理解。矩阵理论就是对高等教育系统进行组织分析的理论成果之一。

一　组织研究与高等教育[①]

组织分析是 20 世纪 40 年代后期发展起来的社会科学领域。20 世纪 70 年代开始，以克拉克、维克多·鲍德里奇（Victor Baldridge）为代表的学者借鉴组织理论与模型研究现代大学的组织模型、组织结构与组织文化，使得

---

① 吴洪富：《美国研究型大学建构：教学与科研关系的行动逻辑研究》，科学出版社，2016，第 9~12 页。

长期以来组织研究更多关注企业和公共管理的情况有了转变，对教育机构、民间组织等非营利性组织的研究明显增多。20 世纪八九十年代以来，世界范围内高等教育快速变革，"质量""问责""规划"等成为此领域的关键词。开放系统理论、权变理论、资源依附理论、组织生态理论等为高等教育研究者所吸收，这使得大学成为组织研究的热点议题。学者们用组织的观点分析高等教育的各种机构，甚至把组织分析应用到高等教育系统研究中去。相应地，组织的观点作为一种一般方法也颇受青睐。

总体来说，关于大学组织的研究，主要集中在组织文化、大学组织结构及运行机制上，以及由此体现的大学组织特性、理念和价值观等方面。

英国学者托尼·比彻（Tony Becher）对 20 世纪 80 年代以前与高等教育有关的文化研究进行了概括，认为相关研究匮乏且分散。他把这些研究分为三个层面——以院校为基础的研究、对各知识领域的研究以及对学者及其作用的研究，我们可以把这三类分别称为大学组织文化、学科文化和学者文化。[①] 在第一类也就是我们主要关注的大学组织层面的文化研究中，有代表性的是塔尔科特·帕森斯（Talcott Parson）和杰拉尔德·普莱特（Gerald M. Platt）的《美国的大学》，以及克拉克的《特色学院》。20 世纪八九十年代以来，又出现了一些关于高等教育文化和大学文化的研究，其中对大学组织文化有深入系统研究的学者当数威廉姆·伯格奎斯特（William H. Bergquist）。他在《四种学术文化：提升学院组织领导的见解与策略》一书中，在对美国部分高校进行案例研究的基础上，他把大学组织文化划分为四种类型：学院文化、管理文化、发展文化和协商文化。[②] 我国学者阎光才在《识读大学——组织文化的视角》一书中，采取"识读"的策略，阐释了大学组织的精神传统与文化个性、组织构成的文化意义、文化的冲突与融合、大学的

---

① 〔美〕伯顿·克拉克主编《高等教育新论——多学科的研究》，王承绪等译，浙江教育出版社，2001，第 175~180 页。

② W. H. Bergquist, *The Four Cultures of the Academy: Insights and Strategies for Improving Leadership in Collegiate Organizations*, San Francisco: Jossey-Bass Publishers, 1992.

组织文化模式等问题。[①]

关于大学组织结构及其运行的研究，可以追溯到早期的社会学家。1947年，当帕森斯译介马克斯·韦伯（Max Weber）的科层制论著时，就指出了学术组织与其他社会组织有所不同，大学管理不能采取科层制的组织方式。之后，一些学者把科层组织和科学管理理论应用到大学研究中，认为大学有科层组织的特征，但不能完全用科层组织加以概括。维克多·鲍德里奇则认为大学既是一个"学者共同体"，又是一个"等级制的、理性的、权力主义的科层组织模式"。而迈克尔·科恩（Michael D. Cohen）、詹姆斯·马奇（James G. March）和约翰·奥尔森（Johan P. Olsen）则认为教育组织特性为"有组织的无序状态"。克拉克提出了著名的"矩阵结构"（Matrix Structure）说，这也是本章主要关注的理论观点。罗伯特·伯恩鲍姆（Robert Birnbaum）对大学组织与企业组织进行了全面比较分析，认为大学组织有自身的特性——松散联合。其主要特征体现为目标的模糊性、控制的二重性、权力的非制度性、层级的混乱性等。他还提出了学会组织模式、官僚组织模式、政党组织模式和无政府组织模式等大学组织模式。[②] 国内学者吴志功、宣勇、季诚钧、阎凤桥等也在这方面有重要贡献。吴志功将传统的组织模型（直线-职能、事业部、矩阵等）运用到大学组织中来进行结构设计。宣勇在对大学分类分层的基础上，提出了研究型大学、教学研究型大学和教学型大学适用的组织结构模式。季诚钧认为现代大学具有学术属性、行政属性和产业属性三种属性，并据此设计了大学各个部分的组织架构。阎凤桥的《大学组织与治理》则在梳理相关理论学派的基础上，对中国大学的实践进行了阐释。如用制度主义学派的效率与合法性机制解释中国高校的合并与合作现象；用种群生态学理论阐释中国民办高校的组织特征与发展存亡；用"制度环境"的理论解释不同国家高校的人事制度等。[③]

[①] 阎光才：《识读大学——组织文化的视角》，教育科学出版社，2002。

[②] 〔美〕罗伯特·伯恩鲍姆：《大学运行模式：大学组织与领导的控制系统》，别敦荣主译，中国海洋大学出版社，2003。

[③] 阎凤桥：《大学组织与治理》，同心出版社，2006。

二　高等教育研究的组织视角

无论是高等教育系统还是大学组织，其内部都是一个"黑箱"。这个"黑箱"内部的结构和运行过程是很神秘的，难以把握。而且，现代高等教育的组织化、结构化发展——"现代高等教育系统发展成为巨型结构，并且其工作程序也复杂化了，这种情况就加强了对办学的内部控制，提供了抵抗环境骚乱的坚强堡垒"①——也使得我们更难从外部窥探其内部状况。而从组织的视角研究高等教育，则可以在一定程度上破解"黑箱"。组织的视角是"从内部对高等教育系统进行分析"，是"从内向外弄清高等教育系统与外部环境的种种关系"。克拉克认为，这种以主角的角度，从内部开启、从近因开始、从小范围出发，由内而外、由近及远、由小及大的研究视角和研究方式，如果运用得当的话，"从组织的角度研究高等教育系统可以成为公正客观地评价该系统的一种方式"②。

从组织的视角尤其是从主角的角度，唐纳德·莱特（Donald W. Light, Jr.）等人开展了很有价值的研究，在总结归纳已有研究的基础上，莱特等人提出了教师学术职业的三个方面："学科链"（Disciphnary Strand）、"组织链"（Institutional Strand）和"外部链"（External Strand）（见图9-1）。学科链是与个体及其所选择的领域联系最密切的，涉及个体从学士学位到博士学位的学习过程，以及之后在学科社群中的成员地位、荣誉和认可度等。个体进入组织链晚于进入学科链（目前进入大学工作，一般都需要在获得硕士学位甚至博士学位以后），但与学科链的发展相互交织在一起，组织给予教师的绝大多数奖励都是基于他们对于学科的贡献。外部链常常开始于职业生涯较晚时期（一般是有了一定的影响力和知名度，才有机会从事外部的咨询、讲座等），可能比其他两个职业链要短，包括所有那些组织之外的但却是与学科相关的活动。他们

---

① 〔美〕伯顿·克拉克主编《高等教育新论——多学科的研究》，王承绪等译，浙江教育出版社，2001，第105～106页。

② 〔美〕伯顿·克拉克主编《高等教育新论——多学科的研究》，王承绪等译，浙江教育出版社，2001，第105页。

指出："在实际的职业中，它们是纠缠在一起的。一个维度的活动和职位常常对另外的部分有意义、有影响。但是，这种区分对于教师职业有可能做出富有成果的分析。"① 虽然图9-1中所描述的每一个维度的职业的事件和次序整体上和逻辑上是正确的，但在个体、学术界和组织中又存在相当大的差异。就组织差异而言，学科链对于研究型大学的教师最重要。如果忽视了学科，教师不仅会丧失在学术界的影响力，且其组织链和外部链也会暗淡。换句话说，没有很好的学术成就，晋升和外部的社会服务很难实现。

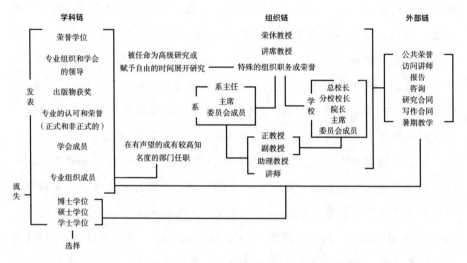

图9-1 高校教师的职业链

资料来源：D. W. Light, L. R. Mardsen, T. C. Corl, *The Impact of the Academic Revolution on Faculty Careers*, Washington, DC：American Association for Higher Education, 1973, p. 9。

　　莱特关于学者生涯具有不同向度且各向度之间具有密切关系的研究结论，对于矩阵理论有启发意义。简单地说，莱特对于学者三个职业链的分析，虽然也强调三者之间的"纠缠"，但重点在分析各个职业链的进展及其相互影响，而矩阵理论则重在从学科维度和组织维度分析二者交叉所形成的组织模式及其影响。

---

① D. W. Light, L. R. Mardsen, T. C. Corl, *The Impact of the Academic Revolution on Faculty Careers*, Washington, DC：American Association for Higher Education, 1973, p. 8.

第二节　基本观点

在高等教育组织研究方面，克拉克做出了卓越贡献。他不仅提出了"组织传奇""创业型大学"等重要概念，还从组织视角系统阐释了高等教育系统。高等教育的矩阵理论，也主要源于克拉克对高等教育系统的组织分析。

一　总体矩阵是高等教育的组织心脏

高等教育的组织观点，"促使研究者们研究学者们实际做些什么"[①]。克拉克认为，从主角的角度看，大学教师的角色和成员资格很多。这些资格决定他们的工作，要求他们必须为之付出努力，并倾注情感。同时，这些不同的成员资格又会交叉形成多样的矩阵，牵扯大学教师的精力和忠诚。但是，各种矩阵的中心，便是大学教师同时归属于特定的学科和院校。大学教师常常属于一个学科门类，也属于一个具体的分支学科。他们同时还属于一个特定的院校，以及这个院校下属的院系或研究中心、实验室。他们可能是某个学会的重要成员，从中收获学术认同、学术声望，又同时属于一个实体单位，并从中获得报酬和工作条件等。周光礼教授认为，这两种组织模式可以分别被称为"无形学院"和"有形学院"。学科组织模式是无形的实体，容易被人们忽视，是无形学院；院校组织模式是有形的实体，有特定的校园物质文化景观是有形学院。[②]

学科和院校，或者说无形学院和有形学院构成的矩阵，是大学的基本组织结构。换句话说，大学是一个典型的矩阵结构。"高等教育的基本特点主要表现在这里，因为在别的地方找不到同样范围和强度的学科和事业单位组成的矩阵。"[③] 反之，如果缺乏了这种矩阵中的任何一维，高等教育机构就

---

① 〔美〕伯顿·克拉克主编《高等教育新论——多学科的研究》，王承绪等译，浙江教育出版社，2001，第105页。

② 周光礼：《大学教师评价改革的逻辑》，《中国高教研究》2022年第6期。

③ 〔美〕伯顿·克拉克主编《高等教育新论——多学科的研究》，王承绪等译，浙江教育出版社，2001，第114页。

不再是自己了，而是研究机构、中小学或"仅仅教学的大学"。克拉克指出：

> 如果教学不再成为必要的话，高等教育领域可能就会停办院校，把每个学科集中在少数主要的学科点，就像法国研究院的结构，研究工作与大学分开，放在若干研究所里进行。坚持要求更广泛地分配专家，促使学科专家到有学科的地方去的正是教学。如果研究成为不必要条件的话，那么高等教育中的学科门数就会减少，一般性的主修科目就会增加，在分科制的高等教育系统中以教学为中心的那些院校里就可以部分地看到这种情况。①

大学这种矩阵结构，并不是人为设计的，而是自然、自发形成的。"这种结构的自发形成是如此符合'事物的本质'，以至于似乎没有其他选择。事实上，的确没有。高等教育必须以学科为中心，但它同时必须聚集于事业单位。"②

学术人员这两条资格线——类似莱特所言的学科生涯和组织生涯的纵横交叉，就是高等教育系统的总体矩阵。这种矩阵是高等教育组织的心脏和核心点，它们"把原来规模较大的系统转变为成千上万个相互联系的交叉点（这些交叉点为各个追求自主且有独特思想风格的思想家集团所占据）"③。高等教育中的工作（主要是教学与科研）正是在这些交叉点上完成的，教学活动主要以事业单位的方式进行，而研究则主要以学科来实现；高等教育的观念和文化在这些交叉点上体现，学科部落孕育不同的学科文化观念，而不同的组织事业类型也有自己独特的文化与价值；高等教育的权力结构在交

① 〔美〕伯顿·克拉克主编《高等教育新论——多学科的研究》，王承绪等译，浙江教育出版社，2001，第115页。
② 〔美〕伯顿·克拉克主编《高等教育新论——多学科的研究》，王承绪等译，浙江教育出版社，2001，第36页。
③ 〔美〕伯顿·克拉克主编《高等教育新论——多学科的研究》，王承绪等译，浙江教育出版社，2001，第129页。

叉点上结网，不同的学科类别具有不同的学术影响力，学术中心具有更强的声望，知名的学者具有更好的地位，而不同的事业单位之间也存在地位的差别以及中心-边缘的差序格局。正是成千上万的交叉点划分出的矩阵，从局部向上延伸至整个系统，勾画出高等教育系统的总体矩阵。

总体矩阵的组织模式，把学科和院校凝聚在了一起，使得学科获得了发展的地方支持，也使得院校获得了国际影响的机会，但与此同时，矩阵也使院校处于被分割的风险之中。不同学科的学者，如物理学家、化学家、经济学家、语言学家、历史学家等，最终聚集于某个地方，成为特定院校及系所的教师，并与学生、行政管理人员等联系在一起，形成一个综合性的事业单位。可见，单位的组织模式明显跨越了学科的界限，但同时，学科也把各个院校、系所等单位给分裂开了。反过来，学科也是综合性的，每个学科的很多学者都是由不同单位的学者组成的，不同的院校把学科内的诸多学者给"瓜分"了，也可以说是把学科给分裂了。

总之，由学科和院校构成的总体矩阵，是高等教育系统的典型组织模式，也是高等教育组织的基本特征，甚至是独有特征。高等教育系统的工作结构、文化信念、组织权力等要素，以及高等教育活动的开展，都是基于这些矩阵的。

二　高等教育的组织矩阵是复杂多样的

高等教育的组织矩阵虽然是学科和事业单位的交叉点，但这些交叉点所处的层次和位置很不一样。在高等教育系统不断分化的过程中，高等教育矩阵呈几何级数增长，呈现异常复杂的图景。学科和事业单位都存在着日益明显的分化过程。在中世纪，主要是神学和少数古典学科处于主导地位，文艺复兴和启蒙运动使得大量的人文学科和自然学科涌现并获得正当的地位，之后社会学科也获得了同样的地位。随着学术专业化的推进和知识碎片化的加剧，学科不断分化，形成克拉克所谓的"小的世界，不同的世界"（Small Worlds, Different Worlds）。在事业单位方面，大至不同的国家、地区或类别的高等教育系统，小至不同的系所，呈现出横向的类别差异和纵向的层次之分。可想而知，由不断分化的两条线即学科、事业单位相互交织而成的矩阵是多么的多样。相应地，如今的高等教育可以被称为"超复杂多重矩阵结构系统"。

多重矩阵结构系统，意味着高等教育的矩阵并非到处都一样，学科和事业单位的相对重要性在全国高等教育系统及高等院校之间是有差别的。克拉克指出，这种差别的根源在于两个方面：一是重科研轻教学；二是重视普通教育或自由教育而轻视专业教育。①

关于第一个根源，克拉克首先列举了不同高等教育系统之间的差异。他指出，有些高等教育系统更重视科研而忽视教学，表现为学科强而事业单位弱的矩阵结构；另外的高等教育系统则重在教学而不是科研，表现为事业单位更受关注，行政和官僚的影响很大而学科的力量相对较弱。他说：

> 自19世纪早期以来，德国高教系统以研究占主导地位，这种状况意味着近代德国大学"重视学科标准几乎到了排斥学院标准的程度"。根据不完全的比较，英国大学由于受牛津大学、剑桥大学把跨学科学院的成员资格放在首位，并把注意力集中在本科生教学这种模式的影响，教师不得不忙于实现院校的任务和价值观。和德国的模式形成鲜明的对比，很多发展中国家如尼日利亚的大学，由于科研经费很少，对学者的学术造诣酬劳不多，因而怀有强烈的动机去取悦于那些从院校内外控制院校的人们。②

紧接着，克拉克指出，在某个特定的国家或地区的高等教育系统内部，存在院校间的差异。就美国而言，研究型大学处于序列的一端，而社区学院处于序列的另一端。他说：

---

① 〔美〕伯顿·克拉克主编《高等教育新论——多学科的研究》，王承绪等译，浙江教育出版社，2001，第114~116页。
② 〔美〕伯顿·克拉克主编《高等教育新论——多学科的研究》，王承绪等译，浙江教育出版社，2001，第115页。

在美国高等教育系统内部，研究性大学极其重视专业和专业中的公认的成就，具有学科中心和教授起主导作用这两个特征。相比之下，社区学院着重教学，排斥研究，专业联系较松，讲师可能教授社会学的全部内容而不是其中的一部分，同时也教人类学和心理学；在各学院中，主要是行政人员和学生起主导作用。[①]

关于第二个根源，克拉克指出，作为学术专门化的建制，学科更为重视专业教育，普通教育或自由教育则更适合在学科影响力较弱的场所进行。他举例说：

美国独立的文理学院与大学相比，学科的重要性相对减少，并促使教授更倾向于以院校为中心。在美国的研究生大学中，与研究生阶段相比，本科生阶段比较倾向于以院校为中心，很明显的是，本科生的招生由代表院校的招生机构和各种委员会负责进行，而研究生阶段的招生主要由各系和各研究生院自己负责。[②]

研究型大学和其他院校有明显的不同。与其他院校相比，研究型大学更重视科研，更强调专业教育和专业训练，学科在组织中的影响力很大，学术权力和学科文化彰显。相应地，学院和系这样的事业单位的影响被弱化，其中的行政人员的作用和价值就更多地体现为服务而不是管理。研究型大学很难"控制"学科维度的极大的牵引力，即使大学层面努力维持事业单位这一维度，也难以实现把教师的精力和时间拉回到教学优秀这一组织目标。这种情况的典型例证就是研究型大学普遍存在"重科研轻教学"的倾向。吉姆斯基发现，自二战后，尽管高校内部行政管理权力的强度和范围不断增强

---

① 〔美〕伯顿·克拉克主编《高等教育新论——多学科的研究》，王承绪等译，浙江教育出版社，2001，第115页。
② 〔美〕伯顿·克拉克主编《高等教育新论——多学科的研究》，王承绪等译，浙江教育出版社，2001，第116页。

和拓展——他称之为"行政晶格"（Administrative Lattice）现象，但每一次行政权力的膨胀，都伴随着"学术棘轮"（Academic Ratchet）效应的强化，即对于教师而言，越来越趋向于减轻其教学和学生咨询指导负担，而把其自主性的时间更多地投入研究以及专业服务中，呈现一种不可倒转的趋势。[①] 在最好的情形中，教学会象征性地有所改善，但科研对于教学的压倒性地位显然是一种常态。

三 矩阵变化是高等教育系统变革的基础

矩阵不仅是复杂多样的，而且总是处于运动之中，这种运动和改变则导致组织和系统的变革。矩阵的变化，一方面源于上述学科、院校的分化以及整合，另一方面则源于学科和院校这两条线推拉力量的变化。

如上文所述，学科和院校的分化使得高等教育矩阵呈几何级数增长，这导致高等教育发生系统变革，成为日益复杂的组织系统。未来，随着学科交叉融合以及大部制改革等的深化，高等教育矩阵可能会朝另一个方向前进。而学科和院校的两维拉力，使得学术人员处于不断的推拉之中，这将会引起他们工作结构、文化观念以及权力形态的变化，进而引起矩阵的变化、变形，最终引发高等教育系统变革。对于大学教师而言，高等教育矩阵要求他们满足两个不同维度的要求，使大学教师隶属于两种完全不同形式的组织，并把他们置于双重权力之下，这会给他们带来冲突。学科对于教师职业而言具有至关重要的地位，而大学组织又要求教师服从于组织目标，如卓越的教学。莱特等人指出："聚焦于学科使得一个人富于世界主义，而忠诚于组织则可能把他的职业限制在很小的地方范围内。……冲突起于学科成就的职业重要性与教学义务的主导地位。"[②] 他们认为，这种冲突和其他冲突一起构成了学术人的道德生涯，或许正如欧文·戈夫曼（Erving Goffman）所谓的

---

① 阎光才：《研究型大学中本科教学与科学研究间关系失衡的迷局》，《高等教育研究》2012年第7期。

② D. W. Light, L. R. Mardsen, T. C. Corl, *The Impact of the Academic Revolution on Faculty Careers*, Washington, DC: American Association for Higher Education, 1973, p. 14.

"精神病人的道德生涯"一样复杂和混乱。

由于矩阵承载着高等教育的工作结构、文化信念和组织权力等要素，矩阵数量上的增减和形态上的变化必然伴随着"内涵"的变革。也就是说，矩阵变革是全面的，而矩阵变革又会引发高等教育系统的变革。当然，出于同样的理由，矩阵并非完全被动地发生变革，它还具有很强的适应性和协调力。总之，工作、信念和权力构成矩阵结构的基本要素，它们共同制约着矩阵结构内部的协调和变革，防止高等教育矩阵剧变。

在各种变革力量和手段的共同作用下，矩阵呈现独特的运动形式。克拉克指出，矩阵是这样运动的。第一，它依靠许多基层的创新。在以基层为主的学科和院校的矩阵中，基层革新是一种关键的变革形式。第二，它依靠劝说和自愿而不是命令进行创新。由于权力的类型和份额的分散性特点，加上权威人士常常在基层或中层机构中工作，上层人物通常必须与地位同等的人协商，以贯彻他们的旨意甚至命令。第三，它依靠渐进的而不是全面的革新。由于高等教育系统的任务和权力相当分散，全面的变革一般很难进行。大规模的改革偶尔也会产生，有的甚至取得了成功，但更有特色的改革源流是从无计划的行动中产生的点点滴滴的变革。第四，它依靠静悄悄地渗透院校边界的变革。总体矩阵确保边界角色分散在各大学或学院的不同基层工作单位，这些边界角色可能与一个更大系统内外的同类角色建立联系。变革往往就是静悄悄地、很少为人注意地穿过很多与外部联系的桥梁产生的。第五，矩阵运动常常以无形的方式进行。因为知识作为一种材料、一种产品，尤其是一种过程，是无形的。发展思想（如研究中）、传播思想（如教学中）和吸收思想（如学习中）都很难在它们发生时看得见并做出评价。

第三节　发展与评价

克拉克明确提出高等教育矩阵理论之后，受到了学术界的普遍关注，成为一个非常有效的理论工具。但任何理论都有其局限性，在面临新的情景、新的时代时，都需要进行适度的修正。矩阵理论也有其局限性，同样也得到了一定的修正与发展。

一 理论发展

在矩阵理论的丰富与发展方面，别敦荣教授和芬克尔斯坦做了卓有成效的工作。别敦荣教授聚焦于高等教育结构问题，提出了高等教育结构矩阵的内涵与分类；芬克尔斯坦则从教师对教学与科研关系的认识与处理出发，讨论了矩阵理论的不足及其创新问题。

（一）别敦荣教授对高等教育结构矩阵的论述

作为潘懋元先生主编的《多学科观点的高等教育研究》一书的重要组成部分，别敦荣教授撰写的《系统科学的观点：作为社会学术系统的高等教育系统》① 阐释了高等教育系统的结构矩阵。克拉克的矩阵理论强调高等教育是一个由院校和学科构成的学术系统。别敦荣教授则强调，高等教育首先是社会大系统的一个子系统，具有重要的社会功能，因此可以说，高等教育是一个社会学术系统。这样一个系统，既与社会分工和社会发展密切相关，是"社会的"，又与科学分化和科学发展直接关联，是"学术的"。

作为一个社会学术系统，高等教育系统的结构是复杂的，其复杂性体现在既有表层结构，又有深层结构上，而且，表层结构和深层结构本身又是多样的。"高等教育系统的表层结构包括层次结构、布局结构和形式结构等，深层结构主要指学科结构。"② 表层结构反映高等教育系统在时间、空间和形式的构成状况和比例关系，深层结构反映高深学术的组织方式和构成关系。表层结构和深层结构的组合，构成高等教育系统的结构矩阵。"结构矩阵从高等教育系统的表层和深层两个方面立体地反映高等教育系统的构成状况，体现高等教育系统组织机制的本质特征。"③ 高等教育系统的结构矩阵主要包括科类-层次结构矩阵、科类-形式结构矩阵和科类-布局结构矩阵。

---

① 潘懋元主编《多学科观点的高等教育研究》，上海教育出版社，2001，第 345~379 页。
② 潘懋元主编《多学科观点的高等教育研究》，上海教育出版社，2001，第 360 页。
③ 潘懋元主编《多学科观点的高等教育研究》，上海教育出版社，2001，第 369 页。

1. 科类-层次结构矩阵

分层次教育是教育发展到一定历史阶段的产物，也是社会进步的一种标志。高等教育最初只有如今所谓的"本科"一个层次。19 世纪出现了研究生院，现代大学成为"立式大学"，有了本科和研究生两个教育层次。19 世纪末 20 世纪初，随着美国初级学院的诞生，又出现了专科这一层次。时至今日，高等教育形成了专科、本科和研究生三个层次的立体教育系统。

高等教育的各学科在各层次高等教育的分配，构成了高等教育系统的科类-层次结构矩阵。这一结构矩阵，"不仅受到各层次培养目标、培养规格和教学要求的制约，而且受到各学科自身发展水平的制约"①。各层次教育受自身培养目标和培养规格的制约，对于学科设置的需求不同。学科的性质及发展状况，也对不同教育层次的人才培养目标、规格和方式有一定影响。

2. 科类-形式结构矩阵

高等教育各学科专业与各类高等学校的组合，形成高等教育系统的科类-形式结构矩阵。"科类-形式结构矩阵具体反映各类高等学校的学科、专业设置状况，因此可以说，高等教育系统是由一个个科类-形式结构矩阵组成的学术共同体。"②

当前，高等教育的办学形式已非常多样：既有全日制普通高校，又有成人高校；既有实体高校，又有虚拟院校；既有行业院校，又有综合性大学；等等。这些院校因办学定位、培养目标和历史积淀等的不同，在学科专业设置上有很大差异。同类型的院校往往有大致相似的科类布局，具有学科发展的家族相似性。同类院校的发展趋势也往往具有路径依赖。比如，"由工程院校扩展为理工院校以至扩为综合大学的院校，一般较强的专业仍是工程科类；'文革'后新版的职业大学、成人高校等学校，则多设置设备较为简单、就业机会较多的财经、管理、文秘等专业"③。

---

① 潘懋元主编《多学科观点的高等教育研究》，上海教育出版社，2001，第 369 页。
② 潘懋元主编《多学科观点的高等教育研究》，上海教育出版社，2001，第 370 页。
③ 潘懋元主编《多学科观点的高等教育研究》，上海教育出版社，2001，第 371 页。

3. 科类-布局结构矩阵

高等教育各学科在不同地区的分布状况，构成高等教育系统的科类-布局结构矩阵。一般而言，受自然资源、历史积累等影响，各地区都有自身产业的相对优势，这也要求本地区的高校为其供给相应产业的人才以及科技成果，而高校的发展状况反过来也对本区域产业聚集、产业发展等有很大影响，产教协同、产教融合便是理想的状态。

产业与高等院校关系的深化，会进一步强化科类-布局结构矩阵。产业发展水平高的区域，高校相对较密集；产业发展水平低的区域，高校一般相对较少。不仅如此，产业类型与当地高校优势学科专业之间也具有较高的相关性。这都体现了科类-布局结构矩阵明显的地域适应性特征。当然，这并不排斥这一结构矩阵的另外一面，即地区互补性。作为学术共同体的组成部分，高校之间尤其是同一区域的高校之间，为避免同质化，会采取差异化的发展战略，避免学科专业的重复设置和同轨竞争。

（二）芬克尔斯坦对矩阵理论的应用与发展

芬克尔斯坦是国际著名的高等教育专家、美国西东大学（Seton Hall University）教授，曾在丹佛大学和哥伦比亚大学教师学院任教，并在日本广岛大学克莱蒙特研究生院和高等教育研究所担任访问学者。他是学术职业研究领域最杰出的学者之一，撰写了《美国学术职业：一项关于二战以来发展的社会科学综合探究》《新的学术一代：转型中的专业》《美国教师：学术工作和职业的重组》《教师因素：在动荡的时代重新评估美国学术界》《教授之路：全球视野下的学术生涯》等一系列专著和多篇相关论文。

在《美国大学教师工作世界中教学与科研关系的平衡》一文中，芬克尔斯坦从大学教师对教学与科研关系的处理这一具体问题出发，应用并发展了矩阵理论。[①] 芬克尔斯坦指出，克拉克于 1987 年提出了"一种优雅而简约的美国学术职业社会学"，也就是说，矩阵理论的观点足够简单：个体在

---

① J. C. Shin, et al. , *Teaching and Research in Contemporary Higher Education: Systems, Activities and Rewards*, New York: Springer, 2013, pp. 299-318.

博士阶段的学术训练会影响其接下来的学术生涯，并为他提供独特而持久的教育社会化经验，这种训练及其影响在工作环境中会因特定的组织期望和组织结构得到强化或重塑。即美国的学术工作生活"嵌套"在一个矩阵中，一方面由教授工作的机构类型定义，另一方面由他接受博士培训的学科或领域定义，矩阵中每个单元界定的学术工作角色的差异，都主要是由这两个因素界定的。

芬克尔斯坦指出，克拉克关于学术职业的矩阵理论，自出现之后就获得了巨大关注，被作为理解大学教师工作尤其是美国大学教师工作行为的透视镜。但是，在接下来的25年，美国高等教育在很多方面都发生了巨大转型和深刻变革，尤其值得关注的是四个方面：一是随着研究型大学模式的扩散（如很多文理学院也在寻求提升科研地位），组织类型间的界限变得模糊；二是大学学术生活市场化日渐深入，大学内部的"贫富差距"在增大；三是学术聘任方式在变革，聘任类型日益多样；四是高等教育领域的性别比例在悄然发生变化，女性在高等教育中的地位不断上升。

基于学术职业的上述变化，芬克尔斯坦认为，需要对矩阵理论进行分析，衡量克拉克提出的简约公式是否需要扩展，尤其是性别和聘任类型是否已经是形塑学术工作的新的重要因素。

以教学与科研关系为问题域，芬克尔斯坦尝试去研究两个问题：一是制度类型和学科在多大程度上继续以克拉克1987年描述的强大方式塑造学术工作；二是任命类型和性别在多大程度上成为美国学术工作的一套额外组织原则。

为了解决上述研究问题，芬克尔斯坦使用两次国际学术职业调查的数据进行了深入的分析，发现机构类型和学术领域仍然是决定教师工作方式的有力仲裁者。此外，研究还表明，聘任类型和性别已经成为影响学术工作的新因素。也就是说，目前的学术工作日益多样化，如果在20世纪80年代克拉克只根据两个维度（机构类型和学术领域）来解释大学教师工作生活的差异，那么今天至少需要再增加性别和聘任类型这两个信息。

总之，在芬克尔斯坦看来，克拉克的矩阵理论仍是解释学术生活的重要理论工具，是高等教育系统的组织基础。但是，由于学术工作已经发生了巨大变化，需要对克拉克式的简约公式进行修正，进而建构更为精致的矩阵理论。

二　理论评价

矩阵理论对于高等教育的研究和实践，都有重要的方法论意义，但也存在时代局限性。我们应理性审视这一理论，并创新性地发展它。

（一）高等教育矩阵理论的方法论意义

1. 高等教育研究应当把学科和事业单位作为重点

矩阵理论认为，高等教育系统的组织心脏是由学科和事业单位构成的矩阵，高等教育的所有活动，以及高等教育系统的要素，如工作结构、文化信念、组织权力等，都聚集于矩阵之上。因此，研究高等教育，就必须研究矩阵的条线，即学科和事业单位。

我国高校较为重视学科专业建设，学科在高等教育研究中一直有比较重要的地位。随着重点学科建设与评价工作的开启和推进，学科建设的重要性更加凸显。2000 年，刘献君教授就撰文指出："学科建设是高校工作的龙头，十分重要。"① 因为，学科水平决定了一所大学的水平，"没有一流的学科，就没有一流的大学"，而且，学科是教授活动和成长的土壤，对师生的成长都有重要的定向和规范作用。随着"双一流"建设的开启，以及交叉学科门类的设立，跨学科理念的深化进一步强化了学科对于高校建设的核心地位。"一流学科""优势学科""优秀学科""特色学科"等成为我国高等教育研究的关键词。

与学科相比，我国高等教育研究曾经并不是很重视高校内部的组织建设研究，而是较为重视高等教育政策、政府与高校关系等方面的研究。学术界对于高校内部的管理尤其是院系设置与院系管理的研究明显不足。

对于高校内部组织管理的集中和深入研究，始于学术界对高校内部二元

---

① 刘献君：《论高校学科建设》，《高等教育研究》2000 年第 5 期，第 16 页。

权力结构的讨论。克拉克认为，高等教育系统有三个基本要素，即工作、信念和权力。而高校内部的权力主体主要有两大类，即学术人员和行政人员。基于此，学术界系统研究了高校中学术权力和行政权力的冲突与协调问题，进而延展到学术管理和非学术管理、民主管理和行政管理的关系问题。相关研究认为，长期以来，由于我国高校被视为政府的附属机构，学校内部的事务，无论是学术管理还是非学术管理，基本上采取的是行政管理方式，行政管理思维占据主导地位，行政权力压制学术权力。为平衡学术与行政的关系，就必须改革高校内部组织架构，形成良好的治理体系。

近年来，学术界兴起了对于"大部制""院系"等的研究，对于高校内部组织进行了深入探究。其基本的结论都是，要扩大基层组织的管理权力，建构扁平化组织，同时增加基层组织的学科宽度。这样，学术界的讨论就把学科和院系组织管理联系到了一起，矩阵理论的二维成为高等教育研究的核心。在未来，基于学科发展范式的基层组织研究，如关于交叉学科平台、跨学科组织等的研究，会受到更多的关注。基于基层组织改革的研究，也符合矩阵理论变革的基本方式，即高等教育系统的重大变化往往始于基层创新。

2. 高等教育系统要处理好教学与科研的关系

高等教育的矩阵理论，强调高等教育的组织心脏是由学科和组织构成的矩阵。从宏观层面讲，这意味着高等教育与学科研究之间存在密切联系。在《大学的科学活动》中，西蒙·施瓦茨曼（Simon Schwartzman）指出："人们普遍认为，科学研究与高等教育必定是联系在一起的。"[①] 从中观和微观层面讲，高校、院系以至教师个体活动，都面临教学与科研关系的处理问题。可是，由于矩阵的二维有不同的特质、目标，遵循不同的逻辑，处于交叉点上的教师、高等教育组织，面临来自不同方向的推拉力量。如果外部环境不理想，这种推拉力量会让高等教育系统及其主体面临诸多压力和问题。

---

① 参见〔美〕伯顿·克拉克主编《高等教育新论——多学科的研究》，王承绪等译，浙江教育出版社，2001，第208页。

事实上，自柏林大学于 19 世纪初确立"教学与科研相统一"的基本原则以来，教学与科研的和谐关系一直遭受挑战，引发诸多争论。纽曼、奥特加·加塞特（Ortega Y. Gasset）、弗莱克斯纳、卡尔·雅斯贝尔斯（Karl Jaspers）、本－戴维和博耶等都对这一问题进行过专门评述。时至今日，相关争论似乎并未停止。

在实践中，教学与科研的关系也引发了诸多困扰。20 世纪六七十年代以来，随着高等教育大众化的到来、科学研究体制的变化等，这种困扰越发突出。从盎格鲁－撒克逊传统的美国、英国、澳大利亚、新西兰等国关于科研与教育关联的大讨论，到罗马传统的德国、法国等国围绕洪堡理念的前景进行研究，再到我国高校围绕解决"科教两张皮"展开的讨论①，都是这种困扰的体现。甚至有学者指出："在大众高等教育系统中，教学与科研关系是在思想上最混乱、政治上争论最多、管理上最复杂的问题之一。"②

可是，教学与科研的关系非常重要，必须处理好。克拉克甚至认为，在"现代大学教育中，没有任何问题比教学与科研之间的关系更为根本"③。在《探究的场所：现代大学的科研和研究生教育》一书中，克拉克发现各国大学都出现了"科研漂移"与"教学漂移"现象，科研、教学和学习在很多方面和地方越来越紧张。与此同时，也存在整合的力量。基于此，克拉克提出把探究置于大学的核心，使之成为探究的场所，进而重建科研－教学－学习联结体。

如今，教学与科研的紧张关系仍然存在，有平衡二者、仍由其分裂分化

① 周光礼、马海泉：《科教融合：高等教育理念的变革与创新》，《中国高教研究》2012 年第 8 期，第 15 页。

② Scott, "Divergence or Convergence? The Links between Teaching and Research in Mass Higher Education," in Ronald Barnett, ed., *Reshaping the University: New Relationships between Research, Scholarship and Teaching*, Maidenhead: McGraw-Hill/Open University Press, 2005, p. 53.

③ B. R. Clark, "The Modern Integration of Research Activities with Teaching and Learning," *The Journal of Higher Education*, Vol. 68, No. 3, 1997, pp. 241–255.

以及科教融合三条处理策略。其中，科教融合成为我国高等教育的重要理念和组织原则。可以想象，由于高等教育系统的矩阵结构，在未来，教学与科研关系的处理仍将是重要的课题。

（二）对大学学术组织矩阵结构的批判

高等教育的矩阵理论形成于 20 世纪 80 年代，它能够很好地解释那个时代的高等教育系统和大学组织，但今日之高等教育已发生了巨变，克拉克等人的矩阵理论虽然具有一定的解释力，但显然已经显露出"力不从心"的现象。芬克尔斯坦的研究就很好地说明了这一点。经典矩阵理论的时代局限性，主要体现在学科转型以及学生权力的崛起等方面。

1. 矩阵理论完美契合经典学科，在跨学科时代的适用性存疑

矩阵是一种典型的"条块分割"组织模式，高等教育矩阵是经典学科和科层式管理的产物。一方面，经典学科强调学科自身逻辑，注重学科领地与学科界限，学科之间壁垒森严，学科这条线或者说这一维度自成体系。另一方面，科层制管理模式下，高等教育体系层级明晰，组织边界、组织权限明确，高等教育组织这一条线或这一维度也自成体系。学术人员这两条明晰的资格线交叉，就形成了典型的高等教育矩阵。而且，随着学科的分化以及组织的增生，这些标准的、典型的矩阵会呈几何级数增加。

时过境迁，学科和高等教育组织都发生了很大的变化，也就是说，传统矩阵的两维都发生了变革，矩阵理论的适用性受到了很大的挑战。一方面，学科和学科发展范式已经发生巨变。在 20 世纪六七十年代之前，"跨学科"实践和理论研究都很少，是经典学科的时代。20 世纪 70 年代之后，"跨学科""交叉学科"观念和理论研究开始兴起。1985 年，我国召开了全国首届交叉科学学术研讨会，钱三强曾预言 21 世纪将是一个交叉科学时代。近年来，关于学科范式变革，尤其是跨学科和交叉学科的研究急剧增加。随着"四新"建设的推进，实践领域也发生了很大变化。2021 年，国务院学位委员会决定设置"交叉学科门类"，直接体现在学科专业目录上，这是我国交叉科学发展和人才培养的大变革。交叉学科门类的出现，不是简

单地在数量上增设了第 14 大类学科，而是一场科研和教学发展范式的深层变革。① 交叉学科门类就是真正撬动学科范式革命的杠杆，经典学科体系或将迎来彻底的"重新洗牌"。另一方面，高等教育组织模式也在悄然发生变化。扁平化、协同治理等新理念影响日深，"大部制"改革、交叉平台建设等在迅速推进。我国传统的校、院、系三级实体学术组织模式正在发生改变，高校内部组织的深刻变革已在路上。学科的交叉、融合，组织的重组、协同，从根本上给克拉克的矩阵理论带来解释力、适用性问题。在新的时代，如果矩阵理论不能进行修正以焕发新生机，就会面临被抛弃的风险。

对于矩阵理论的这种局限，郑武和杨杏芳给出了很有见地的评价。他们认为，克拉克的矩阵结构原理，把高等教育系统从纵向与横向两个维度分割为一个个的大学和一个个的学科专业，这种分析框架体现的是典型的"还原论"式的思维方式与认知方式。这种"还原论"的矩阵结构，从某种意义上说存在组织分裂分化以及与之相关的协调问题等先天性遗传缺陷。这种缺失不仅造成了实践上的问题，也带来了方法论上的悖论。在实践层面，很多人把矩阵理论奉为指导大学学科专业建设的理论依据，很少有人质疑这个理论框架的合理性及有效性的边界，带来的后果是分化与增生式的学科建设状况，虽然在一定程度上促进了学科"繁荣"，但也导致了学科和专业的分裂与壁垒高筑。在方法论层面，用"还原论"的学科思维方式去解决复杂性问题时，并不能从根源上加以解决。②

2. 矩阵理论以教师为中心，忽视学生对高等教育系统的影响

矩阵理论以大学教师为中心，反映的是教师既属于特定的学科，又是特定组织的成员。这种以教师为中心的高等教育系统论，逻辑在于高等教育系统的基础材料是高深知识。只有教师才能掌握和控制高深知识，因

① 刘仲林：《跨学科学应成为交叉学科勃发的向导》，《中国社会科学报》2022 年 6 月 14 日，第 A8 版。

② 郑武、杨杏芳：《钱学森的系统科学思想与高校"大成智慧型"学科专业结构——兼论对伯顿·克拉克的学术组织矩阵结构的超越》，《北京教育》（高教）2022 年第 3 期。

此，高等教育系统及其矩阵结构自然应以大学教师为中心。布鲁贝克指出，高校教师最有资格决定应该开设哪些科目以及如何讲授，还能决定谁最有资格学习高深学问（招生）、谁已经掌握了知识（考试）并应该获得学位（毕业要求）。[①]

以大学教师为中心，不仅有高深知识基础，也有现实原因。在大学发展史上，曾经出现过"学生大学"，但是，"教师大学"早已"一统天下"。教师被视为大学的主导力量，也是决定大学层次和水平的主角，是大学场域中最为关键的主体，正所谓"大学者……有大师之谓也"。

时过境迁，如今，在高等教育领域，"以学生为中心"越来越多地被当作"黄金标准"。[②] 当然，人们对这一思想的理解不完全一样，有人主张"以学生为中心"是一种教学模式，是相对于传统的"以教师为中心"而言的；有人主张"以学生为中心"是一种学习范式，强调大学教学应以学生的学习为中心，从教师的教转向学生的学；还有人主张，"以学生为中心"是一种教育模式，不仅意味着在学习和教学中突出学生主体地位，以学生学习和发展为中心，还意味着大学组织模式、管理方式等更加注重学生的权力。

这种日益强调学生地位的高等教育思想，既有深刻的理论基础，如建构主义学习理论和杜威教育思想等，也是高等教育历史发展的观念之花。正如上文所言，传统大学以教师为主导，这种模式在 20 世纪 60 年代遭到了非常大的挑战。在那时，欧美国家包括中国的高校，都出现了学生运动，其中又以美国高校的学生运动声势最大且影响最为深远。那一时期，"自由大学""学生权力"等口号十分响亮，学生参与管理、师生平等、宿舍男女生自由交流、改善食堂伙食等是学生的重要诉求。虽然那场运动在 20 世纪 60 年代末衰落，却令美国高校继而世界高校发生了一场革命，学生正式成为高校重要的力量。

---

① 〔美〕约翰·S. 布鲁贝克：《高等教育哲学》，郑继伟等译，浙江教育出版社，1987，第 31 页。
② 王悠然：《纠正对"以学生为中心教育"的误解》，《中国社会科学报》2022 年 5 月 13 日，第 A3 版。

突出学生在高等教育系统中的重要地位，有两个基本的价值假设：一是经济学意义上的，强调在市场化背景下，高校要借鉴商业中的"顾客至上"理念，秉持"学生消费者至上主义"观念，以学生需求为中心构建高等教育模式；二是政治学意义上的，强调高等教育的目的是培养学生，学生理应在高等教育系统中占据重要甚至中心地位。

虽然今日的高等教育系统中，教师仍处于主导地位，仍是组织模式和实践运行的中心，但不可否认，学生的地位已比克拉克时代提高了很多。洪堡所倡导的年长的学者和年轻的学者所构成的共同体已成为当代高校的理想模式，学生的主体性受到了极大关注。可以说，尽管克拉克指出，高等教育的组织观点要求观察者从教师、学生和地方政府官员等的立场和观点去观察分析，但其在分析高等教育的矩阵结构时，又将学生排斥于学科与事业单位之外。这是传统矩阵理论的不足，更是理论难逃时代限制的又一例证。

第十章
大学生学习性投入理论

20 世纪以来，随着民主化、工业现代化和国家主义的演进，高等教育得到前所未有的发展，传统教育中强调以教师为主的教育理念不再适应现代教育，学生主体地位和教育的有效性问题受到人们的持续关注。为了整体教育质量的提升以及学生的全面自由发展，学校的工作要考虑学生的主体地位。有学者提出："在以学生为本的教育理念下，教育教学改革应该使学生受益……关注学生的学习经历与感受，让学生真正参与到教育教学改革的过程中。"① 学习性投入理论认为，学生知识的获取、技能的提升和个人的发展，既要求学生发挥主观能动性，积极投入丰富的课程和课外实践活动中，还要求院校为学生创造支持性条件。这种强调以学习者为中心，关注和强调学生的学习性投入理念，纳入大学生的学习体验、经历和感受等，亦是提升高等教育"质"的有效途径。

第一节　提出背景

一　学习性投入的理论渊源

"学习投入"和"学习性投入"的英文均为"Student Engagement"，

---

① 史静寰：《走向质量治理：中国大学生学情调查的现状与发展》，《中国高教研究》2016 年第 2 期，第 37 页。

都是反映学生发展及教育质量的指标体系。① 纽曼在20世纪90年代美国中小学教育改革的背景下最早提出"Student Engagement"，侧重指学生在学习、理解和掌握教学内容过程中的心理投入。在此背景下，国内普遍将其翻译为"学习投入"，以适应中小学教育情境。20世纪90年代，美国高等教育管理系统中心负责开发了一套信效度良好的大学生学习质量测量工具，即"全美大学生学习性投入调查"（National Survey of Student Engagement，NSSE）。"学习性投入"的说法来源于此，其本质是学生行为和院校条件的相互作用。

（一）学习投入

20世纪80年代起，美国中小学教育质量问题堪忧。为改进和提升教育质量，美国大众呼吁对中小学教育进行改革。1983年，美国中小学教育质量调查委员会颁布出台了《国家在危机中：教育改革势在必行》，这个报告成了美国自80年代中期开始的教育改革的纲领性文件。改革的重心围绕教育质量展开，明确了改进教育的标准和要求，加强了中学五门"新基础课"的教学，促进了教师和学生对时间的有效利用等。但是其过分强调标准化的成绩，忽视学生的个性培养等也为后人诟病。

在美国中小学教育改革的大背景下，纽曼于1992年编写了《学习投入及其在美国中学的研究进展》一书，首次提出"Student Engagement"概念，以回应国家、学校和个人对教育的投资与部分学生在学习活动上的投入并非正相关的问题。纽曼认为学习投入"代表积极参与、承诺和集中注意力，而不是肤浅的参与、冷漠或缺乏兴趣"。② 任峥、张胜楠和杨宏肯定了纽曼的观点，认为在学习领域，学习投入即"学生在学业中在学习、理解和掌握知识、技术、专业技能中的心理投入和努力"。③

---

① 任峥、张胜楠、杨宏：《"学习投入"与"学习性投入"的关系辨析》，《北京联合大学学报》（人文社会科学版）2018年第1期，第120页。

② F. M. Newmann, G. G. Wehlage and S. D. Lamborn, "The Significance and Sources of Student Engagement," in Fred M. Newmann, ed., *Student Engagement and Achievement in American Secondary School*, New York: Teachers College Press, 1992, pp. 11—12.

③ 任峥、张胜楠、杨宏：《"学习投入"与"学习性投入"的关系辨析》，《北京联合大学学报》（人文社会科学版）2018年第1期，第120页。

（二）学习性投入

"学习性投入"的英文亦是"Student Engagement"，当它用于研究大学生学习与发展领域的时候，国内一般将其翻译为"学习性投入"。对大学生学习与发展的研究源于在 20 世纪 90 年代高等教育规模的扩张中，人们对高等教育"质"的问题的担忧。当时美国的一些学者对传统的院校评估和大学排行榜的评价方式表示担忧，认为学校过多地强调院校排名、教学设备、师资力量等，忽视了从作为主体的大学生的视角出发，对学习过程、学习体验和学习结果等进行关注。在高等教育大众化、市场化和国际化趋势的推动下，针对大学生学习与发展的研究由西向东蔓延至全球。[①]

1999 年 NSSE 诞生，仅当年就有超过 140 所高等院校参与了调查，这极大地丰富了本科教育质量的评估角度。[②] 学习性投入是高等教育领域这 20 多年来的重要概念，由美国印第安纳大学教授乔治·库（George Kuh）提出。库作为 NSSE 的设计者，认为学习性投入是指"学生个体在自己学业与有效教育活动中所投入的时间和精力，以及学生如何看待学校对他们学习支持力度的概念，其本质就是学生行为和院校条件的相互作用"[③]。

受 NSSE 影响，澳大利亚和新西兰自 2007 年开始实施"大洋洲大学生学习投入调查"（Australasian Survey of Student Engagement，AUSSE），英国从 2013 年开始实施"英国大学生学习投入调查"（United Kingdom Engagement Survey，UKES）。[④] 由于文化差异等，国外的问卷用于我国测评的时候，还需要做汉化处理。目前我国比较突出的有关"学习性投入"的调查研究主要有：北京大学教育学院 2006 年开展的"首都高校学生发展状

---

① 王纾：《研究型大学学生学习性投入对学习收获的影响机制研究——基于 2009 年"中国大学生学情调查"的数据分析》，《清华大学教育研究》2011 年第 4 期，第 24 页。

② 任峥、张胜楠、杨宏：《"学习投入"与"学习性投入"的关系辨析》，《北京联合大学学报》（人文社会科学版）2018 年第 1 期，第 120 页。

③ 参见吴宏元、金凤《学习性投入视角下的教学质量测评与诊断——NSSE-China 工具在院校研究中的应用》，《现代教育管理》2011 年第 9 期，第 49~52 页。

④ 尹弘飚：《大学生学习投入的研究路径及其转型》，《高等教育研究》2016 年第 11 期，第 71 页。

况调查"①；清华大学教育研究院史静寰教授 2009 年组织开展的"全国大学生学习性投入调查"（NSSE-China）②，后发展为 China College Student Survey（CCSS）；厦门大学高等教育质量与评估研究所自 2011 年开始实施的"国家大学生学习情况调查"③；南京大学、西安交通大学、湖南大学等参加的美国加州大学伯克利分校主持的"国际研究型大学学生就读经验调查"④ 等。其中，国内以清华大学史静寰教授组织开展的 CCSS 影响最大。

二　学习性投入的理论基础

"学习性投入"的理论基础颇为深厚，最早可以追溯到 20 世纪 30 年拉尔夫·代泰勒（Ralph Tyler）指出的"任务时间"理论，即学习投入时间和教育结果成正比，随后罗伯特·佩思（Robert Pace）提出"努力质量"理论，亚历山大·阿斯汀（Alexander Astin）提出"大学生卷入"（Student Involvement）理论。他们都认为，在学习中仅仅投入时间是不够的，学习还需要质量和效率的保证。1987 年，在社会学家文森特·汀托（Vincent Tinto）的"大学生退学模型"中，师生和生生之间在学术和社交上互动质量的好坏与学生的学习投入大小显著相关。学生的发展和成长需要学生的积极参与，同时要求教师的配合。后来亚瑟·齐克林（Arthur Chickering）和塞尔达·甘姆森（Zelda Gamson）提出"本科教育阶段有效教学七项原则"。欧内斯特·帕斯卡雷拉（Ernest Pascarella）1985 年提出的"变化评定模型"中，学生的认知发展受院校组织结构、学生背景、校园环境、生师人际互动及个人的努力程度五个变量影响。

---

① 朱红：《高校学生参与度及其成长的影响机制：十年首都大学生发展数据分析》，《清华大学教育研究》2020 年第 6 期，第 36 页。

② 史静寰、文雯：《清华大学本科教育学情调查报告 2010》，《清华大学教育研究》2012 年第 1 期，第 5 页。

③ 史秋衡、古尔扎·阿里·沙阿布哈里：《巴基斯坦大学生满意度的实证研究》，《教育研究》2015 年第 6 期，第 126 页。

④ 史静寰：《走向质量治理：中国大学生学情调查的现状与发展》，《中国高教研究》2016 年第 2 期，第 38 页。

（一）任务时间理论

"学习性投入"理论最早可追溯到 20 世纪 30 年代泰勒提出的任务时间理论。这一概念关注了两个关键点——"任务量""时间"，以及两个关键点之间的关系。[①] 该理论认为，学习投入时间和教育结果成正比，即在学习的过程中，想学到更多的知识，需要通过投入更多的时间来实现。[②] 泰勒的任务时间理论为后续开展的一系列学习性投入的研究奠定了基础。

（二）努力质量理论

在学习中仅仅投入时间是不够的，在学生时间投入的基础上还存在更深层的投入。佩思提出努力质量理论，认为大学经历由大学环境中发生的事件组成，这些努力出现和发生在各种事件、条件和设施上，例如教室、图书馆、实验室、文化设施、学生社团，以及与老师的交流互动、社团参与、写作经历、认识熟人的广度和深度等，最终都与学生的学习和发展息息相关。[③] 努力质量理论认为，所有的学习和发展都需要学生投资时间和努力，学生在参与生师互动、合作学习、社团活动等教育活动时，投入学习时间的质量与效率，以及投入行为的性质对学生的发展至关重要。[④]

（三）大学生卷入理论

阿斯汀提出"输入-环境-输出"模型（Inputs-Environment-Output，即I-E-O 模型），认为人口学背景、家庭情况、先前知识等输入变量，通过学生的在校经历和学校组织的各种影响，会对学生的特质、知识、技能、态度、价值观、信念以及毕业后的表现产生影响。[⑤] 但是环境变量究竟如何发

[①] 李恋、胡元：《以增值评价为基点的高校学生发展性评价体系探索》，《黑龙江教育》（高教研究与评估版）2017 年第 3 期，第 56 页。

[②] 陈琼琼：《大学生参与度评价：高教质量评估的新视角——美国"全国学生参与度调查"的解析》，《高教发展与评估》2009 年第 1 期，第 26 页。

[③] C. R. Pace, "Achievement and the Quality of Student Effort," *Academic Achievement*, No. 40, 1982, pp. 2-3.

[④] C. R. Pace, "Achievement and the Quality of Student Effort," *Academic Achievement*, No. 40, 1982, p. 2.

[⑤] 参见龙琪、倪娟《美国大学生学习影响力模型述评》，《复旦教育论坛》2015 年第 5 期，第48 页。

挥作用，成了大学生学习与发展研究中的"黑箱"。后来，阿斯汀基于 I-E-O 模型，于 1984 年提出大学生卷入理论，将其定义为学生在学习活动中所投入的心理及体力的总和，力图探究"环境"这一黑箱的运作机制。"大学生卷入"的内涵可以概括为五点："第一，参与是指在任务、人群以及活动中投入体力和心力；第二，参与是一个连续概念，不同学生在不同项目中的投入量有差别；第三，参与既有量的性质，又有质的性质；第四，学习和成长收获跟参与的量和质成正比；第五，任何教育政策和实践的有效性与其引导学生参与的功效紧密联系。"① 简而言之，这一理论主张学生有效利用学校资源的程度会对自身的发展产生影响。学生的发展是一个将过去的经历与大学经历相结合的过程，在这个过程中，学生必须作为主角参与各种学术和社会活动，才能有所收获。②

（四）大学生退学模型及社会学术融合

1987 年，社会学家汀托提出以社会学为视角的大学生退学模型（见图 10-1）。该理论指出，学习经历（包括学习表现和师生交往）和社会经历（包括课外活动和同伴小组交往）使学生融入校园生活；学生的融入性越强，学生对自己的校园经历也会更满意。③但是，如果学生感到孤立和被排斥，他们就会对校园生活失去兴趣，甚至选择退学。

具体而言，学校有学术（Academic System）和社交（Social System）两类系统以及正式（Formal）和非正式（Informal）两类交往形式。学术融合主要围绕教师和学生在学业上的互动展开，而社交融合主要通过学生参与团体活动、课外活动以及学生与学院内教师和行政人员的互动来实现。一方面，"如果师生之间缺乏非正式的交往融合，或者师生之间不愿意交往，

---

① 龙琪、倪娟：《美国大学生学习影响力模型述评》，《复旦教育论坛》2015 年第 5 期，第 48 页；A. W. Astin, "Student Involvement: A Developmental Theory for Higher Education," *Journal of College Student Development*, Vol. 40, No. 5, 1999, p. 519。

② 李琳璐：《国内外大学生学习性投入研究综述——基于 CiteSpace 的文献计量可视化分析》，《中国人民大学教育学刊》2021 年第 2 期，第 143 页。

③ V. Tinto, "Dropout from Higher Education: A Theoretical Synthesis of Recent Research," *Review of Educational Research*, Vol. 45, No. 1, 1975, pp. 104-107.

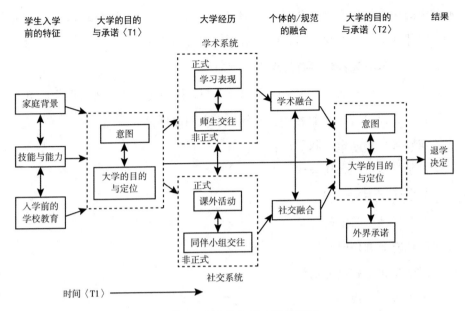

图 10-1　汀托的大学生退学模型

资料来源：参见龙琪、倪娟《美国大学生学习影响力模型述评》，《复旦教育论坛》2015 年第 5 期，第 52 页；V. Tinto, "Dropout from Higher Education: A Theoretical Synthesis of Recent Research," *Review of Educational Research*, Vol. 45, No. 1, 1975, p. 95。

就会导致学生学习成绩不佳、难以融入学术系统。同样，在正式的学术系统中，尤其是在课堂上，师生交往融合的水平也会影响到他们在课外非正式的交往融合"①。另一方面，参与这些非正式和正式的机构活动为学院的社会和学术体系提供了一个重要的联结。汀托指出，课外活动可以提供社会和学术奖励，提高人们对学校的承诺，从而降低学生辍学的概率。②

　　总之，汀托采用"社会学术融合"这一概念来揭开"黑箱"之谜，从大学校园文化适应的视角来理解大学生对校园的归属感，强调社交系统对学

---

① 龙琪、倪娟：《美国大学生学习影响力模型述评》，《复旦教育论坛》2015 年第 5 期，第 52 页。

② V. Tinto, "Dropout from Higher Education: A Theoretical Synthesis of Recent Research," *Review of Educational Research*, Vol. 45, No. 1, 1975, p. 92.

术系统的积极促进作用，凸显校园环境的人文方面，比如跟教师、行政人员、同伴的交往以及课外活动的丰富程度的重要性。①

（五）本科教育阶段有效教学七项原则

学生的发展和成长需要学生的积极参与，同时也要求教师的配合。齐克林和甘姆森提出"本科教育阶段有效教学七项原则"：

鼓励师生之间密切联系；

鼓励学生之间密切合作；

鼓励学生主动学习；

及时反馈教与学的信息；

强调有效利用时间；

对学生寄予较高的期望；

强调因材施教。②

有效教学七项原则从教师层面出发，既关注促进学生有效学习的方式，如有效利用时间等，更关注师生关系的良好互动。教育学意义的生师互动指高校中教师与学生在教育活动中交互作用与交互影响的过程，它的有效性关乎人才培养的质量与大学教育的满意度。③当师生关系融洽时，学生的参与兴趣被调动，课堂气氛活跃，课后师生广泛交流，不仅教师的教学任务容易有效完成，学生的创造力和学习智慧也可以得到最大限度的发挥。因此，本科教育阶段有效教学七项原则从教师、学生以及生师互动入手，关注了影响大学生学习的相关因素，提供了促进学生发展的实用路径，为后续学习性投入理论的进一步发展提供了支撑。

（六）变化评定模型

1985年，帕斯卡雷拉提出"变化评定模型"，较为全面地考虑了多个教

---

① 龙琪、倪娟：《美国大学生学习影响力模型述评》，《复旦教育论坛》2015年第5期，第49页。

② Arthur W. Chickering, Zelda F. Gamson, "Seven Principles for Good Practice in Undergraduate Education," *Biochemical Education*, Vol. 17, No. 3, 1989, pp. 140–141.

③ 龙永红、汪霞：《高校生师互动的本质、价值及有效策略》，《江苏高教》2017年第11期，第62页。

育变量的影响。如图 10-2 所示，学习和认知发展受学校组织结构、学生背景/入学前特质、校园环境、校园人际互动以及学生努力质量五个变量影响。

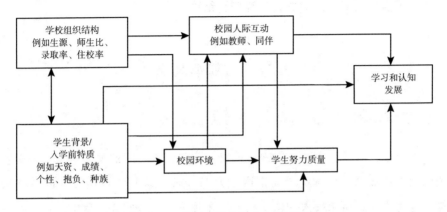

图 10-2　帕斯卡雷拉的变化评定模型

资料来源：参见龙琪、倪娟《美国大学生学习影响力模型述评》，《复旦教育论坛》2015 年第 5 期，第 48 页。

其中，①学校组织结构，是指学校及院系合理提供和配置相关资源，为学生个体在校园里的全面发展提供支持与帮助的外部条件与环境。②学生背景/入学前特质，不受周围环境的影响，反映的是个体稳定、持久和内部的特性，这些因素包括年龄、性别、家庭环境、个人特质等。③校园环境，高校开展的有利于学生身心发展的活动为学生提供社交机会，拓展学生的知识面，培养学生健全的人格，促进学生的全面发展。优美的校园环境体验容易让学生产生信任和好感，并且使学生在学习和生活的过程中处于一种更积极健康的状态。④校园人际互动，是大学生在校园内亲身经历过或承受过的事情，会对自身的成长产生直接或者间接影响。它主要强调教师和学生在高校中营造出的"生师互动"和"生生互动"的氛围。这里的生生互动主要存在于心理发展水平相当或者年纪相仿的个体之间，表现为学生与学生在学业或者社交中形成平行和平等的关系。同学之间和谐积极的人际关系，有助于学习效率的提高。⑤学生努力质量，强调高质量的努力，而不是时间的浪费和效率的低下。

总之，帕斯卡雷拉的变化评定模型为后来的诸多研究提供了理论基础和概念框架。例如，王纾将这一模型作为建构初始概念模型的基础，得出"学生学习性投入作为过程变量对学生学业收获的影响比院校环境和学生家庭背景等输入因素的影响更大"等研究结论。[①]

第二节　基本观点

一　学习性投入的结构

学习性投入概念由哪些因素构成以及这些因素之间的关系是近年来学者关注的重要话题。从哲学层面来讲，大部分研究认同学习性投入的三维结构：行为投入、情感投入和认知投入。在具体的教育实践过程中，不同的研究流派根据自己对教育发生过程的认识以及使用研究方法的倾向，对学习性投入的理解与三维结构略有不同。例如享誉全球的 NSSE 从学业挑战、同伴学习、生师互动、校园环境和高影响力实践活动五个维度来研究学习性投入。

（一）学习性投入的三维结构

学生如果将大部分精力投入仪式、程序和日常活动中，可能在未发展实质性理解的情况下完成学业并表现出色，但是这并不符合学习性投入所倡导的理念。纽曼认为，学习投入"包括对学习、理解或掌握知识、技能和工艺的心理投资，而不仅仅是承诺完成指定的任务或获得高绩效的象征，如成绩或社会认可"。[②] 因此在构建学习性投入的结构维度时，除了关注行为投入，更应该关注认知投入和情感投入。行为投入、认知投入和情感投入以行为投入为载体，表达了学习性投入的基本内涵。[③] 例如，詹妮弗·弗雷德里

---

① 王纾：《研究型大学学生学习性投入对学习收获的影响机制研究——基于 2009 年"中国大学生学情调查"的数据分析》，《清华大学教育研究》2011 年第 4 期，第 24 页。

② F. M. Newmann, G. G. Wehlage and S. D. Lamborn, "The Significance and Sources of Student Engagement," Newmann, ed., *Student Engagement and Achievement in American Secondary School*, Teachers College Press, 1992, p. 12.

③ 孔企平：《"学生投入"的概念内涵与结构》，《外国教育资料》2000 年第 2 期，第 73 页。

克斯（Jennifer A. Fredricks）等认为学习性投入包括行为（Behavioral）、情绪（Emotional）和认知（Cognitive）三个维度。[①] 杨立军和韩晓玲基于南京某工科高校的 NSSE-China 问卷调查数据，利用高阶验证性因素分析构建了大学生学习投入的三维度结构模型，并验证了学习性投入划分为行为投入、认知投入以及情感投入在信效度上的合理性。[②] 还有研究在三维度的基础上，在学习性投入中加入社交参与度。[③] 本节按照行为投入、情感投入和认知投入的结构分类对学习性投入展开探讨。

1. 行为投入

学习性投入可以划分为量的参与（比如投入时间）和质的参与（比如学习效率），与行为投入更为贴近的是量的参与。行为投入是一种外显的表现，因而比较容易观察和测量。学者们依据研究需要，对行为参与进行界定和分类。杨立军、韩晓玲从行为投入、情感投入和认知投入三个维度来构建学生个体投入结构，其中行为投入包括阅读与写作、多样化学习、社会实践、学术提升训练。[④] 朱红在对 2010 年首都高校学生发展做数据调查时，将学生参与度作为中介变量，分析了校园互动与大学生成长之间的影响机制，在她的研究中，学生参与度分为课堂学习参与、课外学习参与、跨专业学习参与和课余活动参与。[⑤] 白文倩等在教学评价时，将研讨型教学中的学生参与度分为研究型参与和讨论型参与两类。[⑥]

---

① J. A. Fredricks, P. C. Blumenfeld and A. H. Paris, "School Engagement: Potential of the Concept, State of the Evidence," *Review of Educational Research*, Vol. 74, No. 1, 2004, p. 59.

② 杨立军、韩晓玲:《基于 NSSE-CHINA 问卷的大学生学习投入结构研究》,《复旦教育论坛》2014 年第 3 期, 第 87~88 页。

③ 樊雅琴、周东岱、杨君辉等:《项目式 STEM 教学中学生参与度测量研究》,《现代教育技术》2018 年第 1 期, 第 122 页。

④ 杨立军、韩晓玲:《基于 NSSE-CHINA 问卷的大学生学习投入结构研究》,《复旦教育论坛》2014 年第 3 期, 第 83~90 页。

⑤ 朱红:《高校学生参与度及其成长的影响机制:十年首都大学生发展数据分析》,《清华大学教育研究》2020 年第 6 期, 第 39 页。

⑥ 白文倩、金娟琴、盛群力:《研讨型教学中学生参与度评价研究——以浙江大学"唐诗经典研读"通识研讨课为例》,《现代大学教育》2013 年第 4 期, 第 99 页。

2. 情感投入

情感投入存在于师生之间，课堂、学业或学校活动中，是一种积极或消极的情绪体验，指向学习者的兴趣、体验感、价值感、认同感和归属感。[①] 研究发现，积极的情绪（如享受、自豪）对成就有积极的预测作用，负面情绪（如愤怒、焦虑、羞耻、无聊、绝望）则消极预测成就。[②] 杨立军、韩晓玲认为情感投入由学习期望和师生情感两部分组成。[③] 因此，学生在学习过程中的愉悦情绪、对校园的满意情况、对教师支持度的肯定或者否定、对同伴关系的依恋等，都属于情感投入的范畴。情感投入往往体现在兴趣、归属感、认同感、责任感、焦虑等方面，可能是积极的、主动的、向上的，也可能是学生在对学习投入努力和时间后产生的一种消极的心理状态，比如压力、焦虑、沮丧和担忧等。

3. 认知投入

根据纽曼的观点，认知投入和情感投入是以行为投入为载体的，而且表达了学生投入的实质内涵。[④] 孔企平认为："认知投入是指学生在学校学习过程中所使用的学习策略，这些不同策略引起了学生不同层次的思维活动。"[⑤] 杨立军、韩晓玲认为认知投入包括主动学习、合作学习和生涯规划。[⑥] 保罗·品瑞克（Paul Pintrich）等人提出的学习动机策略问卷（Motivated Strategies for Learning Questionnaire，MSLQ）在学术界得到了广泛

[①] 王小根、陈瑶瑶：《多模态数据下混合协作学习者情感投入分析》，《电化教育研究》2022年第2期，第43页。

[②] R. Pekrun, S. Lichtenfeld, H. W. Marsh and M. Kou, "Achievement Emotions and Academic Performance: Longitudinal Models of Reciprocal Effects," *Child Development*, Vol. 88, No. 5, 2017, p. 1653.

[③] 杨立军、韩晓玲：《基于NSSE-CHINA问卷的大学生学习投入结构研究》，《复旦教育论坛》2014年第3期，第83页。

[④] F. M. Newmann, G. G. Wehlage and S. D. Lamborn, "The Significance and Sources of Student Engagement," Newmann, ed., *Student Engagement and Achievement in American Secondary School*, Teachers College Press, 1992, pp. 11–12.

[⑤] 孔企平：《"学生投入"的概念内涵与结构》，《外国教育资料》2000年第2期，第75页。

[⑥] 杨立军、韩晓玲：《基于NSSE-CHINA问卷的大学生学习投入结构研究》，《复旦教育论坛》2014年第3期，第83页。

使用，此工具由三类自主调节策略构成——认知策略、元认知策略和资源管理策略，其中认知策略包括复述、阐释、组织和批判性思维。[①]

综上，学习性投入可视为学习倦怠的对立面，既涵盖了学生在学习过程中在各项活动上投入的时间和体现出来的质量，还涉及对各类学习策略的有效运用以及对元认知的监控和调节，同时表现出来对整个学习、人际关系、软硬件设施满意度等的情感体验。此外，学习投入的这三个维度都是显著相关且互相影响的。[②]"从认识论的角度来看，只有对学习活动有了充分的认知，才会有优化的学习策略以及相应的学习行为，学习者才会从中体验到学习的意义感和快乐感，并带着积极的情感与他人产生互动；而积极的情感投入以及行为投入后又会进一步增强学习投入的深层认知，进一步强化学习投入的行为和激发学习热情，增强学习的情感。"[③] 学习性投入反映了学生积极的学习心理状态与行为，因此教育者和受教育者都应加强学生个体的学习投入，努力发挥学习性投入的优势来实现学生更长远的学习目标。

（二）学习性投入的五维结构

在以上的研究基础上，NSSE 调查的设计者、美国印第安纳大学教授库提出了学习性投入理论，目前这种定义最为典型，认为学习性投入既包括学生自身的学习投入又包括学校对学生的支持度。总体涵盖五个维度：学业挑战、同伴学习、生师互动、校园环境和高影响力实践活动。NSSE 的测量指标具体如表 10-1 所示。

[①] P. R. Pintrich, D. A. F. Smith, T. Garcia and W. J. McKeachie, "Reliability and Predictive Validity of the Motivated Strategies for Learning Questionnaire (MSLQ)," *Educational and Psychological Measurement*, Vol. 53, No. 3, 1993, p. 801.

[②] 杨立军、韩晓玲：《基于 NSSE-CHINA 问卷的大学生学习投入结构研究》，《复旦教育论坛》2014 年第 3 期，第 83 页。

[③] 杨立军、韩晓玲：《基于 NSSE-CHINA 问卷的大学生学习投入结构研究》，《复旦教育论坛》2014 年第 3 期，第 88 页。

表 10-1　NSSE 的测量指标

主题	学习性投入指标
学业挑战 （Academic Challenge）	高阶学习（Higher-Order Learning） 反思性/交互性学习（Reflective & Integrative Learning） 学习策略（Learning Strategies） 数字推理（Quantitative Reasoning）
同伴学习 （Learning with Peers）	合作性学习（Collaborative Learning） 讨论式学习（Discussions with Diverse Others）
生师互动 （Experiences with Faculty）	生师互动（Student-Faculty Interaction） 有效教学实践（Effective Teaching Practices）
校园环境 （Campus Environment）	交互质量（Quality of Interactions） 支持性环境（Supportive Environment）
高影响力实践活动 （High-Impact Practices）	如服务学习、学习社区、与教师一起研究、实习、出国留学、获得高级经验等

资料来源：　"NSSE Survey Instrument：Engagement Indicators，" https：//nsse.indiana.edu/nsse/survey-instruments/engagement-indicators.html。

下面是 NSSE 针对每个指标的具体题项。其中"学业挑战""同伴学习""生师互动""校园环境"取 4 点计分，分别为从不（计 0 分）、有时（计 20 分）、时常（计 40 分）、经常（计 60 分）。每个指标的平均得分为所含题项的总分数/题项数。"高影响力实践活动"通过"是"或者"否"来测量。

学业挑战

➢**高阶学习**

在本学年，您的课程在多大程度上强调了以下几点：

将事实、理论或方法应用于实际问题或新情境；

通过检查组成部分来深入分析一个想法、经验或推理；

评估观点、决策或信息来源；

从各种信息中形成新的想法或理解。

➢**反思性/交互性学习**

在本学年，您进行以下行为的频率：

在完成作业时结合不同课程的内容；

将学习与社会问题联系起来；

在课程讨论或作业中纳入不同的观点（如政治、宗教、种族/民族、性别等）；

检查自己对某个主题或问题的看法的优势和劣势；

试图通过想象一个问题从别人的角度来看如何更好地理解别人的观点；

学到的东西改变了您理解问题或概念的方式；

将课程中的想法与之前的经验和知识联系起来。

➢学习策略

在本学年，您进行以下行为的频率：

从阅读作业中识别关键信息；

课后复习笔记；

总结您在课堂上或从课程材料中学到的东西。

➢数字推理

在本学年，您进行以下行为的频率：

根据您自己对数字信息（数字、图表、统计数据等）的分析得出结论；

使用数字信息来检查现实世界中的问题（如失业、气候变化、公共卫生等）；

评价其他人从数字信息中得出的结论。

同伴学习

➢合作性学习

在本学年，您进行以下行为的频率：

请其他学生帮助您理解课程材料；

向一名或多名学生解释课程材料；

通过与其他学生讨论或研究课程材料为考试做准备；

与其他学生一起完成课程项目或作业。

➢讨论式学习

在本学年，您进行以下行为的频率：

与您不同的种族或民族的人；

与您经济背景不同的人；

与您宗教信仰不同的人；

持不同于您政治观点的人。

生师互动

➢**生师互动**

在本学年，您进行以下行为的频率：

与老师谈论职业计划；

与老师合作开展课程以外的活动（委员会、学生团体等）；

与非任课教师讨论课程主题、想法或概念；

与老师讨论学业成绩。

➢**有效教学实践**

在本学年，您的老师在多大程度上完成了以下工作：

清楚解释课程目标和要求；

以有组织的方式教授课程；

使用示例或插图来解释难点；

对草案或正在进行的工作提供反馈；

对测试或完成的作业提供及时而详细的反馈。

校园环境

➢**交互质量**

说明您与院系中以下人员互动的质量：

学生；

学术顾问；

教师；

学生服务人员（职业服务、学生活动、住房等）；

其他行政人员和办公室人员（登记员、财务援助等）。

➢**支持性环境**

您所在的院校在多大程度上强调以下内容：

提供支持，帮助学生在学业上取得成功；

使用学习支持服务（辅导服务、写作中心等）；

鼓励来自不同背景（社会、种族/民族、宗教等）的学生之间的接触；

提供参与社会活动的机会；

为您的健康提供支持（娱乐、医疗保健、咨询等）；

帮助您管理非学术活动（工作、家庭等）；

参加校园活动和表演（表演艺术、体育赛事等）；

参加解决重要社会、经济或政治问题的活动。

高影响力实践活动

在毕业之前，您已经做过或计划做以下哪一项：

参加一个学习社区或其他一些正式的项目，一群学生一起上两节或更多的课；

参与实习、合作、实地体验、学生教学或临床实习；

参加留学项目；

与一位老师一起开展研究项目；

完成最终的高级经验（顶点课程、高级项目或论文、综合考试、档案袋等）。

二　学习性投入的发生过程

学习性投入的发生过程可以参考库提出的学习性投入概念模型（见图10-3），按照大学前经历、大学经历和大学后产出的过程来理解。

具体而言，大学前经历主要强调学生个体特征的差异（如入学选择、学术准备、入学意愿、教师与同伴支持、学习动机和人口学因素等）。从学生的已有知识储备而言，学生已有的知识和理解为新的理解提供了独特的个人框架，同时形成了在大学学习期间组织和同化新知识的概念参照物，并且影响着学习者所感知、组织和解释的内容。[1] 虽然已有的知识有可能并不完

---

① 〔美〕戴维·H. 乔纳、苏珊·M. 兰德主编《学习环境的理论基础》（第二版），徐世猛、李洁、周小勇译，华东师范大学出版社，2015，第11~12页。

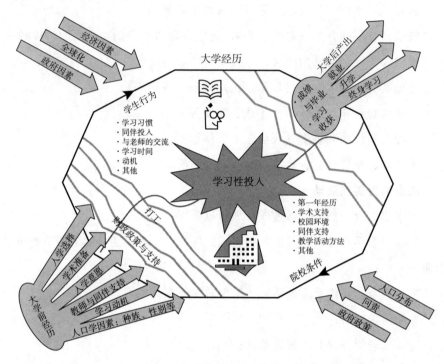

图 10-3　学习性投入概念模型

资料来源：参见田虎伟、张海丽《大学生学习性投入调查的理论基础及研究进展》，
《扬州大学学报》（高教研究版）2012 年第 6 期，第 12 页。

善、会有漏洞，但是它们还是为学习者学习和理解新概念提供了一个基础。学生在学习知识的时候，要尽可能全面、深入地理解知识，这样对未来的学习也是有好处的。从学生的心理准备而言，学习本身就是一种意愿驱动的行为和技能，受学习者学习动机的引导和调节。为了实现特定的学习目标和愿望，学生需要维持一定的动力和努力才能保证自己投入相应的学习行为，实现理想的学业成就。

　　进入大学之后，学习性投入理论认为，学生在那些具有有效教学目标的活动中投入的时间和精力越多、获得的反馈越多，他们在知识、技能和性情上的发展也就越好。同时，学校越是从各方面创造条件鼓励并支持学生主动参与到这些有效的学习活动中，学生便越会在这些活动中投入更多的时间和精力，从而获得更好的学习效果，该理论强调校园环境和学生参与两者对教育结果的共同影响。

从学生对学习环境的感知而言，学生作为教育活动的主体，作为高等教育的直接参与者，对校园环境和自身学习状况有着最直接的感知。随着学生的自我主体意识的增强，他们越来越注重自己的在校体验，对学校的期待和要求也越来越高；另外，教学工作中遇到的一些难题，如院校的学术和社交氛围是否满足学生的身心发展需求，院校是否能给学生提供愉悦的学习和生活环境等涉及学生满意度的问题也引起了教育管理者的重视。如澳大利亚教育家约翰·比格斯（John Biggs）提出的 Presage-Process-Product 理论模型（3P 模型），认为学生对学习环境的感知与学生学习方法之间、学生学习方法与学生学习成果之间存在联系。教学系统的核心是过程层面，学生的认知和教学需求之间有许多可能的互动，因此学生对教学的感知是教学质量可靠性和有效性的一个重要指标。[1] 在 3P 模型中，学习者在学习过程中要达到浅层或者深层学习主要受到学习预备的影响，如学生个体特征（已有知识技能、学习动机等）和学习情境（课程结构、教学方式等），而学生的个体特征对学习结果的深浅层次的影响则是通过对学习环境的感知实现的。总之，学生对学习环境的感知直接影响到学生的学习方法，而学生的学习方法又直接影响到学生的学习成果。

从教师和学生的互动而言，一方面，教育是教师、学生和内容之间互动的复杂社会动态[2]，教师在教学过程中需要加强教学责任意识，丰富和延展教学投入，引导学生参与教学活动，给予学生积极的教学反馈。在进行教学设计的时候，考虑学生的先前知识，引出先前知识，促使迁移学习容易发生。同时，给予学生对教学目标、课后反馈和教学方法等的积极体验，这对学生的学习与发展具有积极意义。另一方面，从学生自身的学习方式而言，

---

[1]　J. Biggs, K. David and Y. P. L. Doris, "The Revised Two-factor Study Process Questionnaire: R-SPQ-2F," *British Journal of Educational Psychology*, Vol. 71, 2001, pp. 134-136.

[2]　D. L. Ball and F. M. Forzani, "What Makes Education Research 'Educational'?" *Educational Researcher*, Vol. 36, No. 9, 2007, p. 530.

相较于浅层学习，深层学习在学习者主动诉求的基础上，指向启发与运用高阶思维达到对知识理解的能力和解决问题的能力。深层学习强调反思与批判，关注新旧知识、不同学科之间的有机联系，高阶学习、探究学习、反思学习、整合学习和合作学习等均属于此范畴。[①]

大学后阶关注的是学习结果，主要强调课程成绩和对课程内容的后期概念。大学生的学习成果是他们在经过某种学习后在知识、技能、态度和情感以及习得能力等方面的增值。[②] 具体而言，学习成绩、学分认证、问题解决能力、情感态度与价值维度、学习参与度、批判性思维等都属于学习成果的测量范围。

第三节　争议与发展

学习性投入有着丰富的理论渊源，在不断地发展和完善中取得了一定的研究进展。从正面影响而言，学习性投入对大学生自身的学习、高校教师的教学以及院校制定相关政策等均产生了积极的意义。然而，学习性投入也在概念问题、操作性问题和研究方法等方面存在争议与不足，需要在未来研究中加以改进。

一　学习性投入的影响

在高等教育的背景下，学生的学习自主性和个性化得到了一定的保障，但是学校管理部门和教师对每个学生学习过程的把握受到了限制，因而如何从学生视角出发，了解学生在学习过程中的感知与需求具有重要意义。学习性投入理论以学生为本，关注学生对环境的感知、强调师生关系的和谐发展、鼓励学生使用多种学习策略、呼吁学生丰富教育经历等，为学生的自身

[①]　孙冬梅、赵春晖、方艳等：《"拔尖计划"背景下课程与教学对教育收获的影响——基于深度学习的中介效应检验》，《兰州大学学报》（社会科学版）2018年第5期，第180页。

[②]　黄海涛：《美国高等教育中的"学生学习成果评估"：内涵与特征》，《高等教育研究》2010年第7期，第97页。

学习、教师的有效教学和教育管理部门出台恰当的教育政策提供基本思路，方法借鉴和意见参考，具体表现在以下三点。

（1）对大学生的学习而言，在学习性投入理论的指导下设计出来的严谨科学的问卷调查，为大学生提供了了解自身学习预备、学习过程和学习结果的参照和工具，引起了大学生对自身学习的思考和重视。具体表现在帮助学生了解自己的发展水平，较为客观和全面地认识自己的不足，鼓励学生开阔视野，培养学生养成良好的学习方法和习惯等。

（2）对高校教师的教学而言，学习性投入理论为开展相关教学实践提供了思路，也为分析学生学习过程提供了参考案例。具体表现在引导高校教师从学习性投入理论视角出发，有的放矢地培养学生的各项水平和技能。同时，基于学习性投入的问卷调查可以在方法和技术层面协助教师获取有关大学生学习和发展的数据和信息，帮助教师了解学生的需求，从而为教师分析大学生学习过程中的各类学习水平提供依据和着力点，以便教师在可实现的水平上为学生提供个性化支持。

（3）对院校制定支持性政策而言，大规模的调查问卷结果可以用于管理部门的审核评估和高校的绩效评价。此外，各国和地区在进行学习性投入测量的时候，主要也是围绕院校支持和学生个体学习特征两大层面展开，两大层面又各自包含属于自己的测量指标，但基本保持了概念架构的一致性[1]，因而便于国家或者地区之间的比较。

二 对学习性投入的批评

（一）学习性投入的概念问题

有学者认为库对于学习性投入的界定不够清晰，没有清楚地对院校层面的因素和个体层面的因素进行区分，容易造成理解上的混淆。[2] 埃拉·卡胡

---

① 李琳璐：《国内外大学生学习性投入研究综述——基于 CiteSpace 的文献计量可视化分析》，《中国人民大学教育学刊》2021 年第 2 期，第 155 页。

② 李琳璐：《国内外大学生学习性投入研究综述——基于 CiteSpace 的文献计量可视化分析》，《中国人民大学教育学刊》2021 年第 2 期，第 155 页。

（Ella R. Kahu）追溯和总结了关于学生参与的四个主要研究视角：行为视角（Behavioral Perspective），是研究学生行为和制度实践的基础；心理学视角（Psychological Perspective），明确地将"参与"定义为一个个体的心理社会过程；社会文化视角（Socio-cultural Perspective），强调社会政治背景的关键作用；整体视角（Holistic Perspective），从更广泛和综合的角度看待学习性投入。[①] 毫无疑问，最后一种观点是关于学习性投入最为全面的观点，但是由于操作难度大，围绕这种观点的概念还有待继续探索。

（二）学习性投入理论的操作性问题

为了便于评估大学生的学习性投入水平，往往通过一些易于测量的外显性评估行为，如调查学生参与某项教育性活动的时间或频率等来实现。[②] 这种通过大规模的调查来测量学生的学习性投入的操作方式虽然保证了数据收集的效率和研究结果的直观比较，但是能否准确而全面地测量大学生学习性投入依旧是个未知的问题。[③] 为了达到更好的信效度，在问卷编制和修正的时候有数据驱动的问题，因而与学习性投入相关的问卷很难代表某个成熟的关于学生学习性投入的理论模型。此外，用相关问卷收集数据的时候，往往采用的是自我报道（Self-report）的形式，调查者在回答问题的时候，并不一定会按照心里所想客观地、实事求是地回答问题，这样也会给测量数据带来一定的误差。

（三）研究方法的单一问题

建立在学习性投入理论基础上的学情调查，主要是通过大规模的横断面数据发现院校环境中的一些重要变量对大学生个体学习与发展的重要预测路径，为后续更好地解决问题提供研究经验。但是针对问卷中的横断面数据进行的统计分析只是解决了因果推断的问题，并无法确立真

① E. R. Kahu, "Framing Student Engagement in Higher Education," *Studies in Higher Education*, Vol. 38, No. 5, 2013, p. 758.

② 李琳璐：《国内外大学生学习性投入研究综述——基于 CiteSpace 的文献计量可视化分析》，《中国人民大学教育学刊》2021 年第 2 期，第 155 页。

③ 尹弘飚：《大学生学习投入的研究路径及其转型》，《高等教育研究》2016 年第 11 期，第 73 页。

正的因果关系。[①] 此外,一些发生机制过程中和过程外的细节问题,也难以通过对问卷数据的分析得到描述和诠释。总的来说,这种量的研究强调研究的广度,其理论假设在研究之前便已产生,有助于通过演绎法自上而下验证理论,但是建立和创新理论的能力不足。[②]

三 学习性投入理论的发展

(一)重视学习性投入质的研究

要积极推进从实践视角出发,深化和丰富学习性投入理论的内涵。一方面,未来的研究可以基于解释性理论和扎根理论,对学习性投入的相关问题进行微观层面的细致性描述和归纳,从而达到拓展和创新理论的目的。另一方面,对学习性投入的概念和内涵进行有效的信效度检验,例如三角验证、质性和量化方法的结合使用等,保证研究过程中所有部分、方面、层次和环节之间的协调性、契合性和一致性。

(二)多视角出发研究学习性投入

通过单一的视角对学习性投入进行研究,难免失之偏颇。学习性投入强调大学生学习性理论的发展可以概括为四种:行为观、心理观、社会文化观和尝试将前三种观点整合的整体观。[③] 目前已有不少研究从心理观和社会文化观出发对学习性投入进行了研究。例如张华峰、史静寰和周溪亭从心理观出发,提出学习动机表明了学生学习的动力源头和目标指向是理解大学生学情特点的重要起点。[④] 还有研究基于爱丁纳·温格(Etienne Wenger)的"实践共同体"理论,强调学习的社会属性,具体采用案例研究法,通过访谈和焦点小组收集了我国一所重点大学的数据,得出影响大学生投入性学习

---

① 温忠麟、叶宝娟:《中介效应分析:方法和模型发展》,《心理科学进展》2014 年第 5 期,第 737 页。
② 陈向明:《质的研究方法与社会科学研究》,教育科学出版社,2000。
③ E. R. Kahu, "Framing Student Engagement in Higher Education," *Studies in Higher Education*, Vol. 38, No. 5, 2013, p. 758.
④ 张华峰、史静寰、周溪亭:《进入普及化阶段的中国大学生学习动机研究》,《清华大学教育研究》2021 年第 4 期,第 141 页。

的因素可以分为外部因素和个人因素。其中外部因素包括情境因素（家庭、朋友/同伴和学校环境）和制度因素（课程导师），内部因素则包括兴趣和人格等。此外，该研究还格外关注了过渡期、师生互动的缺乏以及"冲击波学生"。[①] 但是目前来看，NSSE 项目和类似的学情调查主要遵循的仍然是行为观[②]，因而未来的研究还需要加大从心理观、社会文化观和整体观审视大学生学习性投入的力度。

（三）本土化发展学习性投入理论

现有的学习性投入理论研究主要基于西方背景，本土化学习性投入理论取得的进步有限。在目前的背景下，教育研究的手段、方法、工具等都取得了迅速的发展，除了从研究方法层面推动理论的进步与创新外，还要从中国经典传统的教育观出发，发掘我国大学生行为和心理表现的特殊性，如"中国学习者悖论"（the Paradox of the Chinese Learner）现象的存在等。[③] 研究表明，中国大学生在课堂中表现出来的利他沉默、谨言慎行和克制性质疑等，并非西方教育情境下的"消极教育因素"，相反，它们具有促进深度学习以及创新思维的重要价值。[④] 尹弘飚指出："社会文化差异决定了我们在理解和评价大学生学习投入时可能存在巨大隔阂……这些先天的理论缺陷是难以通过后期的研究方法或技术的调整来解决的。"[⑤] 因而在未来的研究中，要突破传统的学情调查只关注外显指标等的不足，不断丰富和推进学习性投入理论的本土化，需要发挥好学习性投入理论和中国教育实践的相互促进作用。

---

① Z. Zhang, W. Hu and O. Mcnamara, "Undergraduate Student Engagement at a Chinese University: A Case Study," *Educational Assessment Evaluation & Accountability*, Vol. 27, No. 2, 2015, p. 1.

② 王小青、牛彤琰：《20 余年来美国 NSSE 项目的发展及其对中国大学生学情调查的影响》，《高等教育研究》2022 年第 12 期，第 94 页。

③ 张华峰、史静寰、周溪亭：《进入普及化阶段的中国大学生学习动机研究》，《清华大学教育研究》2021 年第 4 期，第 141 页。

④ 吕林海：《中国大学生课堂"沉默"背后的"谨言慎行"倾向——"中华传统文化"视域下的概念诠释与实证分析》，《苏州大学学报》（教育科学版）2020 年第 1 期，第 94~95 页。

⑤ 尹弘飚：《大学生学习投入的研究路径及其转型》，《高等教育研究》2016 年第 11 期，第 74 页。

参考文献

中文文献

〔英〕阿什比:《科技发达时代的大学教育》,滕大春、滕大生译,人民教育出版社,1983。

白文倩、金娟琴、盛群力:《研讨型教学中学生参与度评价研究——以浙江大学"唐诗经典研读"通识研讨课为例》,《现代大学教育》2013年第4期。

本报评论员:《这是需要理论且能产生理论的时代——新中国70年巨变的内在逻辑》,《人民日报》2019年7月19日,第5版。

边伟军、罗公利:《基于三螺旋模型的官产学合作创新机制与模式》,《科技管理研究》2009年第2期。

别敦荣、易梦春:《高等教育普及化发展标准、进程预测与路径选择》,《教育研究》2021年第2期。

〔美〕伯顿·克拉克:《大学的持续变革:创业型大学新案例和新概念》,王承绪译,人民教育出版社,2008。

〔美〕伯顿·R.克拉克:《高等教育系统——学术组织的跨国研究》,王承绪等译,杭州大学出版社,1994。

〔美〕伯顿·克拉克主编《高等教育新论——多学科的研究》,王承绪等译,浙江教育出版社,2001。

〔美〕伯顿·克拉克:《建立创业型大学:组织上转型的途径》,王承绪译，人民教育出版社，2003。

〔美〕Clark Kerr：《大学的功用》，陈学飞等译，江西教育出版社，1993。

〔美〕克拉克·克尔：《高等教育不能回避历史——21世纪的问题》，王承绪译，浙江教育出版社，2001。

〔美〕查尔斯·林德布洛姆：《政治与市场：世界的政治—经济制度》，王逸舟译，上海三联书店，1992。

陈昌贵：《对"稳定我国高等教育发展规模"观点的质疑》，《复印报刊资料（体制改革）》1995年第9期。

陈笃彬、李坤皇：《三螺旋视角下的创业型大学发展范式——以莫纳什大学为例》，《科技管理研究》2014年第4期。

陈锋正：《市场逻辑与大学发展：市场逻辑视阈下的大学发展战略选择》，《当代教育科学》2014年第11期。

陈洪捷、施晓光、蒋凯主编《国外高等教育学基本文献讲读》，北京大学出版社，2014。

陈琼琼：《大学生参与度评价：高教质量评估的新视角——美国"全国学生参与度调查"的解析》，《高教发展与评估》2009年第1期。

陈向明：《质的研究方法与社会科学研究》，教育科学出版社，2000。

陈学飞：《当代美国高等教育思想研究》，辽宁师范大学出版社，1996。

〔美〕戴维·H.乔纳、苏珊·M.兰德主编《学习环境的理论基础》（第二版），徐世猛、李洁、周小勇译，华东师范大学出版社，2015。

樊雅琴、周东岱、杨君辉、王静：《项目式STEM教学中学生参与度测量研究》，《现代教育技术》2018年第1期。

方卫华：《创新研究的三螺旋模型：概念、结构和公共政策含义》，《自然辩证法研究》2003年第11期。

菲利普·G.阿特巴赫：《学术殖民主义在行动：美国认证他国大学》，陈运超译，《复旦教育论坛》2003年第6期。

冯向东：《大学学术权力的实践逻辑》，《高等教育研究》2010年第4期。

〔荷兰〕弗兰斯·F. 范富格特主编《国际高等教育政策比较研究》，王承绪等译，浙江教育出版社，2001。

付八军：《创业型大学本土化的内涵诠释》，《教育研究》2019 年第 8 期。

付八军：《学术资本转化：创业型大学的组织特性》，《教育研究》2016 年第 2 期。

付八军、李炎炎：《创业型大学内涵的溯源性解读》，《高等工程教育研究》2018 年第 3 期。

国家教育发展与政策研究中心编《发达国家教育改革的动向和趋势》（第二集），人民教育出版社，1987。

韩高军：《三螺旋理论视角下的创业型大学》，《教育学术月刊》2010 年第 6 期。

〔美〕亨利·埃兹科维茨：《麻省理工学院与创业科学的兴起》，王孙禺等译，清华大学出版社，2007。

〔美〕亨利·埃茨科威兹：《三螺旋：大学·产业·政府三元一体的创新战略》，周春彦译，东方出版社，2005。

〔美〕亨利·埃茨科维兹：《三螺旋创新模式》，陈劲译，清华大学出版社，2016。

贺佩蓉：《政府·市场·社会：大学外部治理的权力要素与模式创新》，《江苏高教》2015 年第 3 期。

〔美〕亨利·埃茨科威兹：《国家创新模式：大学、产业、政府"三螺旋"创新战略》，周春彦译，东方出版社，2014。

黄海涛：《美国高等教育中的"学生学习成果评估"：内涵与特征》，《高等教育研究》2010 年第 7 期。

黄瑶、王铭：《试析知识生产模式Ⅲ对大学及学科制度的影响》，《高教探索》2017 年第 6 期。

瞿葆奎主编，金含芬选编《教育学文集　英国教育改革》，人民教育出版社，1989。

〔美〕克拉克·克尔：《高等教育不能回避历史——21 世纪的问题》，王承绪译，浙江教育出版社，2001。

〔英〕肯·约翰：《产学合作：英国经验》，周晏雯译，《上海高教研究》1991 年第 4 期。

孔企平：《"学生投入"的概念内涵与结构》，《外国教育资料》2000 年第 2 期。

兰文巧、张爱邦：《伯顿·克拉克的高等教育系统整合观点解读——兼论"大学、政府与市场"关系的冲突与调适》《辽宁师范大学学报》2006 年第 1 期。

李兵、肖玮萍：《论大学的"遗传"基因在"环境"中的变异与调适——〈科技发达时代的大学教育〉述评》，《煤炭高等教育》2002 年第 3 期。

李成旺编著《〈德意志意识形态〉导读》，中国民主法制出版社，2018。

李立国：《大学治理变迁的理论框架：从学术—政府—市场到大学—国家—社会》，《清华大学教育研究》2020 年第 4 期。

李恋、胡元：《以增值评价为基点的高校学生发展性评价体系探索》，《黑龙江教育》（高教研究与评估版）2017 年第 3 期。

李琳璐：《国内外大学生学习性投入研究综述——基于 CiteSpace 的文献计量可视化分析》，《中国人民大学教育学刊》2021 年第 2 期。

李培凤：《基于知识图谱的创业型大学国际研究动态分析》，《比较教育研究》2015 年第 4 期。

李枭鹰：《论大学、政府、市场的权力生态关系》，《国家教育行政学院学报》2009 年第 6 期。

李运庆：《和而不同，同生共长——"大学一流学科建设高层论坛"会议综述》，《江苏高教》2017 年第 1 期。

梁平：《要把北京建成全球学术中心——"建设北京学校部"研讨会侧记》，《环境与生活》2014 年第 6 期。

刘宝存、杨尊伟：《我国高等教育治理体系的社会参与：国际比较的视角》，《中国高教研究》2016 年第 12 期。

刘宝存、赵婷：《知识生产模式转型与研究型大学科研生态变革》，《北京大学教育评论》2021 年第 4 期。

刘健：《高等教育的依附发展与学术殖民》，《高等教育研究》2008 年第 12 期。

刘献君：《论高校学科建设》，《高等教育研究》2000 年第 5 期。

刘绪贻主编《美国通史》（第 6 卷），人民出版社，2002。

刘仲林：《跨学科学应成为交叉学科勃发的向导》，《中国社会科学报》2022 年 6 月 14 日，第 A8 版。

龙琪、倪娟：《美国大学生学习影响力模型述评》，《复旦教育论坛》2015 年第 5 期。

吕林海：《中国大学生课堂"沉默"背后的"谨言慎行"倾向——"中华传统文化"视域下的概念诠释与实证分析》，《苏州大学学报》（教育科学版）2020 年第 1 期。

〔美〕罗伯特·伯恩鲍姆：《大学运行模式：大学组织与领导的控制系统》，别敦荣主译，中国海洋大学出版社，2003。

〔美〕罗伯特·吉姆斯基：《美国高等教育的后大众化》，樊建芳译，《国际高等教育研究》2001 年第 4 期。

〔美〕马丁·特罗：《从精英向大众高等教育转变中的问题》，王香丽译，《外国高等教育资料》1999 年第 1 期。

〔英〕玛丽·亨克尔、布瑞达·里特主编《国家、高等教育与市场》，谷贤林等译，教育科学出版社，2005。

冒澄、操太圣：《走出象牙塔：西方创业型大学的实践及启示》，《全球教育展望》2009 年第 3 期。

欧阳光华、沈晓雨：《创业型大学的功能模型与组织建设》，《重庆高教研究》2021 年第 9 期。

P.G. 阿尔特巴赫：《作为中心与边缘的大学》，蒋凯译，《高等教育研究》2001 年第 4 期。

潘懋元、谢作栩：《试论从精英到大众高等教育的"过渡阶段"》，《高等教育研究》2001年第2期。

潘懋元主编《多学科观点的高等教育研究》，上海教育出版社，2001。

潘懋元主编《中国高等教育大众化的理论与政策》，广东高等教育出版社，2008。

彭湃：《大学、政府与市场：高等教育三角关系模式探析——一个历史与比较的视角》，《高等教育研究》2006年第9期。

彭宜新、邹珊刚：《从研究到创业——大学职能的演变》，《自然辩证法研究》2003年第4期。

钱佳、黄启兵：《知识视野下的政府、市场与学术：关系模型及发展趋势》，《苏州大学学报》（教育科学版）2019年第4期。

钱民辉：《政府·市场·大学：谁决定大学教育的主流话语》，《北京大学学报》（哲学社会科学版）2015年第5期。

任峥、张胜楠、杨宏：《"学习投入"与"学习性投入"的关系辨析》，《北京联合大学学报》（人文社会科学版）2018年第1期。

沈文钦：《科学学与高等教育研究的交集与互动——学术史的回顾与展望》，《北京大学教育评论》2022年第1期。

盛冰：《高等教育的治理：重构政府、高校、社会之间的关系》，《高等教育研究》2003年第3期。

史静寰：《走向质量治理：中国大学生学情调查的现状与发展》，《中国高教研究》2016年第2期。

史静寰、文雯：《清华大学本科教育学情调查报告2010》，《清华大学教育研究》2012年第1期。

史秋衡、古尔扎·阿里·沙阿布哈里：《巴基斯坦大学生满意度的实证研究》，《教育研究》2015年第6期。

孙冬梅、赵春晖、方艳等：《"拔尖计划"背景下课程与教学对教育收获的影响——基于深度学习的中介效应检验》，《兰州大学学报》（社会科学版）2018年第5期。

谭颖芳：《美国区域高等教育生态的共生范式——以加州公立高等教育系统为例》，《江苏高教》2014 年第 3 期。

唐世纲：《论现代大学制度的价值属性》，《江苏高教》2020 年第 6 期。

〔日〕天野郁夫：《日本高等教育的大众化与特罗"理论"》，陈武元、黄梅英译，《高等教育研究》2001 年第 6 期。

田虎伟、张海丽：《大学生学习性投入调查的理论基础及研究进展》，《扬州大学学报》（高教研究版）2012 年第 6 期。

王长纯：《超越"边缘与中心"促进中国比较教育理论的新发展：阿尔特巴赫依附论的因革观分析（论纲）》，《外国教育研究》1999 年第 6 期。

王建华：《我们需要什么样的大学》，《高等教育研究》2014 年第 2 期。

王纾：《研究型大学学生学习性投入对学习收获的影响机制研究——基于 2009 年"中国大学生学情调查"的数据分析》，《清华大学教育研究》2011 年第 4 期。

王廷芳主编《美国高等教育史》，福建教育出版社，1995。

王伟丽、王平：《基于五螺旋结构的产教深度融合新机制的创建》，《现代职业教育》2017 年第 10 期。

王小根、陈瑶瑶：《多模态数据下混合协作学习者情感投入分析》，《电化教育研究》2022 年第 2 期。

王小青、牛彤琰：《20 余年来美国 NSSE 项目的发展及其对中国大学生学情调查的影响》，《高等教育研究》2022 年第 12 期。

王英杰：《美国高等教育的发展与改革》，人民教育出版社，1993。

王悠然：《纠正对"以学生为中心教育"的误解》，《中国社会科学报》2022 年 5 月 13 日，第 A3 版。

温忠麟、叶宝娟：《中介效应分析：方法和模型发展》，《心理科学进展》2014 年第 5 期。

文中晴等：《高等教育系统的无序局面及其协调》，《现代教育科学》2006 年第 5 期。

邬大光：《成就与预警：我国高等教育普及化进程的思考》，《中国高教研究》2023 年第 4 期。

邬大光：《高等教育大众化理论的内涵与价值——与马丁·特罗教授的对话》，《高等教育研究》2003 年第 6 期。

吴宏元、金凤：《学习性投入视角下的教学质量测评与诊断——NSSE-China 工具在院校研究中的应用》，《现代教育管理》2011 年第 9 期。

吴洪富：《美国研究型大学建构：教学与科研关系的行动逻辑研究》，科学出版社，2016。

吴式颖主编《外国教育史教程》（第 3 版），人民教育出版社，2018。

吴卫红、陈高翔、张爱美：《互信息视角的政产学研资协同创新四螺旋实证研究》，《科技进步与对策》2018 年第 6 期。

喜多村和之訳《マス型からユニバーサル・アクセス型高等教育への移行》，《高等教育研究》1999 年第 2 集。

〔美〕小约瑟夫·S. 奈、菲利普·D. 泽利科、戴维·C. 金：《人们为什么不信任政府》，朱芳芳译，商务印书馆，2015。

谢作栩：《中国高等教育大众化发展道路的研究》，福建教育出版社，2001。

谢作栩、黄荣坦：《论高等教育规模扩张与经济发展的波动关系——兼考"反经济周期"发展观点》，《教育与经济》2001 年第 2 期。

徐丹：《内在的崩溃：克尔"多元巨型大学观"述评》，《清华大学教育研究》2007 年第 6 期。

徐涛、李璐：《基于三螺旋理论的科技企业孵化器创新工作思路》，《科学管理研究》2015 年第 2 期。

徐阳、熊建辉：《中国能否成为下一个学术中心？——中国教育学英文期刊发展与教育研究国际化》，《世界教育信息》2014 年第 19 期。

许明：《英国高等教育发展研究》，辽宁师范大学出版社，1998。

〔美〕亚伯拉罕·弗莱克斯纳：《现代大学论——美英德大学研究》，徐辉、陈晓菲译，浙江教育出版社，2001。

阎凤桥：《本-大卫对世界科学中心转移的制度分析》，《高等工程教育研究》2010 年第 4 期。

阎凤桥：《大学组织与治理》，同心出版社，2006。

阎光才：《识读大学——组织文化的视角》，教育科学出版社，2002。

阎光才：《研究型大学中本科教学与科学研究间关系失衡的迷局》，《高等教育研究》2012 年第 7 期。

杨静：《新自由主义"市场失灵"理论的双重悖论及其批判——兼对更好发挥政府作用的思考》，《马克思主义研究》2015 年第 8 期。

杨立军、韩晓玲：《基于 NSSE-CHINA 问卷的大学生学习投入结构研究》，《复旦教育论坛》2014 年第 3 期。

尹弘飚：《大学生学习投入的研究路径及其转型》，《高等教育研究》2016 年第 11 期。

袁冬梅：《三螺旋视角下"双一流"建设高校服务区域发展研究》，《教书育人》2022 年第 9 期。

〔美〕约翰·S. 布鲁贝克：《高等教育哲学》，郑继伟等译，浙江教育出版社，1987。

〔美〕约翰·S. 布鲁贝克：《高等教育哲学》，王承绪等译，浙江教育出版社，2002。

〔加〕约翰·范德格拉夫等编著《学术权力——七国高等教育管理体制比较》，王承绪等译，浙江教育出版社，2001。

张斌贤、孙益：《西欧中世纪大学的特权》，《北京师范大学学报》（人文社科版）2004 年第 3 期。

张德祥、王晓玲：《高等学校专业动态调整的三重逻辑》，《教育研究》2019 年第 3 期。

张华峰、史静寰、周溪亭：《进入普及化阶段的中国大学生学习动机研究》，《清华大学教育研究》2021 年第 4 期。

张继龙：《历史回望中的发现——马丁·特罗大众化理论流变的考察与分析》，《江苏高教》2013 年第 4 期。

张建林：《大学遗传环境论——读 E·阿什比〈科技发达时代的大学教

育〉》，《科学学与科学技术管理》2002年第10期。

张丽：《伯顿·克拉克之学术论思想》，《高等教育研究》2005年第7期。

张卫国：《三螺旋理论下欧洲创业型大学的组织转型及其启示》，《外国教育研究》2010年第3期。

张炜：《从单一职能大学到现代研究型大学的演进——克拉克·克尔关于"Multiversity"的语义与特征探析》，《中国高教研究》2021年第5期。

张文亚、丁三青：《科技创新三螺旋模式中政府的适切功能与定位》，《科学管理研究》2021年第2期。

张希胜：《大学推动创新型城市发展研究》，博士学位论文，同济大学，2008。

张秀萍、迟景明、胡晓丽：《基于三螺旋理论的创业型大学管理模式创新》，《大学教育科学》2010年第5期。

张应强、姜远谋：《创业型大学兴起与现代大学制度建设》，《教育研究》2021年第4期。

赵东霞、郭书男、周维：《国外大学科技园"官产学"协同创新模式比较研究——三螺旋理论的视角》，《中国高教研究》2016年第11期。

赵婷婷：《自治、控制与合作——政府与大学关系的演进历程》，《现代大学教育》2001年第2期。

赵哲、姜华、杨慧等：《责任与使命：大学服务社会的历史渊源与现实诉求》，《现代教育管理》2011年第5期。

郑武、杨杏芳：《钱学森的系统科学思想与高校"大成智慧型"学科专业结构——兼论对伯顿·克拉克的学术组织矩阵结构的超越》，《北京教育》（高教）2022年第3期。

周川：《高等教育大众化和普及化的中国路径及其质量问题》，《现代大学教育》2021年第4期。

周春彦、李海波、李星洲、高晓瑾：《国内外三螺旋研究的理论前沿与实践探索》，《科学与管理》2011年第4期。

周春彦、〔美〕亨利·埃茨科威兹：《双三螺旋：创新与可持续发展》，《东北大学学报》（社会科学版）2006 年第 3 期。

周光礼：《大学教师评价改革的逻辑》，《中国高教研究》2022 年第 6 期。

周光礼：《融入区域创新体系：世界一流大学发展新方向》，《长沙理工大学学报》（社会科学版）2022 年第 1 期。

周光礼、马海泉：《科教融合：高等教育理念的变革与创新》，《中国高教研究》2012 年第 8 期。

周倩、鞠法胜、庞振超：《三螺旋模型理论发展和大学创新创业教育应用的适切性》，《教育与教学研究》2019 年第 11 期。

朱红：《高校学生参与度及其成长的影响机制：十年首都大学生发展数据分析》，《清华大学教育研究》2020 年第 6 期。

朱景坤：《多元巨型：克拉克·科尔的大学观解析》，《徐州师范大学学报》（哲学社会科学版）2012 年第 1 期。

英文文献

Amano, Ikuo, trans. by E. H. Kimmonth, "Structural Changes in the Higher Education System in Japan: Reflectionson the Comparative Study of Higher Education Using the Theory of Martin Trow," *Educational Studiesin Japan*, No. 5, 2010.

Ashby, Eric, *Technology and the Academics: An Essay on Universities and the Scientific Revolution*, New York: St. Martin's Press, 1963.

Astin, Alexander W., "Student Involvement: A Developmental Theory for Higher Education," *Journal of College Student Development*, Vol. 40, No. 5, 1999.

Ball, Deborah Loewenberg, F. M. Forzani, "What Makes Education Research 'Educational'?" *Educational Researcher*, Vol. 36, No. 9, 2007.

Bassett, Roberta Malee, T. Tapper, "Coming to Terms with Mass Higher Education: Lessons from the United States and Beyond," *Higher Education in*

Europe, Vol. 34, No. 1, 2009.

Ben, Jongbloed, "Marketisation in Higher Education, Clark's Triangle and the Essential Ingredients of Markets," *Higher Education Quarterly*, Vol. 57, No. 2, 2003.

Benneworth, P. , H. L. Smith and S. Bagchi-Sen, "Introduction," *Industry and Higher Education*, Vol. 29, No. 1, 2015.

Bergquist, William H. , *The Four Cultures of the Academy: Insights and Strategies for Improving Leadership in Collegiate Organizations*, San Francisco: Jossey-Bass Publishers, 1992.

Biggs, John, K. David and Y. P. L. Doris, "The Revised Two-factor Study Process Questionnaire: R-SPQ-2F," *British Journal of Educational Psychology*, Vol. 71, 2001.

Cai, Yuzhuo, Henry Etzkowitz, "Theorizing the Triple Helix Model: Past, Present, and Future," *Triple Helix Journal*, Vol. 6, No. 1, 2020.

Carayannis, Elias G. , David F. J. Campbell, "Model 3 Knowledge Production in Quadruple Helix Innovation Systems," Springer New York Dordrecht Heidelberg, http://www.springer.com/chapter/10.1007/978/-1-4614-2062-0_1.

Carayannis, Elias G. , David F. J. Campbell, "Triple Helix, Quadruple Helix and Quintuple Helix and How Do Knowledge, Innovation and the Environment Relate to Each Other?: A Proposed Framework for a Trans-disciplinary Analysis of Sustainable Development and Social Ecology," *International Journal of Social Ecology and Sustainable Development* (*IJSESD*), Vol. 1, No. 1, 2010.

Carayannis, Elia G. , and D. F. J. Campbell, " 'Mode 3' and 'Quadruple Helix': Toward a 21st Century Fractal Innovation Ecosystem," *International Journal of Technology Management*, Vol. 46, Nos. 3-4, 2009.

Carayannis, Elia G. , T. D. Barth and D. F. J. Campbell, "The Quintuple

Helix Innovation Model: Global Warming As a Challenge and Driver for Innovation," *Journal of Innovation and Entrepreneurship*, Vol. 1, No. 1, 2012.

Clark, Burton R., "The Modern Integration of Research Activities with Teaching and Learning," *The Journal of Higher Education*, Vol. 68, No. 3, 1997.

Dill, David D., B. Sporn, *Emerging Patterns of Social Demand and University Reform: Through a Glass Darkly*, Paris: IAU Press, Inc., 1995.

Etzkowitz, Henry, "Innovation in Innovation: The Triple Helix of University-Industry-Government Relations," *Social Science Information*, Vol. 42, No. 3, 2003.

Etzkowitz, Henry, L. Leydesdorff, eds., *Universities and the Global Knowledge Economy: A Triple Helix of University-Industry-Government Relations*, London: Printer, 1997.

Etzkowitz, Henry, L. Leydesdorff, "The Triple Helix-University-Industry-Government Relations: A Laboratory for Knowledge-Based Economic Development," *Easst Review*, Vol. 14, No. 1, 1995.

Etzkowitz, Henry, "The Triple Helix of University-Industry-Government: Implications for Policy and Evaluation," in Working Paper, Sweden: Science Policy Institute, 2002.

Fallis, George, *Multiversities, Ideas, and Democracy*, Toronto: University of Toronto Press, 2011.

Fredricks, Jennifer A., P. C. Blumenfeld and A. H. Paris, "School Engagement: Potential of the Concept, State of the Evidence," *Review of Educational Research*, Vol. 74, No. 1, 2004.

Gibbons, Michael, "Higher Education Relevance in the 21st Century," World Bank, 1998.

Giuliani, Elisa, V. Arza, "What Drives the Formation of 'Valuable' University-Industry Linkages? Insights from the Wine Industry," *Research Policy*, Vol. 38, No. 6, 2009.

Halfond, Jay, "In My Opinion: From Multiversity to Transversity: The New Uses of the University," *The Journal of Continuing Higher Education*, Vol. 52, No. 2, 2005.

Holliday, Jo, "Maoist Britain? The Ideological Function of Vocationalzing the Higher Education Curriculum," *Curriculum Studies*, 1993.

J. Warning, Michael, *Transnational Public Governance*, London, Camden: Palgrave Macmillan Publishers, Inc., 2009.

Kahu, Ella R., "Framing Student Engagement in Higher Education," *Studies in Higher Education*, Vol. 38, No. 5, 2013.

Kerr, Clark, *The Great Transformation in Higher Education*, *1960 – 1980*, Albany, N. Y. : State University of New York Press, 1991.

Levin, Morten, "Cross-boundary Learning Systems-integrating Universities, Corporations and Governmental Institutions in Knowledge Generating Systems," *Systemic Practice and Action Research*, Vol. 17, No. 3, 2004.

Leydesdorff, Loet, "The Triple Helix, Quadruple Helix, …, and an N-Tuple of Helices: Explanatory Models for Analyzing the Knowledge-Based Economy?" *Journal of the Knowledge Economy*, Vol. 3, No. 1, 2012.

Leydesdorf, Loet, H. Etzkowitz, "Emergence of a Triple Helix of University-industry-government Relations," *Science and Public Policy*, Vol. 23, No. 5, 1999.

Light, D. W., L. R. Mardsen, T. C. Corl, *The Impact of the Academic Revolution on Faculty Careers*, Washington, DC: American Association for Higher Education, 1973.

Lindberg, Malin, M. Lindgren and J. Packendorff, "Quadruple Helix as a Way to Bridge the Gender Gap in Entrepreneurship: The Case of an Innovation System Project in the Baltic Sea Region," *Journal of the Knowledge Economy*, Vol. 5, No. 1, 2014.

Marcovich, Anne, T. Shinn, "From the Triple Helix to a Quadruple Helix?

The Case of Dip-Pen Nanolithography," *Minerva*, Vol. 49, No. 2, 2011.

Marginson, Simon, G. Rhoades, "Beyond National States, Markets, and Systems of Higher Education: A Glonacalagency Heuristic," *Higher Education*, Vol. 43, No. 3, 2002.

Mattingly, Paul H., "Clark Kerr: The Unapologetic Pragmatist," *Social Science History*, 2012.

Mehmet, Ozay, "The 'International University' in the Age of Globalisation: A Unifier of Knowledge or an Information Factory," *Humanomics*, Vol. 18, Nos. 3-4, 2002.

Newmann, F. M., G. G. Wehlage and S. D. Lamborn, "The Significance and Sources of Student Engagement," in Fred M. Newmann, ed., *Student Engagement and Achievement in American Secondary School*, New York: Teachers College Press, 1992.

"NSSE Survey Instrument: Engagement Indicators," https://nsse.indiana.edu/nsse/survey-instruments/engagement-indicators.html.

Pace, C. R., "Achievement and the Quality of Student Effort," *Academic Achievement*, No. 40, 1982.

Pekrun, Reinhard, S. Lichtenfeld, H. W. Marsh and M. Kou, "Achievement Emotions and Academic Performance: Longitudinal Models of Reciprocal Effects", *Child Development*, Vol. 88, No. 5, 2017.

Pintrich, Paul R., D. A. F. Smith, T. Garcia and W. J. McKeachie, "Reliability and Predictive Validity of the Motivated Strategies for Learning Questionnaire (MSLQ)," *Educational and Psychological Measurement*, Vol. 53, No. 3, 1993.

RIHE International Seminar Reports, "Academics Reforms in the World: Situation and Perspective in the Massification Stage of Higher Education," Hiroshima University, Japan, 1997.

Salazar, Jose, Peodair Leihy, "Keeping Up with Coordination: From

Clark's Triangle to Microcosmographia," *Studies in Higher Education*, Vol. 38, No. 1, 2013.

Schoonmaker, Mary G., Elias G. Carayannis, "Mode 3: A Proposed Classification Scheme for the Knowledge Economy and Society," *Journal Knowledge Economics*, Vol. 4, No. 2, 2013.

Scott, Peter, "After Trow-Mass Higher Education to High Participation Systems," *Higher Education*, Vol. 82, No. 2, 2021.

Scott, Peter, "Divergence or Convergence? The Links between Teaching and Research in Mass Higher Education," in Ronald Barnett, ed., *Reshaping the University: New Relationships between Research, Scholarship and Teaching*, Maidenhead: McGraw-Hill/Open University Press, 2005.

Scott, Peter, "Martin Trow's Elite-Mass-Universal Triptych: Conceptualising Higher Education Development," *Higher Education Quarterly*, Vol. 73, No. 4, 2019.

Shin, Jung Cheol, et al., *Teaching and Research in Contemporary Higher Education: Systems, Activities and Rewards*, New York: Springer, 2013.

Shinn, Terry, "The Triple Helix and New Production of Knowledge: Prepackaged Thinking on Science and Technology," *Social Studies of Science*, Vol. 32, No. 4, 2002.

Sigurdson, Kristjan T., "Clark Kerr's Multiversity and Technology Transfer in the Modern American Research University," *College Quartely*, Vol. 16, No. 2, 2013.

Silver, Harold, "Martin Trow on British Higher Education," *Studies in Higher Education*, Vol. 34, No. 7, 2009.

Subotzky, George "Alternatives to the Entrepreneurial University: New Modes of Knowledge Production in Community Service Programs," *Higher Education*, Vol. 38, No. 4, 1999.

Tasker, Mary, David Packham, "Industry and Higher Education: A

Question of Values," *Studies in Higher Education*, 1993.

Tight, Martin, "Mass Higher Education and Massification," *Higher Education Policy*, Vol. 32, No. 1, 2019.

Tinto, Vincent, "Dropout from Higher Education: A Theoretical Synthesis of Recent Research," *Review of Educational Research*, Vol. 45, No. 1, 1975.

Trow, Martin, "American Higher Education: Exceptional or Just Different?" UC Berkeley: Institute of Governmental Studies, 1989.

Trow, Martin, "Comparative Perspectives on Higher Education Policy in the UK and the US," *Oxford Review of Education*, Vol. 14, No. 1, 1988.

Trow, Martin, "Elite and Mass Higher Education: American Models and European Realities," Conference on Research into Higher Education: Processes and Structures, Dalaro, Sweden, June 12-16, 1978.

Trow, Martin, "From Mass Higher Education to Universal Access: The American Advantage," Paper Read at the Plenary Session of the Meeting of the Japanese Society for Higher Education Research Hiroshima, May 31, 1998.

Trow, Martin, "Problems in the Transition from Elite to Mass Higher Education," Conference on Future Structures of Post-Secondary Education, Paris June 26-29, 1973.

Trow, Martin, "Reflections on the Transition from Mass to Universal Higher Education," *Daedalus*, Vol. 3, No. 1, 1970.

Trow, Martin, "Some Consequences of the New Information and Communication Technologies for Higher Education," April 1, 2000, https://cshe. berkeley. edu/publications/some-consequences-new-information-and-communication-technologies-higher-education.

Trow, Martin, "The Democratization of Higher Education in America," *European Journal of Sociology*, Vol. 3, No. 2, 1962.

Trow, Martin, "The Expansion and Transformation of Higher Education," *International Review of Education*, Vol. 18, No. 1, 1972.

Viale, Riccardo, A. Pozzali, "Complex Adaptive Systems and the Evolutionary Triple Helix," *Critical Sociology*, Vol. 36, No. 4, 2010.

Williams, Gareth L., *The "Marketization" of Higher Education: Reforms and Potential Reforms in Higher Education Finance*, Oxford: Pergamum Press, 1995.

Wolff, Robert Paul, *The Ideal of the University*, New York: Routledge, 1992.

Zhang, Zhe, W. Hu and O. Mcnamara, "Undergraduate Student Engagement at a Chinese University: A Case Study," *Educational Assessment Evaluation & Accountability*, Vol. 27, No. 2, 2015.

图书在版编目（CIP）数据

高等教育理论举要 / 吴洪富主编；徐来群，柳芸芸
副主编 . --北京：社会科学文献出版社，2024.5
　ISBN 978-7-5228-3653-9

　Ⅰ.①高⋯　Ⅱ.①吴⋯　②徐⋯　③柳⋯　Ⅲ.①高等教
育-研究　Ⅳ.①G64

　中国国家版本馆 CIP 数据核字（2024）第 099788 号

高等教育理论举要

主　　编 / 吴洪富
副 主 编 / 徐来群　柳芸芸

出 版 人 / 冀祥德
责任编辑 / 李明伟
文稿编辑 / 许文文
责任印制 / 王京美

出　　版 / 社会科学文献出版社·区域国别学分社（010）59367078
　　　　　地址：北京市北三环中路甲 29 号院华龙大厦　邮编：100029
　　　　　网址：www. ssap. com. cn
发　　行 / 社会科学文献出版社（010）59367028
印　　装 / 三河市尚艺印装有限公司

规　　格 / 开　本：787mm×1092mm　1/16
　　　　　印　张：18　字　数：275 千字
版　　次 / 2024 年 5 月第 1 版　2024 年 5 月第 1 次印刷
书　　号 / ISBN 978-7-5228-3653-9
定　　价 / 98.00 元

读者服务电话：4008918866